Für meine Mutter, die mich in eine geheimnisvolle Welt entließ.

BLV Verlagsgesellschaft
München Wien Zürich

Reinhold Messner

DER GLÄSERNE HORIZONT

Durch Tibet zum Mount Everest

CIP-Kurztitelaufnahme der Deutschen Bibliothek

Messner, Reinhold:
Der gläserne Horizont: durch Tibet zum Mount Everest / Reinhold Messner. – München; Wien; Zürich: BLV Verlagsgesellschaft, 1982.
ISBN 3-405-12594-4

Karten: Hellmut Hoffmann und Anina Westphalen
Satz und Druck: Georg Appl, Wemding
Bindung: Conzella Urban Meister, München

Printed in Germany · ISBN 3-405-12594-4

Inhalt

Everest – Süd-Nord-Solo 6

Mount Everest – Märchen und Wirklichkeit 21

Heimwärts 21 · Kathmandu 23 · Wie ein Märchen 30 · Mallory und Irvine 41 · Zusammentreffen mit Nena 49

Kangchung – Tabus und Geheimnisse 57

Zurück in Europa 57 · Peking 63 · Maurice Wilson 69 · Denman und Larsen 81 · Das Motiv 86 · Erfolg der Japaner 89 · Mein Tal, die Leute 91

Tibet – Freiheit der Yaknomaden 101

Aufbruch ins Schneeland 101 · Erfolg der Chinesen 107 · Lhasa 109 · Das Weltwunder von Shegar 121 · Im letzten Dorf 127 · Das Kloster des Schnees 132 · Zu Fuß zum Nangpa La 138

Nordcol – erstickt im Monsunschnee 145

Ostrongbuk-Gletscher 145 · Zehn lange Tage 152 · Wer war der erste? 156 · Lawinenschnee 158 · Unter der Nordwand 162

Rongbuk – auf den Spuren der Kulturrevolution 173

Westwärts 173 · Shisha Pangma 176 · Zwei Stunden vor Kathmandu 180

Chomolungma – Aufstieg für den Abstieg 191

Monsunbreak 191 · Jetzt oder nie 196 · 1300 Höhenmeter 207 · Sisyphus am Everest 232 · Ein hoher Preis 253 · Gánpéi, Gánpéi 261 · Eine einzige Nacht 268

Mount Everest – Chronik und Bibliographie 311

Mount Everest 311 · Versuche und Besteigungen bis 1981 312 · Literaturverzeichnis 320

Farbbildteil I 9

Aufnahmen der Expeditionen 1922/1924

Farbbildteil II 277

Aufnahmen der Messner-Expedition 1980

Der Mount Everest vom 6000-Meter-Lager der britischen Expedition 1921

Everest – Süd-Nord-Solo

»Der Traum einer Besteigung des Mount Everest hat den Menschen seit 30 oder 40 Jahren vorgeschwebt«, schrieb Sir Francis Younghusband 1921, und weiter: *»Soviel ist sicher, daß ein unbestiegener Mount Everest keinem begeisterten Bergsteiger Ruhe läßt. Mag es an Zeit, Gelegenheit, Geld oder an der Möglichkeit zu den umständlichen Vorbereitungen fehlen, der Wunsch, auf dem höchsten Gipfel der Erde zu stehen, muß jedes Bergfreundes Herz erfüllt haben.«*
Was aber drängt einen Menschen, auf den inzwischen häufig bestiegenen Mount Everest zu klettern? Noch dazu während der wetterungünstigen Monsunzeit? Ich war schon einmal oben. Warum ein zweites Mal? *»Weil der Mount Everest da ist«*, hat Mallory 1924 gesagt. Das allein ist es nicht. Der Motivationen sind viele.
1978, bei meiner ersten Everest-Besteigung mit Peter Habeler, ist mir der Berg meßbar geworden in Tagen, Höhenmetern und Strapazen. Doch mit der Zeit erschien er mir wieder geheimnisvoll, und eines Tages hatte ich ähnlich den ersten Everest-Fahrern ein klares Ziel: *»Jeder Mensch ist nun einmal von dem Streben beseelt, die Fähigkeiten, die er in sich fühlt, auszubilden und bis zum äußersten anzuspannen. Wer zur Malerei geboren ist, bleibt stumpfsinnig, brummig und unruhig, bis er endlich Pinsel und Farbe in die Hand bekommt und anfangen kann zu malen. Einen*

Col. Sir George Everest,
nach dem der Berg benannt ist

anderen juckt es in den Fingern, weil er aus Holz, Stein oder Eisen Gestalten schaffen möchte, die fortwährend in seinem Geiste auftauchen. Der dritte muß durchaus singen, und wieder andere sehnen sich danach, von der Rednerbühne aus die Zuhörer im Bann zu halten und ihre Stimmung zu meistern wie eine Geige. So hat jeder seinen inneren Drang, der zutage will. Dazu kommt, daß er sich insgeheim ein sehr hohes Maß gesetzt hat – das höchste –, an das er mit seinem inneren Streben heranzureichen sucht. Niemals ist er mit sich und der Welt zufrieden, wenn er sich nicht zur vollen Höhe recken darf, die ihm als Ziel seines Könnens erscheint.«
Die fixe Idee, den Berg wieder und diesmal allein zu besteigen, war lange Zeit bloßes Gedankenspiel. Erst als die Tagträume – aufgewühlt durch alles, was ich über Maurice Wilson, George Mallory und die Mönche von Rongbuk gelesen hatte – in Phantasie übersprangen, begann ein aufregendes Jahr in meinem Leben.

In diesem Buch will ich beschreiben, wie der Entschluß reifte; ich will von Tibet erzählen, wie ich es erlebte; Nenas Tagebuch, Erlebnisschilderungen der Everest-Pioniere flossen mit ein und die immer wiederkehrende Frage: warum?

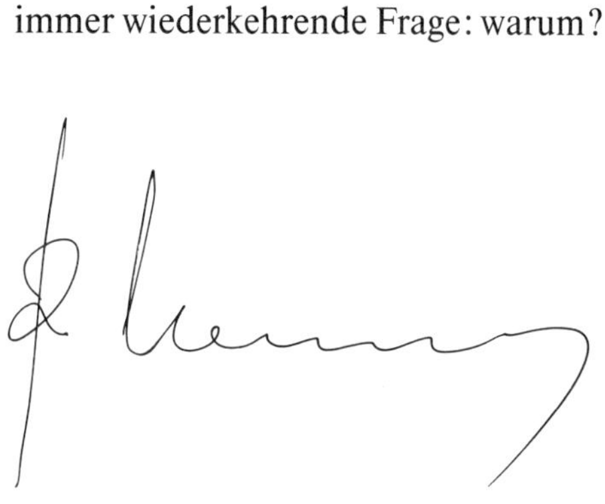

Durch Tibet zum Mount Everest – in der Pionierzeit

Die britische Expedition unter Sir Francis E. Younghusband nach Lhasa (1903–1904) und die chinesische Revolution von 1911 entzogen Tibet fast vollständig dem chinesischen Einfluß. Bis 1949 war es unter Führung des Dalai Lama ein zwar staatsrechtlich umstrittener, aber tatsächlich autonomer Staat unter theokratisch-lamaistischer Ordnung. Zwischen 1921 und 1949 versuchten sieben britische Expeditionen, den Mount Everest zu besteigen. Dazu kommen zwei illegale Versuche von Alleingängern. Im Oktober 1950 brach die Armee der Volksrepublik China in Tibet ein. In einem Vertrag garantierte das kommunistische China die Selbstverwaltung Tibets, setzte aber gleichzeitig die militärische Durchdringung des Landes fort.

Anbau von Gerste, Weizen, Hirse, Erbsen und Bohnen sowie sommerliche Weidewirtschaft auf den Hochsteppen waren die wirtschaftliche Basis des Landes. Es gab einige Sägewerke, Gerbereien, Gießereien und Papierwerke. Das Handwerk (Gold-, Silber- und Waffenschmiedekunst, Sattelmacherei, Teppichweberei, Keramik, Holzschnitzerei) blühte besonders in den Städten. In den Klöstern, die zugleich Mittelpunkte der Wissenschaft und Bildung waren, wurden Malerei, Maskenbildnerei und Druckstockschnitzerei gepflegt. 1980 fand ich ein anderes Tibet vor!

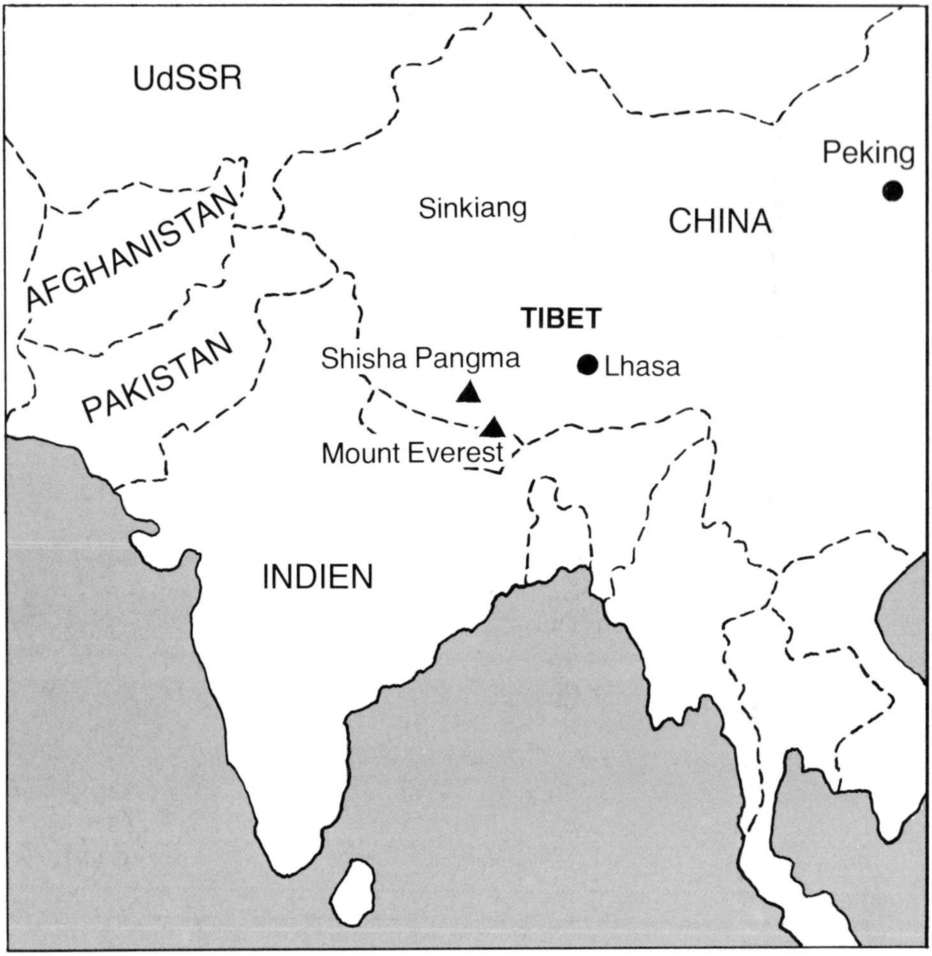

Das Sauerstoffgerät der zwanziger Jahre: Ein leichter Duralumin-Rahmen auf der Rückseite trug vier Sauerstoffzylinder von einem Gesamtgewicht von rund 20 Kilogramm. Der Sauerstoff, mit 120 atü in die Flasche eingefüllt, wurde über Ventile freigegeben, und die Luftzufuhr wurde mittels Durchflußmesser, die dem Bergsteiger zugewandt waren, kontrolliert. Vier Sauerstoffzylinder lieferten genügend Gas für ungefähr fünf Stunden. Leere Zylinder konnten durch Reservezylinder ersetzt werden.

Mallory und Irvine sowie ihre Kameraden von den ersten britischen Mount-Everest-Expeditionen erlebten das damals unabhängige Tibet als ein freies, fröhliches Land.

1921 bei der ersten Erkundung übersah Mallory die Möglichkeit, von Rongbuk an die Nordostseite des Mount Everest heranzukommen. Erst 1922 bestätigte sich der Aufstieg über den Ostrongbuk-Gletscher als der ideale Zustieg zum Nordgrat. Dieser Weg ist heute noch der am häufigsten von Norden begangene.

Im Schutze einer Moräne knapp unterhalb vom Ende des Rongbuk-Gletschers schlugen die Briten 1922 und 1924 ihr Basislager auf. Obwohl dieser Platz – es gibt dort Wasser – der ideale für ein Standlager ist, wurde er von den chinesischen und japanischen Expeditionen in der Nachkriegszeit gemieden. Ich war der erste, der nach dem Zweiten Weltkrieg wieder dort lagerte. Ist der Mount Everest während der Monsunzeit ein Schneeberg, so präsentiert er sich während der Vor- und Nachmonsunzeit als ein Felsberg. ▷

Der gesamte Nordostgrat des Mount Everest, bis heute nicht begangen, wurde von den Briten in den zwanziger und dreißiger Jahren als zu schwierige Route erkannt. Mallory war es, der den Nordgrat (rechts im Bild) als den idealen Zustieg zur Nordostschulter entdeckte.

»Das Nordcol-Lager IV (7000 m) ▷ lag auf einer flachen Plattform aus festem Eis und Schnee am Ende eines mächtigen Steilabhangs. Die Zelte dort waren vom Lager III aus aber nicht zu sehen – dem vorgeschobenen Basislager auf dem Gletscher unterhalb jenes großen Eisfelsen.« (Noel)

1924 stieg Norton, hier fotografiert von Somervell, bis in die große Schlucht, die die Nordflanke des Mount Everest links vom Gipfel durchzieht. Norton hielt im Gegensatz zu Mallory nichts von der Route am Nordostgrat, er querte über abschüssige Bänder unter diesem Grat. Dabei stellte er einen Höhenrekord ohne Sauerstoffmaske auf, der erst 1978 gebrochen werden konnte.

Die knapp 500 Meter hohe Eiswand zum Nordsattel, auch Chang-La-Wand genannt, ist eine der Schlüsselstellen an der Nordseite des Mount Everest. Sie ist zweifellos die gefährlichste Passage auf dem Weg der Briten und Chinesen. Ich wußte, daß diese Wand für einen Alleingeher große Risiken in sich birgt.

Captain John Noel, Fotograf der Expeditionen von 1922 und 1924, benutzte diese Spezialkamera aus Duralumin. Das Teleobjektiv, welches eine hohe Vergrößerungsstärke aufwies, hatte einen mit einem Parallaxenausgleich ausgestatteten Teleskopsucher mit sechsfacher Vergrößerung. Die Kamera hatte sowohl Handantrieb als auch Motorantrieb mit einer 6-Volt-Batterie. Die Batterien waren sehr leicht; durch die Nickel-Alkali-Füllung behielten sie ihre volle Spannung, auch wenn sie lange in Gebrauch waren. Alle beweglichen Teile liefen auf einem Lager, wie bei einer Uhr, brauchten also kein Öl, was bei dieser Kälte gefrieren würde. Dieser Apparat war handgefertigte Präzisionsarbeit. Die Kamera befindet sich heute im Science Museum, London.

»Das ungewöhnliche Gebäude des Shegar-Klosters, das angeblich seit 500 Jahren auf der Felskante dieses erhabenen, konischen Berges auf dem Plateau von Tibet steht. Die Einheimischen sind sehr geschickt darin, solche flachen Steinplatten zu legen, und zwar haltbar ohne Verwendung von Zement.
Weiter oben auf dem Berg befindet sich der Dzong; dies ist der tibetische Name für Festung. Dort lebt der Gouverneur der Provinz mit seinen Soldaten. Vom Turm aus, der auf der Spitze des Berges errichtet ist (5000 m), konnte man in einer Entfernung von 150 Kilometern den Mount Everest gut sehen.« (Noel)

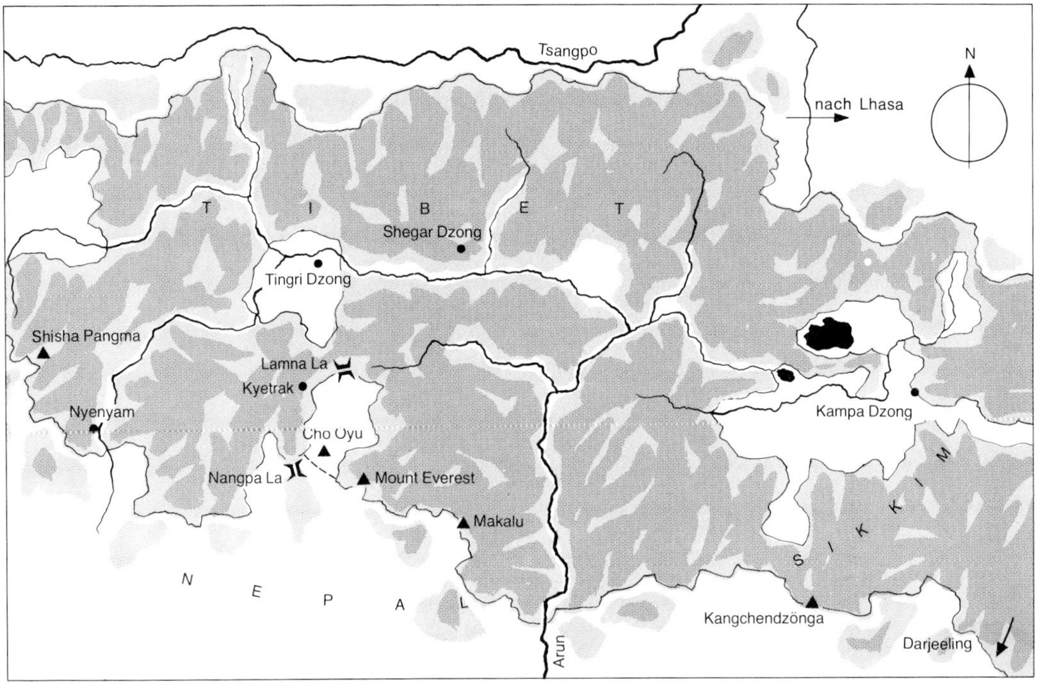

Der Verkehr lief früher zum größten Teil auf Karawanenwegen. Die ersten britischen Everest-Expeditionen erforschten auf diesen Pfaden das Land im Norden zwischen Kangchendzönga und Shisha Pangma. Seit der Machtübernahme durch China wurde das Straßennetz ausgebaut. Zwischen Lhasa und Tschengdu besteht Flugverbindung. Durch den Bau von strategisch wichtigen Fernstraßen zu den benachbarten chinesischen Regionen und Provinzen konnte die rotchinesische Regierung immer größeren Einfluß in Tibet gewinnen. Der tibetische Widerstand gegen die wachsende chinesische Präsenz entlud sich im März 1959 in einem Aufstand. Nach dessen Niederwerfung flohen der Dalai Lama und etwa 20 000 Tibeter nach Indien, Nepal, Bhutan und Sikkim. Die tibetische Regierung wurde endgültig abgesetzt. Mit über 1,2 Millionen Quadratkilometern – ungefähr ein Achtel Chinas – ist das autonome Gebiet Tibet in fünf Präfekturen aufgeteilt. Da Tibet durchschnittlich höher als 4000 Meter über dem Meeresspiegel liegt, wird es nach wie vor als das »Dach der Welt« bezeichnet. Nach der Verteilung von Land an arme Bauern wurde Kooperative und Produktionsgenossenschaften gegründet und die Jugend einer starken Ideologisierung unterworfen. Mit der Ausrufung der »Autonomen Region Tibet« wurde 1965 formal die Angliederung Tibets an die Volksrepublik China vollzogen.

In der Zeit der Kulturrevolution brachen 1967 erneut Unruhen aus. Seit 1979 bemüht sich die chinesische Zentralregierung durch Zugeständnisse kleiner Freiheiten an die Tibeter (freier Handel, freie Religionsausübung), das unzufriedene tibetische Volk an sich zu binden. Nur ein ruhiges Tibet ist ein Bollwerk gegen Aggressionen im Süden und Westen.

Gyangtse Dzong, in der Kulturrevolution zerstört

Mount Everest –
Märchen und Wirklichkeit

Die Kräfte des Gebirges sind hoch und breit;
die Fähigkeit, auf den Wolken zu reiten,
ist durchdrungen von den Bergen;
und die Fähigkeit,
dem Wind zu folgen,
ist unvermeidlich befreit von den Bergen.

Dogen aus »The Mountains and Rivers Sutra«

Mount Everest – Märchen und Wirklichkeit

Heimwärts

Oswald Oelz, Bulle genannt, erwacht, als das erste Licht durch die winzigen Fenster der Sherpa-Hütte fällt. Rings um ihn stehen alle auf, gürten ihre Gewänder. Die Männer ziehen Mäntel an. Im Lehmherd brennt Feuer. Es ist Morgen. Bulle hat, kaum daß er sich am Abend zuvor auf der schmalen Pritsche am Fenster ausgestreckt hatte, zu schnarchen begonnen. Er ist zwar dann und wann kurz aufgewacht, im übrigen aber hat er die ganze Nacht tief geschlafen. Als er jetzt auf seine Uhr schaut, ist es sieben. Wir sehen uns an und setzen uns auf. Als ob ein neues Leben beginnen würde. Eine Stunde später müssen wir in Syangpoche sein. Wir wollen das Flugzeug nicht verpassen, das uns zurück nach Kathmandu bringen soll.

Bulle gähnt mit weit aufgerissenem Mund. Dann holt er seine Hose aus der Fensternische und blickt hinaus ins Freie. Es ist ein kalter, klarer Herbsttag. Reif liegt auf den Wiesen und Schnee auf den Bergen im Süden. Das Gefühl, hier daheim zu sein, verschwindet beim Packen der Rucksäcke. Yaks werden westwärts hinunter nach Namche Bazar getrieben. Eine Zeitlang noch hören wir das Gebimmel ihrer Glocken.

Bulle spricht kein Wort. Es ist, als murmle er nur in seinem Herzen. In dieser Weise reden wir oft, wenn die gemeinsame Zeit in den Bergen zu Ende geht. Jetzt aber, nachdem wir unsere Ama-Dablam-Expedition abgebrochen haben, scheint Bulle bedrückt. Wenn er an die Heimreise denkt, ist er unzufrieden mit sich selbst. Nicht, weil wir den Gipfel des Ama Dablam nicht erreicht haben; vielleicht, weil er sich nicht voll verausgabt hat. Wann würde es die nächste Gelegenheit dazu geben? Bulle freut sich auf seine Arbeit als Arzt im Spital, aber er hat kein neues, greifbares Abenteuer vor Augen. Das weckt in ihm ein Gefühl von Einsamkeit. Zuhause in Zürich lebt er allein.

Das Gebiet von Solo Khumbu ist eine andere Welt. Hier oben sollte man bleiben können, eine Hütte bauen, jahrelang leben. Das Sherpaland strahlt Ruhe und Gleichmut aus. Viele sagen, der Ama Dablam sei der schönste Berg der Welt. Riesig erhebt er sich hinter unserem Nachtquartier im Gegenlicht; er sieht aus wie eine Frau mit ausgebreiteten Armen.

Das kleine Flugzeug, das auf der steinigen Landepiste in Syangpoche steht, ist ausgebucht. Es hat einige Touristen gebracht und wartet nun auf andere Gäste des »Everest View«-Hotels, die eiligst in die Hauptstadt zurückgeflogen werden müssen. Da kommen sie: mit Koffern beladenen Yaks folgt auf zwei Skistöcke

»Everest View«-Hotel

Everest und Nuptse von Westen

gestützt eine dürre, alte Frau mit giftgrün gefärbten Haaren. Hinter ihr tragen Sherpas einen Höhenkranken auf einer Bahre. Wir sind hier auf einer Höhe von knapp 4000 Meter.
Einmal den Mount Everest sehen und sterben, denke ich spöttisch. Unter den Neuankömmlingen steht eine üppig beringte andere Grünhaarige, etwa Mitte sechzig und offenbar damit beschäftigt, das Geld zu verreisen, das ihr seliger Gemahl einst zusammengerafft hat. »Isn't it beautiful?« schreit sie und starrt unablässig durch ihre Kamera. Vor zehn Minuten ist sie gelandet. Sie fotografiert ununterbrochen. Ich staune über ihre Ausdauer. Doch ihre schrillen Begeisterungsrufe gelten nicht den Bergen, nicht der Landschaft und nicht den Menschen um sie herum. Sie gelten dem Hotel, dem Flugzeug, der ausgeladenen Sauerstoffausrüstung.

Was, so frage ich mich, tun Leute wie diese Frau in Nepal?
Vor 30 Jahren noch war dieses Land unerreichbar und für Fremde verschlossen. Die höchsten Berge der Welt, jahrhundertelang natürlicher Schutz der Himalajastaaten gegen Eindringlinge, zogen im letzten Jahrzehnt viele hunderttausend Bergsteiger und Trekker an. Das hat zu einem schnellen, ja dramatischen Wandel geführt: Der Tourismus ist heute die wichtigste Einnahmequelle für fremde Währungen. Nepal soll die »Schweiz Asiens« werden.
»Wir wissen, daß unsere Berge eine Attraktion für die Welt darstellen«, sagte kürzlich Birendra Bir Birkam Shah, der junge König, der Nepal mit fast absolutistischer Macht regiert.
»Die Welt ist eingeladen, hierherzukommen und sie zu genießen.« Ein dutzendmal bin ich in Nepal gewesen. Ich lernte, mich in diesem Land so zu verhalten, wie es die Einheimischen tun. Nur den Sechs-, Sieben- und Achttausendern gegenüber bin ich Europäer geblieben: zielstrebig und ehrgeizig.
Am Abend gehen Bulle und ich ins »Everest View« zum Essen. Dieses japanische Hotel auf knapp 4000 Meter Meereshöhe ist seit Jahren ein Mekka für europäische und amerikanische Wohlstandsbürger. »Den Himalaja erleben«, heißt es im Werbeprospekt. Bei den Gesprächen am offenen Feuer schauen wir immer wieder durch die großen Panoramafenster hinauf zum Lhotse, zum Everest. Es ist schon ein tolles Gefühl, den höchsten Berg der Welt bestiegen zu haben. Wir haben es 1978 beide geschafft und blinzeln uns zu. »Everest, eine Idylle!« In den Hotelzimmern liegen Sauerstoffmasken, das

Haus ist geheizt. Draußen in den Rhododendronwäldern saust der Wind durch die Blätter.
Neben uns prahlt die grünhaarige Greisin: »Meine Enkel werden mich bewundern, wenn sie meine Postkarte vom Mount Everest erhalten.« Was sie wohl erst daheim alles über diese Reise berichten wird! Als der Hotelmanager seinen Gästen erzählt, daß Bulle und ich den Mount Everest bestiegen haben, werden wir überschüttet mit Fragen. Auf die erste – »Warum wagen Sie ein so gefährliches Abenteuer?« – meint Bulle lakonisch:
»Jeder braucht ein bißchen Exklusivität in einer Zeit, in der mit Geld sonst alles zu haben ist.«
»Wie steht es eigentlich mit der Angst?« Diese Frage ist an mich gerichtet.
»Die Angst ist eine ständige Begleiterin. Ganz ohne Angst lebt keiner aktiv. Vor kritischen Augenblicken verdichtet sie sich. Wenn ich klettere, habe ich kaum Zweifel und Sorgen. Ich überlege Schrittchen für Schrittchen, was ich machen kann und was nicht. Tag für Tag. Die Angst ist dabei ein wesentliches Element, und ich höre auf sie. Sie ist etwas Natürliches. Auch wenn man sich bewußt darüber ist, daß Sterben zum Leben gehört, kann man die naive Angst, herunterzufallen oder vom Sturm weggeblasen zu werden, nicht unterdrükken.«
»Würden Sie auch auf Achttausender steigen, wenn Ihre Leistungen der Öffentlichkeit gleichgültig wären?«
»Mit fünf Jahren habe ich angefangen, auf Berge zu klettern, und bis vor zehn Jahren haben nur wenige Leute von mir gehört. Ich habe in den ersten 20 Jahren meiner Bergsteigerei mindestens 2000 Berge in Europa und Südamerika bestiegen. Kein Mensch hat davon geredet, und doch hat es mir Spaß gemacht.«
»Ein exzentrisches Hobby! Was treibt Sie zu immer neuen Höchstleistungen? Ist es Geltungssucht?«
»Als Bub bin ich in den heimatlichen Bergen herumgestiegen. Mit dem Fahrrad fuhr ich in die Dolomiten, später mit einem Motorroller in die Schweiz zur Eiger-Nordwand und zum Matterhorn. Heute muß ich, um die gleiche Spannung zu erleben, zum Everest oder zum Südpol.«
»Laufen Sie nicht auch einer Illusion hinterher?« forscht einer der Hotelgäste, Psychologe von Beruf, weiter.
»Vielleicht«, unterbricht ihn Bulle, der aufgestanden ist und zum Aufbruch drängt. »Wir müssen nach Khunde, in unser Nachtquartier.« Und, zur fragenden Meute gewandt: »Jede Gesellschaft schminkt sich zum eigenen Untergang mit Illusionen.«
Unsere Inquisitoren schütteln den Kopf. Bulle grinst. Wir verabschieden uns und gehen hinaus in die Nacht.

Kathmandu

»Die Bergtage solcher Männer sind die Tage, an denen sie wirklich aufleben. Wenn dann die Spinnweben aus dem Kopfe gehen, wenn das Blut frischer durch die Adern kreist, wenn alle Sinne sich aufraffen und der ganze Mensch empfänglicher wird, dann hören sie Stimmen der Natur, für die sie vordem taub waren, und sehen Schönheiten, die sich nur dem Wagemutigen offenbaren.«
Die Auffassung der ersten Everest-Pioniere gilt heute noch, auch für uns.

Vor allem gilt sie für Bulle. Die vier Wochen in Nepal haben ihn jünger gemacht.
Als wir am nächsten Nachmittag in Syangpoche erfahren, daß wir immer noch auf der Warteliste stehen, entschließen wir uns, zu Fuß zum nächsten Flugplatz nach Lukla zu marschieren, für Trekker eine Etappe von zwei Tagen. Da wir teilweise rennen, wird es anstrengend.

Die Wände des Tschomolönso

Die Gelenke tun uns weh. Mit zerschlagenen Gliedern kommen wir in Lukla an. Ausgepumpt – wir haben das letzte Wegstück im Dunkeln zurückgelegt – lassen wir uns im Hotel der »Sherpa-Cooperative« nieder. Wir verschlingen ein paar Yaksteaks und genießen die wohlige Wärme. Bei einer Flasche Bier unterhalten wir uns bis Mitternacht am offenen Feuer.

Anderntags ergattern wir am frühen Morgen zwei Tickets für die erste Maschine nach Kathmandu. Unser beharrliches Drängen geht dem Mann mit der Warteliste so auf die Nerven, daß er alles tut, um uns mit der ersten Maschine loszuwerden. Wir schmunzeln. Gerettet! Bulle und ich sind so in Eile, daß wir bereit gewesen wären, eine Passage für den zehnfachen Preis zu ersteigern. Ich muß pünktlich zu meiner Vortragstournee in Deutschland sein, Bulle erwartet die Arbeit in der Klinik.
Wie wir auf der steinigen Terrasse am oberen Rand des Flugfeldes auf die Maschine warten, spricht Bulle zwei kanadische Mädchen an. Sie setzen sich während des Flugs zu uns, erzählen von ihrer Wanderung durchs Sherpaland. Als unter uns die Landschaft vorbeizieht – frisch gerodete Wälder, kleine Dörfer, mäandernde Bäche mit Steiglein daneben – verabreden wir uns vage für den Abend, vergessen das Rendezvous aber in dem Augenblick, als wir in Kathmandu Stadtboden betreten.
Wir haben alle Hände voll zu tun. Unsere Flüge nach Europa müssen gebucht werden, und die noch verbleibende Zeit wollen wir dazu nützen, uns um Genehmigungen für weitere Expeditionspläne zu kümmern. In Kathmandu gibt es eine Frau, die auf diesem Gebiet so ziemlich alles weiß: Elizabeth Hawley, eine Journalistin, die seit über 20 Jahren in der Stadt lebt. Ich besuche sie in ihrem Büro bei »Tiger Tops«, und sie erzählt mir sofort, daß Naomi Uemura, der berühmte japanische Bergsteiger, die Erlaubnis erhalten hat, den Mount Everest im Winter 1980/81 im Alleingang zu besteigen. Diese Neuigkeit schlägt bei mir ein wie ein Blitz. Im ersten Augenblick bin

Naomi Uemura

ich bestürzt. Das darf nicht wahr sein! Diese Idee gehört mir! Seit einem Jahr ist sie mein Geheimnis. Was nun? Innerhalb von Sekunden reift ein konkreter Plan. Nein, eine ganze Reihe von Plänen geht mir durch den Kopf. Ich muß schnell handeln.

Schon wenige Wochen nach meiner Rückkehr vom Nanga-Parbat-Alleingang 1978 habe ich gewußt, daß auch eine Besteigung des Mount Everest allein möglich ist. Dann hat sich dieses Wissen zur fixen Idee verdichtet. Überzeugt davon, daß mir niemand zuvorkommen würde, wollte ich den konkreten Versuch bis Mitte der achtziger Jahre aufschieben. Jetzt bin ich der Dumme. Wie soll ich von heute auf morgen zu einer Solo-Genehmigung kommen? Es erwacht nicht nur mein bergsteigerischer Ehrgeiz, ich bin nach der gescheiterten Expedition am Ama Dablam hungrig nach einer Grenzsituation.

Der höchste Berg der Welt, im Winter, allein – für einen Bergsteiger ist das der absolute Höhepunkt!

Aber wie kann ich dem zähen Uemura, der allein im Hundeschlitten bis zum Nordpol vorgedrungen ist und auf fünf der sieben höchsten Berge aller Kontinente gestanden hat, zuvorkommen? Naomi Uemura ist nicht nur einer der erfolgreichsten Bergsteiger der Welt, er ist ein Abenteurer, ein Draufgänger, und dabei zäh wie ein Sherpaträger. In Tokio haben wir uns 1976 ein paar Stunden lang unterhalten. Seit damals weiß ich, daß dieser kleine, untersetzte Mann mit den vom Frost verbrannten Wangen alles kann, was er sich in den Kopf setzt. Unsere Einstellungen zum Bergsteigen, ja zum Leben überhaupt, gleichen sich. Diesmal ist Uemura, dieser Fuchs, schneller gewesen! So sehr ich ihn beneide, noch mehr respektiere ich ihn dafür.

Ich muß etwas unternehmen. Um jeden Preis will auch ich dieses Experiment wagen, und zwar als erster.

Das Bild des von Schnee und Eis bedeckten Everest-Westgrats flackert unruhig in meinem Kopf auf, während ich mit Liz Hawley spreche. »Gibt es für 1980 eine Hoffnung auf eine Nachmonsun-Genehmigung am Westgrat?« frage ich.

Everest, in der Mitte der Westgrat

»Ich denke schon«, meint sie.
Der Westgrat ist unendlich lang, zu sehr den Herbststürmen ausgesetzt. Dort sind meine Chancen gleich Null.
»Und sonst?«
»Eine andere Genehmigung steht nicht in Aussicht.«
Die Nordseite? Sie liegt in Tibet, und die chinesische Regierung hat bisher nur nach mühseligen Verhandlungen über hohe Politiker Permits ausgestellt. Ich weiß, daß der Nordgrat die einzige verantwortbare Aufstiegsroute für einen Solokletterer wäre. Der in Nepal gelegene sogenannte Normalweg – Western Cwm und Südsattel – kommt wegen des zerklüfteten Khumbu-Eisfalls nicht in Frage. Den gefährlichen Eisbruch mit Hilfe von Sherpas zu überwinden, steht bei einem echten Alleingang nicht zur Debatte. Die Ostwand ist noch unzugänglich. Am tibetischen Nordgrat aber waren Engländer schon in den zwanziger Jahren bis nahe an den Gipfel herangekommen. Dort muß ein Aufstieg auch allein möglich sein. Ich bin aufgeregt wie bei den Prüfungen zum Abitur. Diese Nervosität wirkt sich nicht lähmend aus; sie macht mich wach. Sie zaubert Bilder an meine innere Leinwand hinter der Stirn; sie beflügelt mein Denken und meine Schritte. In diesem gehobenen Wachzustand fallen mir immer wieder Abschnitte aus alten Everest-Büchern ein, als ob ich sie auswendig gelernt hätte. Auswendig gelernt für diese Entscheidung.

Khumbu-Eisfall

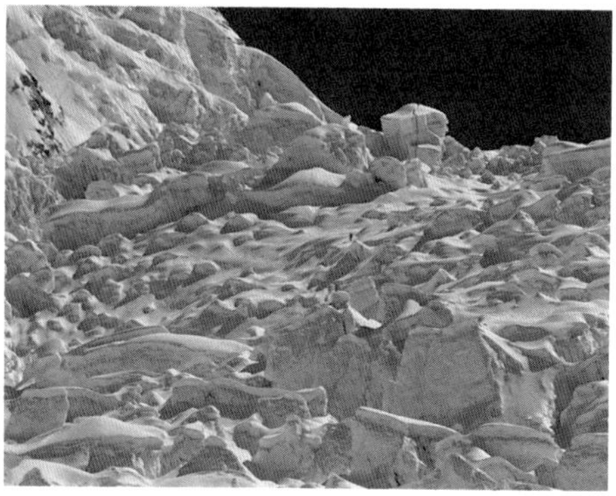

»Eine gut akklimatisierte Seilschaft kann in sechs Tagen vom Rongbuk-Lager bis zum Gipfel steigen.« Das sind die frühen Erkenntnisse Mallorys. Jetzt erscheinen sie mir wie eine Vision:
»Zwei sind zu wenig, da einer keine Hilfe zu leisten vermag, wenn dem anderen etwas zustößt.«
Das heißt auch: zwei sind zuviel! Ja, einer allein ist genug, wenn er den Aufstieg bis zum Nordsattel schafft, Zeit zum Abwarten hat und bereit ist, im äußersten Notfall zu sterben.
»Im Himalaja ist alles soviel größer, daß man auch längere Zeiten für die Rückkehr sicherer Schneeverhältnisse rechnen muß. Sind diese Riesenberge einmal in schlechtem Zustand, bedürfen sie auch entsprechender Zeiträume zur Wiederherstellung günstiger Bedingungen. Man hat schlechtere Wahrscheinlichkeiten gegen sich als auf geringeren Bergen. Die Sonne brennt heißer, die Stürme blasen zorniger, die Entfernungen dehnen sich weiter, alles in Übermaßen.«
Bisher hat am Mount Everest niemand die ungünstigen Wetterbedingungen als zusätzliche sportliche Herausforderung gesucht.
Erst jetzt, nach der Eroberungsphase, der Durchsteigung der steilsten Wände, dem Verzicht auf Sauerstoffgeräte, müssen die ersten Winterbesteigungen folgen. Daher die logische Entwicklung der Idee:

Everest im Winter und im Alleingang. Da kommt mir ein neuer Gedanke. Ist im östlichen und zentralen Himalaja nicht der Sommer, die Monsunzeit, die ungünstigste Periode für eine Besteigung? Während des Monsuns, von Ende Mai bis Mitte September, schneit es an den hohen Bergen fast ununterbrochen, Lawinen donnern herab, im Nebel wird die Orientierung unmöglich.

Mount Everest von Norden

Sicher, der Winter ist viel kälter, aber Dezember und Januar, die beiden von der Regierung in Nepal freigegebenen Monate für künftige Winterbesteigungen, bringen neben polarer Kälte und orkanartigen Stürmen meist herrliches Wetter. Das heißt: wenig Schnee, wenig Lawinengefahr, auch mittags keine sengende Hitze. Die Monsunzeit ist am Mount Everest wohl schlimmer.

Von den 20 höchsten Bergen der Welt stehen 13 völlig oder teilweise innerhalb der Grenzen Nepals. Um diese Berge besteigen zu können, muß man zunächst eine Genehmigung beantragen und sich dann dem entsprechenden Reglement unterwerfen. Monsun-Expeditionen sieht dieses Reglement nicht vor. Im Frühjahr 1979 hat die Regierung zwar eine neue Liste von sogenannten »erlaubten« Gipfeln herausgegeben; die Zahl der Berge, die den Kletterern zur Verfügung stehen, ist auf fast 100 erweitert worden. Für den höchsten Berg genehmigt die Regierung normalerweise zwei, im Ausnahmefall vier Expeditionen pro Jahr. Eine in der Vormonsunzeit, eine in der Nachmonsunzeit, eine dritte oder vierte nur, wenn die Mannschaften verschiedene Routen wählen. Und jetzt, im Herbst 1979, sollen zusätzlich Winter-Permits vergeben werden. Warum dann nicht auch eine Monsun-Genehmigung?

Für den Mount Everest kostet eine Expeditionsgenehmigung zur Zeit 1200 Dollar. Das ist wenig bei einem durchschnittlichen Gesamtaufwand von 100000 Dollar, aber vielleicht Grund genug für die Regierung, auch

Der Gipfel des Everest von Nordosten

den Sommer über Expeditionen ins Land zu locken. Nepal braucht Devisen und sensationelle Bergbesteigungen, die in der Weltpresse diskutiert werden. Vielleicht wartet man im Ministerium für Tourismus nur auf meinen Vorschlag.
Nepal ist ein unterentwickeltes Land mit nur wenigen Straßenverbindungen. Ein großer Teil seiner 14-Millionen-Bevölkerung arbeitet als Lastenträger. Diese brauchen Arbeit, auch im Sommer. Wenn meine Expedition im Monsun am Westgrat Erfolg hätte, kämen auch in Zukunft mehr Gruppen. Vor allem im äußersten Nordwesten Nepals würden Sommerbesteigungen folgen. Entfernungen werden in Nepal danach berechnet, wie vieler Tage es bedarf, sie zurückzulegen, und Entfernungen sind das Maß der Löhne. Expeditionen beschäftigen oft viele hundert, ja tausend und mehr Träger. Und die Anmärsche sind lang, sie dauern manchmal mehrere Wochen. Also gibt es keinen Grund, mein Ansuchen für eine Monsun-Besteigung abzuschlagen.
Ich gehe durch die Stadt, träume und überlege.
Dann handle ich rasch. Ich muß es schaffen, noch vor dem Winter 1981/82 eine Genehmigung für den Mount Everest zu bekommen. In Begleitung von Bobby Chettri, dem Manager von »Mountain Travel«, der führenden Trekking-Organisation in Kathmandu, gehe ich zu Herrn Sharma ins Ministerium für Tourismus. Da »Mountain Travel« auch Expeditionen organisiert, will ich noch vor meiner Abreise nach Europa eine Zu- oder Absage erzwingen, um meinen Freund Bobby mit den wichtigsten Vorbereitungen im Lande betrauen zu können.
Eine Genehmigung für die Monsunzeit gibt man mir nicht. Man zeigt sich aber so interessiert an meiner Alleingangsidee, daß ich neue Hoffnung schöpfe. Umsonst? Herr Sharma verspricht mir, wenn auch vage, ein Permit für den Everest-Westgrat im Herbst 1980. Ich unterschreibe Gesuche, hinterlege Daten und Kartenskizzen. Mit der mündlichen Zusicherung, in der Nachmonsunzeit 1980 allein über den Westgrat auf den Everest steigen zu dürfen, komme ich mir vor wie ein Bub, der eine Reise auf den Mond gewonnen hat.
Ich weiß natürlich, daß die Aussicht gering ist, über diese lange, schwierige, dem Westwind ausgesetzte Route bis zum Gipfel zu kommen. Trotzdem tue

ich so, als ob ich es um alles in der Welt versuchen müsse. In diesen Tagen, in dem Hin und Her zwischen dem Ministerium für Tourismus, »Mountain Travel«-Office und dem Büro von Liz Hawley ertappe ich mich öfters bei dem »illegalen« Gedanken, über den Lho-La-Paß in das Rongbuk-Tal nach Tibet hinüberzuwechseln und von dort aus die alte klassische Engländer-Route am Everest zu versuchen. Liz Hawley kann Gedanken lesen, denn ich erfahre von ihr sogleich, daß die nepalesische Grenze nach Tibet bei Kodari bald geöffnet werden soll. Das wäre noch besser und sicher der billigste Weg nach China, nach Tibet, zum Mount Everest!
Was aber würde wohl die chinesische Regierung zu meiner unideologischen, unpolitischen Idee eines höchst privaten Alleingangs sagen?
Kathmandu ist eine der Städte, die mich immer wieder verführen zum Herumschlendern, zum Faulenzen. Es ist alles dicht hier, schmuddelig, voller Heiterkeit. Ich kenne keine andere Stadt, die so stark nach Leben riecht. Im alten Bazar, der widerhallt vom Geklingel unzähliger Fahrradglocken und in dem sich von morgens bis abends eine dichte Menschenmenge ohne jede Hektik drängt, mischt sich der Geruch von faulendem Obst, Gewürzen und Räucherstäbchen mit dem Gestank von Kot und Urin.
Ein weißgefleckter Stier liegt gemütlich wiederkäuend mitten auf der Straße, und ich umgehe ihn wie alle anderen so vorsichtig wie ein schlafendes Raubtier. Er gilt als heilig, und jeder Passant würde sich hüten, ihn zu stören, geschweige denn, ihn wegzutreiben.
Im »Two Snow Lions« genannten Laden besuche ich meinen alten Freund Gyaltsen, einen Tibeter, der 1959 mit dem Dalai Lama aus Tibet geflohen ist. Er spricht Pidgin-Englisch wie ich. Als er mich sieht, läßt er sogleich Tee bringen, denn er weiß, daß ich als leidenschaftlicher Sammler von Tibetica seinen Schätzen nur selten widerstehen kann. Die besten Leckerbissen allerdings hat er nicht im Laden, sondern zuhause. Zwei alte tibetische Teppiche sind es diesmal, naturfarben und in bestem Zustand. Ich soll am Abend in seine Wohnung kommen und sie mir ansehen.
Seine Frau kocht eigens Mo-Mo für mich, köstliche Teigtaschen mit einer Füllung aus Fleisch und Gemüsen. Die Teppiche sind schön, aber teuer.
»Es ist schwierig geworden«, sagt Gyaltsen, »die Chinesen lassen niemanden über die Grenze, und beim Schmuggeln auf dem Umweg über das Königreich

Lho La von Süden

Bhutan sind erst kürzlich wieder zwei Händler erschossen worden.«
Einer der Teppiche hat als Muster ein geheimnisvolles Tantra, okkultistische Zeichen und Punkte auf einem menschlichen Körper. Auf dem anderen sehe ich allerlei Getier, einen Phönix, Schneeleoparden zwischen Wolken und Bergspitzen. Ich bin verliebt in diese Arbeiten. Ich muß sie haben.
Die wollenen Bergspitzen auf dem Teppich erinnern mich sofort wieder an meine utopische Alleingangsidee. Und als stünde meine Reise nach Lhasa schon bevor, frage ich Gyaltsen:
»Gibt es in Lhasa noch Bronzen, Teppiche, alten Schmuck?«
»Ja«, sagt er, »in Tibet ist alles viel billiger. Nur muß man heil damit über die Grenze kommen.« Er schmunzelt. »Du bist Bergsteiger. Dort oben haben auch die Chinesen keine Wachen aufgestellt.«
Bei der Vorstellung, mit einem Rucksack voll illegaler Ware über den Mount Everest zu gehen, muß ich lachen.
»Ich will ganz offiziell nach Tibet. Über China, mit einer Genehmigung, verstehst du. Dann brauche ich nichts herauszuschmuggeln.«
»Glaubst du, die Chinesen lassen dich hinein?«
»Ich denke schon«, mache ich mir selbst Mut. »Es ist eine Frage der Zeit.«
»Du mußt meine Verwandten in Lhasa besuchen, unbedingt, die können dir helfen.«
Auch Gyaltsen redet, als hätte ich mein Permit für Tibet schon in der Tasche.
Während ich ins Hotel zurückgehe, die beiden Teppiche unterm Arm, versuche ich mir Lhasa vorzustellen. Der Sternenhimmel dort muß noch klarer sein als überm nächtlichen Kathmandu. Es ist verrückt, aber seit ich ein kleiner Bub war und Heinrich Harrers Buch las, habe ich Sehnsucht nach Tibet. Ich habe das Gefühl, daß ich dort hin muß, als ob sich da mein Schicksal erfüllen würde. Ich muß nach Tibet, als läge dort mein Ursprung. Die Tibeter sind davon überzeugt, daß wir alle ursprünglich aus diesem von wilden Bergen umzäunten Hochland stammen, in dem das Herz der Welt liegt, der heilige Berg Kailas.
Mir kommt ein seltsamer Gedanke: Jetzt, wo wir im Westen alle Angst haben vor dem letzten, alles zerstörenden Knall, ist es vielleicht an der Zeit, zurückzukehren zur Wiege der Welt.

Wie ein Märchen

In der Nacht habe ich einen sonderbaren Traum. In einer rauchigen Almhütte liest mir meine Mutter aus einem dün-

nen Heft die Geschichte der ersten Everest-Expedition vor. Es ist, als sei ich selbst mit Bruce, Norton und Mallory unterwegs. Beim Aufwachen verfließen die märchenhaften Gestalten aus der Erzählung meiner Mutter mit den historischen Fakten. Plötzlich erinnere ich mich, daß mir die Mutter wirklich vor 30 Jahren die Everest-Saga vorgelesen hat. Auf der Gschmagenhart-Alm, wo wir Kinder damals die Sommerferien verbrachten, lauschten wir Abend für Abend dieser wahren Geschichte.
Der Mount Everest liegt auf der Grenze zwischen Nepal und China. Erste Versuche, an ihn heranzukommen, wurden durch strikte politische Maßnahmen beider Länder vereitelt, die Europäern jegliche Einreise untersagten. Erst 1920 erteilte der Dalai Lama, der tibetische Mönchskönig in Lhasa, zum erstenmal die Erlaubnis für eine Expedition zu diesem geheimnisvollen Berg. Was man damals über den Everest wußte, stammte von den Vermessungsbeamten des »Survey of India«. Als Pilger, Priester oder Händler getarnt, waren sie ins Land gekommen. Nur im Schutze der Dunkelheit konnten sie ihre Notizen auf winzige Papierrollen schreiben, um sie dann im Inneren ihrer Gebetsmühlen zu verstecken: Kompaßpeilungen der Berge und Flüsse, Höhen, die sie mit Siedepunkt-Thermometern gemessen hatten. Keiner von ihnen war jemals näher als 80 Kilometer an den Berg herangekommen.
Der Mount Everest liegt halb verdeckt hinter einer Kette von anderen Bergen, und kein Forscher hatte damals die großen Gletschergebiete an seinem Fuße betreten. Seine Höhe, die Abgeschiedenheit und das Gerücht über ein uraltes »Lamakloster aus Schnee«, dessen Priester über die Throne der Götter wachten, schürten die Neugierde aller Bergsteiger.
Erst bei seinem Militärauftrag hat Sir Francis Younghusband im Jahre 1904 in Lhasa dem Dalai Lama die Zusage abringen können, daß britische Expeditionen gelegentlich im tibetischen Himalaja bergsteigen durften.
Es waren also Engländer – wie 100 Jahre zuvor schon in den Alpen –, die sich die Eroberung des Everest in den Kopf gesetzt hatten. Indien war damals britisches Kolonialgebiet. Der Weg von Süden her, über Nepal, wäre der kürzeste gewesen. Doch das Königreich im Himalaja war für Fremde noch immer gesperrt.
Dr. Kellas, ein erfahrener Himalajamann, studierte die Möglichkeit, über Darjeeling nach Tibet und zum Nordfuß des Everest zu gelangen, und im Jahre 1913 reiste der junge Armeeoffi-

Dr. Kellas

zier John Noel unerlaubt nach Tibet. Er kam, als Einheimischer verkleidet, bis etwa 60 Kilometer an den Gipfel heran. 1921 brach eine erste Expedition auf. Über einen großen Umweg durch Sikkim und Tibet wollte die Karawane nach Rongbuk, dem sagenumwobenen Kloster am Nordfuß des Chomolungma, wie die Tibeter den Everest nennen. Unter den Bergsteigern der Gruppe war auch George Leigh Mallory, damals einer der fähigsten britischen Alpinisten.

George H. Leigh Mallory

Auf dem Markt von Darjeeling warb man Einheimische an, Sherpas aus dem wilden Nepal, die als Träger das Expeditionsgepäck durch Täler, Schluchten und über die Pässe Tibets schleppen sollten.
Mitte Mai begann der Marsch. Das feuchtwarme Klima setzte den Europäern zu. Erdrutsche hatten streckenweise die Straße verschüttet. Aber aus Straßen wurden bald Wege, aus Wegen Saumpfade, die hoch oben an den Felsen zu kleben schienen. Die Maulesel

Mallory und Irvine in Tibet

der indischen Armee versagten, tibetische Tiere mußten eingesetzt werden. Dr. Kellas, der Expeditionsarzt, erlag einem Herzschlag, noch bevor die Gruppe nach 600 Kilometern Rongbuk erreichte. Das »Lamakloster aus Schnee« war endlich gefunden, eines der höchstgelegenen Klöster der Welt, zu jener Zeit ein heiliger Ort, zu dem tibetische Pilger in oft monatelangen Fußmärschen kamen, um zu beten.
Oberhalb des Klosters schlug die Mannschaft ihr Lager auf. Man war nur noch 30 Kilometer vom Mount Everest entfernt.
Aufgabe der Expedition war es, den Berg gründlich zu erkunden. Sie sollte den leichtesten Aufstieg ausfindig machen. Nur wenn es einen leichten Weg hinauf gab, konnte man auf einen Erfolg hoffen.
»In den Alpen sucht man heutzutage nach den schwierigsten Anstiegen; denn da sogar das Matterhorn jährlich von Hunderten von Leuten besucht wird, müssen Abenteuerlustige sich nach unbegangenen Pfaden umsehen. So läßt der Mount Everest aber nicht mit sich umspringen. Auf seiner luftigen Höhe ist die Atemnot so groß, daß nur ganz leichtes Gelände Aussicht auf Erfolg

Ausblick beim Standlager der Expedition von 1922

bietet. Darum ward der erste Sommer gründlicher Erkundung gewidmet.«
So legte Younghusband die Ziele fest. Diese Aufklärungsexpedition war für eine Besteigung auch zu schlecht vorbereitet. Zuerst wurde der Hauptrongbuk-Gletscher erforscht. Mallory konnte von einem Aussichtspunkt auf den furchterregenden Khumbu-Eisbruch im Süden blicken. Da das obere Ende nicht zu sehen war, nahm er an, daß die Spalten jeglichen Zugang zum Hochtal des Western Cwm versperrten. In riesigen Eisblöcken kalbte dort der Gletscher. Das gebrochene Eis ließ ihn schaudern.
Es dauerte zwei Monate, ehe die Expedition einen Weg zum Ostrongbuk-Gletscher fand. Sie hatte den Engpaß verfehlt, der die beiden Eisströme miteinander verbindet. Nach einem Umweg von einigen hundert Kilometern erreichte die Gruppe über das Kharta-Tal – es war spät im September – den Fuß des Nordsattels. Schließlich kämpften Mallory und zwei weitere Bergsteiger sich durch orkanartige Stürme bis auf 7000 Meter am Nordgrat durch. Von dort aus sahen sie eine mögliche Route zum Gipfel. Mallory war zufrieden: Den Mount Everest konnte man »pakken«.
Sobald die Expedition in London zurück war, begann das »Mount-Everest-Committee« mit neuen Vorbereitungen, und im März 1922 startete der erste Angriff.
Von Darjeeling aus setzte sich eine kleine Armee in Bewegung. Sie bestand aus 13 Briten, 160 Hochträgern und über 300 Packtieren. Brigadegeneral Charles Bruce führte die Expedition an. Zu ihren Mitgliedern gehörte die Creme der Bergsteiger Englands: Norton, Somervell, Finch und abermals Mallory. Expeditionsleiter Bruce hatte seit 40 Jahren bergsteigerische Erfahrungen in den

Alpen und im Himalaja gesammelt. Niemand verstand es wie er, die Einheimischen richtig zu behandeln, denn er hatte 30 Jahre in einem Gurkha-Regiment gedient.
Bis in den Monat Mai herrscht im Gebiet des Mount Everest Winter, und schon im Juni dringen die indischen Monsunstürme bis dorthin. Die warmen Winde verwandeln Schnee und Eis in brüchige Todesfallen. Der Expedition stand also nur wenig Zeit zur Verfügung. Jeder Tag, jede Stunde waren kostbar.

Daheim in England hatte er sich in eine Unterdruckkammer einschließen lassen und Versuche gemacht. Der Luftdruck ließ sich von außen regulieren. Finch saß in der Kammer und ließ langsam die Luft herauspumpen, bis der Luftdruck in der Kammer dem auf 8 880 Meter Höhe gleichkam. Er unternahm zwei Versuche: einmal mit und einmal ohne Sauerstoffzufuhr. Ohne Sauerstoff schlug sein Herz angstschnell, der Druck an Kopf und Ohren nahm zu, er wurde benommen. Die Zufuhr von Sauerstoff hob jedes körperliche Unbe-

Die Teilnehmer der Expedition von 1922: (erste Reihe von li. nach re.) Mallory, Finch, Longstaff, Gen. Bruce, Strutt, Crawford; (zweite Reihe von li. nach re.) Morshead, Hauptm. Bruce, Noel, Wakefield, Somervell, Morris, Norton

Eine Kette von kleinen Hochlagern, ausgerüstet mit Zelten, Proviant und Schlafsäcken, wurde auf dem Weg zum Gipfel errichtet.
Hauptmann Finch hatte einen kühnen Plan mitgebracht: Er wollte dem Berg mit künstlichem Sauerstoff zu Leibe rücken. Sauerstoffgeräte sollten den Bergsteigern in großen Höhen das Atmen erleichtern.

hagen auf. Zwei Ärzte hatten Finch während dieser Versuche beobachtet. Die Tests bewiesen eindeutig, daß ein Mensch in einer Höhe von 9 100 Meter mit Hilfe eines Sauerstoffapparates überleben konnte. Als der Druckmesser draußen 8 000 und 8 500 Meter anzeigte, fühlte sich Finch in der Kammer mit dem Gummischlauch im Mund, der ihm den Sauerstoff zuführte, frisch und munter.

In leichten Stahlzylindern, die 15 Kilogramm wogen und von einem Mann getragen werden konnten, führten Finch und seine Kameraden nun erstmals am Berg Sauerstoff mit, Sauerstoff, der die fast übermenschlichen Qualen der Anstrengung in der dünnen Luft der Todeszone erleichtern sollte.
Die Expedition brauchte einige Tage, um den Eisfall auf dem Weg zum Nordsattel zu überwinden. Lager IV konnte auf etwa 7 000 Meter Höhe aufgestellt werden. Unmittelbar nach Lager IV kam ein verhältnismäßig leichtes Stück. Dann begannen neue Schwierigkeiten. Es war grimmig kalt, und ab einer Höhe von 7 600 Meter wurde das Steigen fast unmöglich, so stark blies der Sturm. Morshead litt unter Übelkeit, Mallory, Norton und Somervell holten sich Erfrierungen. Trotzdem gingen alle außer Morshead weiter. Sie erreichten eine Höhe von 8 230 Meter, dann zwangen sie Sauerstoffmangel und die unglaubliche Kälte zurück. Ein paar Tage später

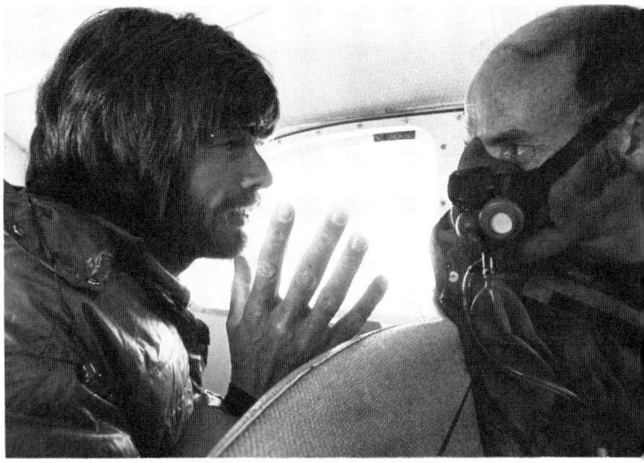

Reinhold Messner 1977 bei einem Flugtest ohne Sauerstoffmaske auf 9000 Meter

kamen Finch und der jüngere der beiden Bruce sogar bis auf 8 321 Meter. *»Obwohl uns noch etwa 500 Meter fehlten, waren wir weniger als 800 Meter vom Gipfel entfernt«*, erzählte Finch später. *»Wir waren so nahe, daß wir einzelne Steine eines kleinen Geröllhaufens sehen konnten, der genau am Endpunkt lag. Wir litten Tantalusqualen, als wir, vom Hunger geschwächt*

Der zweite Stoßtrupp von 1922 im Abstieg

Aufstieg zum Chang La (1922)

Unter dem Nordsattel (1922)

und durch den Überlebenskampf erschöpft, nicht in der Lage waren weiterzusteigen. Mir war klar, würden wir auch nur 150 Meter weitergehen, wir kämen nicht lebend wieder zurück.«
Das Basislager glich inzwischen einem Feldlazarett. Trotzdem wollten Mallory und Somervell einen letzten Angriff starten. Als sie mit ihren Trägern und Kameraden gerade die steilen Hänge des Eisfalls hinaufkletterten, geschah ein tragisches und folgenschweres Unglück:
»Schlechteren Schnee hatten wir noch nie angetroffen. Rundum war es sonnig und windstill, und da selten jemand sprach, hörte man nur das Keuchen der Lungen. Diese Ruhe ward plötzlich unterbrochen. Ein unheimliches Geräusch schreckte uns auf. Es war scharf, achtunggebietend, heftig und dennoch weich wie die Zündung ungestampften Pulvers. Niemals noch habe ich in den Bergen einen solchen Laut vernommen. Zweifelsohne fühlten alle, was er zu bedeuten habe, als ob er zu den alltäglichen Erfahrungen gehörte. Nach einem kurzen Augenblicke sah ich die glatte Schneefläche neben mir sich kräuseln und aufbrechen. Ich machte einige verzweifelte Schritte, um an den Rand der Strömung zu kommen. Aber langsam begann ich mich abwärts zu bewegen, von einer Macht dahingeschoben, gegen die jeder Widerstand vergeblich war. Es gelang mir nur, mich so zu wenden, daß ich nicht kopfüber stürzte. Einige Sekunden lang schien mir die Gefahr nicht groß zu sein, da der Schnee mich sanft hinabtrug. Dann spannte sich das Seil um meinen Leib und zog mich zurück. Eine Schneewelle begrub mich, und ich nahm an, daß die Sache für immer erledigt sei. Erinnerungen an Gelesenes und Gehörtes zogen mir durch den Sinn. Als bestes Rettungsmittel waren Schwimmbewegungen vorgeschlagen. Ich stieß die Arme über den Kopf empor und machte tatsächlich etwas dergleichen. Unter dem Schnee,

wo der Vergleich mit umliegenden Gegenständen fehlte, vermochte ich die Schnelligkeit nicht zu beurteilen. Ohne auf sonstiges zu achten, kämpfte ich mit dem sich herabwälzenden Schnee. Nach einigen weiteren Augenblicken schien eine Stockung einzutreten, und ich bemerkte wachsenden Druck um den Leib. Ich fragte mich gerade, wie fest ich wohl eingeklemmt sein würde, als die Lawine stillstand. Ich hatte die Arme frei; die Beine lagen nahe der Oberfläche. Nach kurzem

Der erste Stoßtrupp der Expedition von 1922

Ringen kam ich in die Höhe, überrascht und atemlos auf die ruhende Schneefläche starrend. Das umgegürtete Seil war stramm, woraus ich schloß, daß der auf mich folgende Träger tief im Schnee vergraben liege. Umso mehr erstaunte ich, als er plötzlich unverletzt auftauchte. Somervell und Crawford befreiten sich ebenfalls bald und standen dicht bei mir, obgleich sie um die ganze Seillänge von mir getrennt gewesen waren. Aus ihren Erzählungen ergab sich später, daß es ihnen ähnlich ergangen war wie mir. Wo aber blieben die anderen?«

Die schlimmsten Befürchtungen Mallorys bestätigten sich: sieben Träger waren tot. Ein Weiterklettern kam nicht in Frage.

Niedergeschlagen kehrte die Gruppe nach Darjeeling zurück. Mallory nahm die Verantwortung auf sich und antwortete den Kritikern:

»Der Everest liegt außerhalb der Reichweite eines simplen Vertrages, der mit Geld gemessen wird. Die Träger waren mitgekommen, um an unserem Unternehmen teilzunehmen, und diese Männer starben in Erfüllung freiwilliger Dienste, die sie frei anboten und treu erfüllt haben.«

Mehr denn je wurde jetzt das Warum eines solchen Unternehmens auch in der Öffentlichkeit diskutiert. Was, so fragte man sich, sollte die Ersteigung des Mount Everest für einen Sinn haben? Diese Versuche kosteten nicht nur Menschenleben, Entbehrungen und Leid, sondern auch sehr viel Geld. Der Nutzen für die Allgemeinheit aber war gleich Null. Nun versuchten die Bergsteiger klarzumachen, worum es ihnen ging.

»Der innerste Zweck unseres Tuns ist vermehrtes Wissen um unsere Fähigkeiten. Wenn wir uns mit festem Willen an die schwere Aufgabe machen, dann erfahren wir das Höchstmaß unserer Leistungsfähigkeit. Noch vermag niemand zu sagen, ob das Ziel erreichbar ist oder nicht.«

Und von noch etwas wurde in diesen Rechtfertigungen gesprochen:

»Ein neues Feld der Freude tut sich auf, neue Lustmöglichkeiten winken. Freude am Leben ist doch schließlich der Sinn unseres Daseins. Wir leben nicht, um zu essen und Geld zu verdienen.

Viele von uns wissen aus Erfahrung, daß eine Bergbesteigung zu den herrlichsten Quellen der Lust gehört. Wie schön ist es doch, mit dem Berg zu ringen, unsere Kraft gegen die natürlichen Hindernisse zu setzen und zu empfinden, wie unser Geist den toten Stoff meistert.«
Die Herausforderung, menschliche Grenzwerte zu verschieben, Lustgewinn durch das Überwinden äußerster Strapazen, eine starke Beziehung zur Natur – die Motive der Himalaja-Bergsteiger sind bis heute die gleichen geblieben.

Zwei Jahre später, im März 1924, zog eine neue Expedition von Darjeeling durch die tropischen Täler Sikkims gegen den Everest. Auch der knabenhaft schmale Mallory war wieder dabei, zum dritten Mal. Bruce und Norton leiteten das Unternehmen wie eine militärische Operation. Eine Hochlagerkette wurde aufgebaut, doch diesmal überraschte sie der sonst als geeignet geltende Expeditionsmonat Mai mit winterlicher Kälte bis zu 30 Grad unter Null und heftigen Schneefällen. Zweimal mußten die Mannschaften sämtliche Hochlager

Zwischen den Eistürmen im Ostrongbuk-Gletscher

Gleich geblieben ist auch das Dilemma, die einheimischen Hilfskräfte, ohne die eine traditionelle Expedition nicht auskommt, unter Umständen in Lebensgefahr zu versetzen. Für die Einheimischen wiederum bedeutet die Teilnahme an einer Expedition damals wie heute eine hochwillkommene Einnahmequelle.

verlassen und ins Basislager absteigen. Diese Rückzüge bei Schneesturm und Lawinengefahr kosteten zwei Trägern das Leben. Als in den letzten Maitagen endlich Schönwetter eintrat, war die Expedition geschwächt. Trotzdem wurden alle Lager bis zum 7000 Meter hohen Nordsattel noch einmal besetzt. Der Aufstieg durch den Eiskamin in der

Oberstleutnant E. F. Norton

Chang-La-Wand war eine Glanzleistung der damaligen Kletterkunst. Es gelang sogar, ein Sturmlager auf 8145 Meter vorzuschieben. Die meisten Höhenphysiologen hatten so etwas bis dahin für unmöglich gehalten.

Aufstieg im Kamin der Chang-La-Wand (1924)

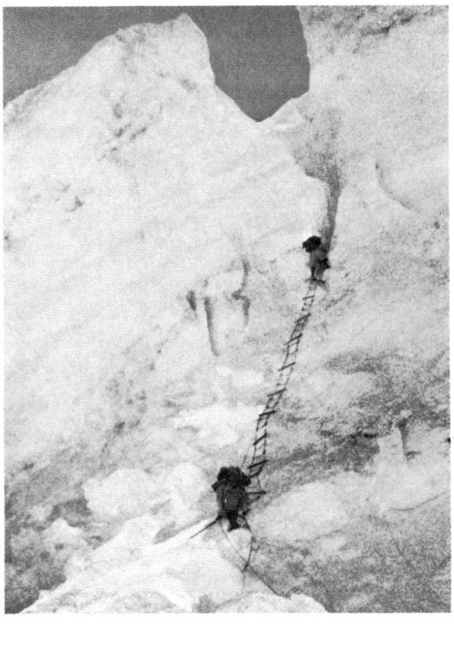

Am 4. Juni brachen Norton und Somervell bei idealem Wetter zum Gipfelsturm auf. Somervell litt stark unter einem quälenden Höhenhusten. Erstikkungsanfälle zwangen ihn, aufzugeben und zurückzubleiben. Allein stieg Norton weiter und kam ohne Sauerstoffmaske bis auf 8572 Meter, ein Rekord, der mehr als 50 Jahre nicht überboten werden sollte. Dann gab er auf. Die Expedition war gescheitert.

George Leigh Mallory habe ich schon in den sechziger Jahren geliebt, in einer Zeit, als ich die größten Klettertouren meiner alpinen Laufbahn realisierte. Ich liebte ihn wie auch den englischen Nanga-Parbat-Pionier Albert Frederick Mummery wegen seiner leidenschaftlichen Diskussionen über die Verwendung von künstlichem Sauerstoff.

In einer Zeit, als die Industrialisierung erst begonnen hatte und als die Verwendung technischer Hilfsmittel allgemein

Howard Somervell

Der höchste Punkt der Welt, der bis zum Zeitpunkt der 1924er Expedition fotografiert worden war: 8500 Meter

als Fortschritt gepriesen wurde, haben sich die beiden bereits mit dem auseinandergesetzt, was wir heute »by fair means« – mit fairen Mitteln – nennen: Sie haben damals schon erkannt, daß wir uns mit dem Einsatz der Technik um etwas Wesentliches betrügen – um die Freude, die Lust und das Glücksgefühl, etwas anscheinend Unmögliches aus eigener Kraft und durch äußersten Einsatz physischer und psychischer Fähigkeiten doch noch zu erreichen. Mallory und Mummery waren mir, wie später Paul Preuß, der aus den gleichen Gründen und ebenso engagiert die Verwendung von Mauerhaken beim Felsklettern verurteilt hat, Vorbilder.

Sie alle haben mir Mut gegeben, meine eigene Philosophie zu vertreten, den Alpinismus durch meine Aktivitäten und durch zahllose, oft wilde Diskussionen und provozierende Artikel wieder zurückzuführen zum Bergsteigen »by fair means«.

Heute leben wir alle mehr, als es sich diese klugen Engländer ausmalen konnten, in einer Welt der Maschinen, in einer Welt der Vertechnisierung. Es gibt auf unserem ramponierten Stern kaum noch Freiräume, in denen wir unsere Industriegesellschaft vergessen und ungestört unsere ureigensten Kräfte und Fähigkeiten erproben können. In uns allen steckt die Sehnsucht nach dem archaischen Zustand, in dem wir uns an der Natur messen können, die Chance haben, uns mit ihr auseinanderzusetzen und uns dabei selbst zu entdecken.

Und dies ist der eigentliche Grund dafür, daß es für mich keine faszinierendere Herausforderung gibt als die eine: ein Mensch und ein Berg. Ich weigere mich, mir diese Herausforderung durch technische Hilfsmittel verderben zu lassen. Um in einer Epoche der Vermassung, der Betonwüsteneien, der Entfremdung durchs Eingespanntsein in eine irrwitzige Fabrikations- und Verwaltungsmaschinerie überleben zu können, brauche ich die Berge als Gegenwelt.

Wer meine Verzweiflung nicht versteht

Müllhalde am Südfuß des Everest

und meint, meine »by fair means«-Philosophie sei ein überspitzter Tick, der sollte eine Reise ins Everest-Basislager von heute am Khumbu-Eisfall unternehmen. Wenn er dort die unübersehbare, quadratkilometergroße Müllhalde sieht, die die fortschrittlichen Bergsteiger aus dem Westen mit ihrer Wegwerftechnik hinterlassen haben, wird er mich verstehen.

Mallory und Irvine

Der nächste Angriff sollte zur Tragödie werden. Die zwei Gipfelstürmer, Mallory und Irvine, blieben vermißt. Über ihr tragisches Ende ist eine Menge geschrieben worden. Und meist ging es dabei um die Frage, ob die beiden vor ihrem Tod den Gipfel erreicht hatten oder nicht.

Besessen von der Idee, den Mount Everest vielleicht selbst bald von Norden zu sehen, beginne ich, alles, was ich über diese Geschichte weiß, in meinem Kopf zu ordnen. Dabei fällt mir auf, daß ich mir wünsche, daß Mallory und Irvine erst bei ihrem Abstieg gestürzt oder erfroren sind und nicht während des Aufstiegs. Ich wünsche es mir, obwohl Mallory selbst nach einer seiner Touren einmal geschrieben hat:

»Erfolg, dieses Wort bedeutet hier gar nichts ...«

Am Morgen des 6. Juni 1924 gingen Mallory und Irvine am Nordsattel los. Jeder von ihnen trug fast 12 Kilogramm auf dem Rücken. Es war ein schöner Tag. Rasch erreichten sie Lager V. Dort schrieb Mallory in sein Tagebuch:

»Kein Wind hier oben, die Sache sieht vielversprechend aus.«

Mallory und Irvine vor dem Aufbruch zu ihrem letzten Gipfelversuch 1924

Am nächsten Tag stiegen sie weiter zum Lager VI. Odell und der Sherpa Nema folgten ihnen ins Lager V. Am 8. Juni verließen Mallory und Irvine Lager VI zu einem letzten Gipfelvorstoß. Odell rückte allein in das von den beiden verlassene Lager nach. Es war kurz nach Mittag, als er hoch oben auf der Gratschneide zwei winzige Figuren sah:

»Plötzlich lichtete sich der Nebel über mir, und der Gipfel wurde klar. Auf ei-

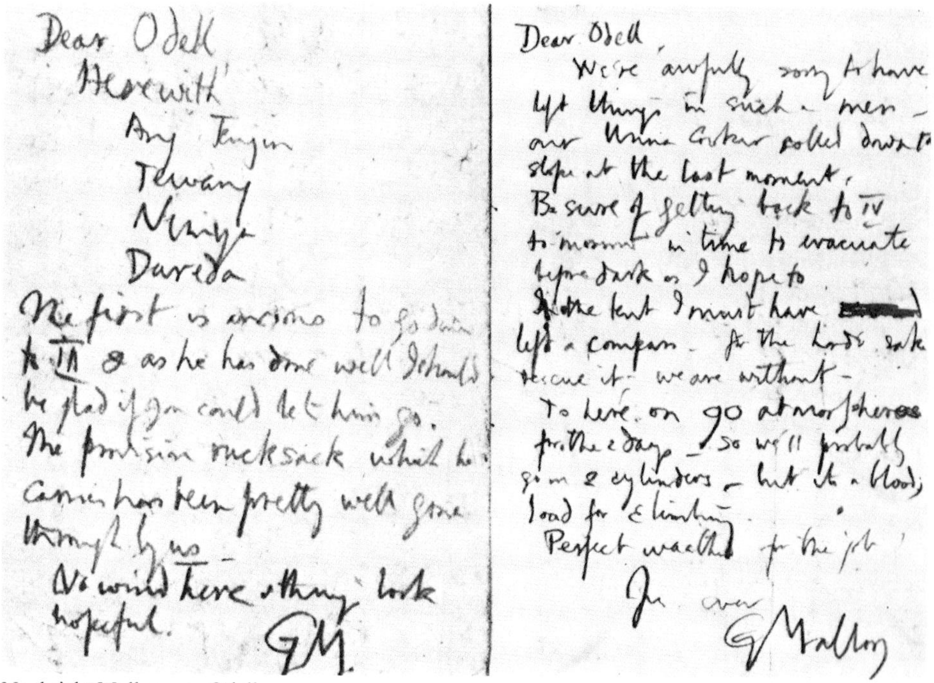
Dear Odell
Herewith
Ang Tenjin
Tewang
Nima
Dawa
The first is anxious to go down to III & as he has done well I should be glad if you could let him go.
The provision rucksack which he carries has been pretty well gone through by us.
No wind here & things look hopeful.
GM.

Dear Odell,
We're awfully sorry to have left things in such a mess — our Unna Cooker rolled down the slope at the last moment.
Be sure of getting back to IV tomorrow in time to evacuate before dark as I hope to.
In the tent I must have left a compass — for the Lord's sake rescue it: we are without.
To here on 90 atmospheres for the two days — so we'll probably go on 2 cylinders — but it's a bloody load for climbing.
Perfect weather for the job!
Yours ever
G Mallory

Nachricht Mallorys an Odell

nem Schneefelde unter der vorletzten Stufe zur Gipfelpyramide erspähte ich einen schwarzen Punkt, der sich der Felsenstufe näherte. Ein zweiter folgte, während der erste den Vorsprung erkletterte. Während ich stand und gespannt hinsah, zog sich der Vorhang leider wieder zu.«

Odell wunderte sich, Mallory und Irvine um 12.50 Uhr noch so tief zu erblicken. Er hatte aber nicht genau ausmachen können, ob er sie am »first step«, der »ersten Stufe«, oder am »second step«, der »zweiten Stufe«, gesehen hatte. Mallory hatte vorgehabt, spätestens um 8 Uhr bei der »zweiten Stufe« zu sein. Diese liegt am Fuße der Gipfelpyramide und markiert den Anfang des kurzen firnbedeckten Schlußteils des Nordostgrates. Odell hat auch nicht feststellen können, ob der zweite Bergsteiger seinen Gefährten einholen konnte.

Dieser erste Bericht von Odell ist einer der Schlüssel zum Rätsel des Verschwindens von Mallory und Irvine. Er reicht mir nicht. Wie soll ich Klarheit gewinnen?

Odell stieg ins untere Lager ab, um im höchsten Zelt Platz zu lassen für den Fall, daß Mallory und Irvine doch noch zurückkämen. Durch die fliegenden Wolkenfetzen erhaschte er flüchtige Blicke auf den Grat, sah einen glutvollen Sonnenuntergang, sonst nichts. Heftige Windstöße drohten am Abend die Zelte umzureißen.

Mallory und Irvine durften nicht zu früh zurückerwartet werden. Der Weg bis zum Gipfel war lang. Vielleicht kamen sie erst bei Einbruch der Dunkelheit

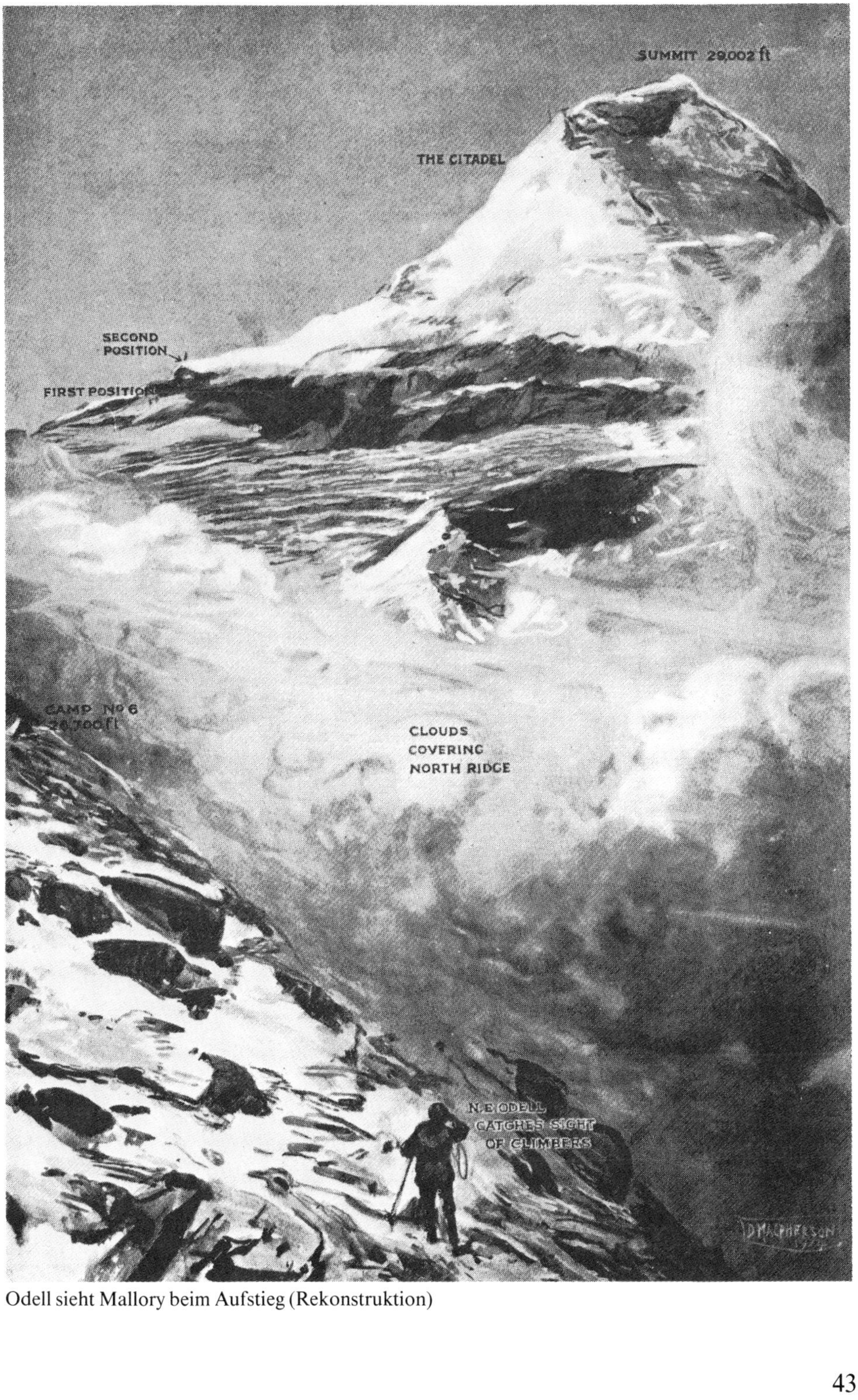

Odell sieht Mallory beim Aufstieg (Rekonstruktion)

Andrew Irvine

dort an, vielleicht aber waren sie schon auf dem Rückweg zum Camp. Langsam wurde es Nacht. In den unteren Lagern schauten noch immer alle gespannt nach Zeichen aus. Das schwache, von den Firngipfeln zurückgeworfene Mondlicht, das auf der Flanke des großen Gipfels schimmerte, erschwerte das Wahrnehmen von eventuellen Lichtzeichen. Dabei wußte man nicht einmal, ob die beiden Vermißten überhaupt Lampen oder Fackeln auf ihren Weg zum Gipfel mitgenommen hatten. Fest steht nur, daß Jahre später von der nächsten Expedition Reste einer Signalausrüstung in den durcheinandergewürfelten Überresten des letzten Lagers gefunden wurden.

In der Nacht steigerte sich der Wind, die Kälte nahm zu. Am Morgen blies der Sturm noch heftiger. Die Träger im Lager V waren halb erstarrt und rührten sich nicht. Nur Odell ging noch einmal allein hinauf zum letzten Lager, schwer keuchend, ohne Maske. Zweimal stieg er von dort aus weiter bis auf 8 220 Meter, in der Hoffnung doch noch eine Spur von seinen Freunden zu finden. Als er die Aussichtslosigkeit seiner strapaziösen Suche erkannte, gab er auf.

»Bevor ich das Zelt verschloß, warf ich einen letzten Blick auf den Gipfel, der durch die fliehenden Wolken lugte«, schrieb er später. *»Ernst und kalt erschien mir sein Antlitz; auf meine Frage nach den Freunden antwortete des Sturmes gellender Spott. Der Gipfelaufbau des Everest gehört wohl zu den unwirtlichsten Teilen der Erdoberfläche, zumal, wenn der Sturm die düsteren Flanken des Berges peitscht. Und wie grausam ist dieser Wind, wenn er jeden Schritt hemmt, der verlorenen Freunden gilt.«*

Notiz Mallorys an Noel Odell mit der Bitte, ihn am Gipfel zu beobachten

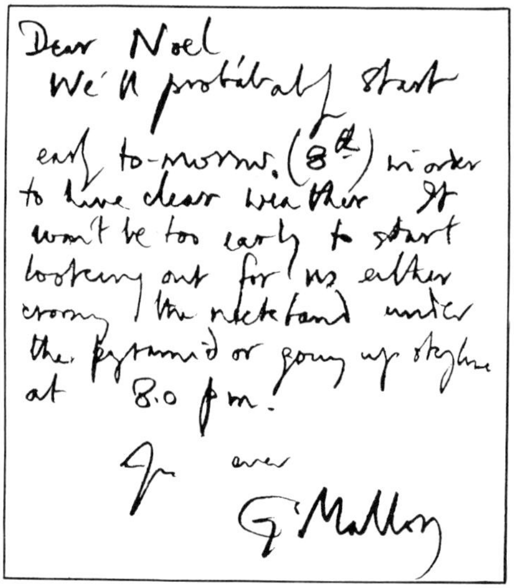

Dear Noel,
We'll probably start early to-morrow (8th) in order to have clear weather. It won't be too early to start looking out for us either crossing the rock band under the pyramid or going up skyline at 8.0 pm!
Yours ever
G Mallory

Noch fragte sich Odell nicht, wie und wo die beiden umgekommen waren. In einer Art lamaistischer Ergebenheit fügte er sich in die Tatsache.
»Hatten wir ein Heiligtum geschändet?« Aber dann schaute er wieder zum Gipfel und spürte einen versöhnenden Hauch: *»Wer sich ihm anbetend nähert, den packt es mit unwiderstehlicher Gewalt; er muß die höchste und heiligste Opferstätte erreichen. Die Freunde säumten, weil sie verzaubert waren.«*
Irvine und Mallory müssen abgestürzt oder, was ich für wahrscheinlicher halte, erfroren sein. Die Frage, ob sie den Gipfel erreicht haben, beschäftigt mich jetzt so sehr, daß ich eine ganze Nacht lang in den alten Everest-Büchern lese, die mir Liz Hawley geliehen hat.
Somervell notierte damals in sein Tagebuch:
»Mallory und Irvine tot. Das ist die traurige Gewißheit. Sind alle unsere Anstrengungen und Opfer nutzlos gewesen? Nein, der Verlust dieser hervorragenden Männer ist ein Teil des Preises, der bezahlt werden muß, um den Geist des Wagnisses am Leben zu erhalten. Keiner kann sagen, daß ein Leben, welches im Kampf gegen die Natur unterliegt, nutzlos vertan wurde.«
Der hartnäckige Mallory, ein Mann, der mehr getan hat als jeder andere, um dem Geheimnis Everest auf die Spur zu kommen und dessen unbeugsamer Wille Antriebskraft für drei große Expeditionen gewesen ist, wurde zur Legende.
Wer war dieser Mann? Seine Kameraden beschrieben ihn so:
»Mallory war ein außergewöhnlicher Mensch. Körperlich erschien er uns als das Vorbild des Bergsteigers. Er sah sehr gut aus. Sein für sein Alter von

Ehrendenkmal im Basislager

37 Jahren merkwürdig knabenhaftes Gesicht deutete auf eine unverwüstliche Gesundheit. Aus der drahtigen Gestalt sprach ermüdungslose Tätigkeit; mit seinem schwebendem Gange hielt bergauf niemand so leicht Schritt. Noch gewandter war er im Abstieg, bei dem er große Übung und hohe Kunstfertigkeit bewies.
Aber noch mehr war es seine Seele, die ihn zum großen Bergsteiger stempelte. Er schöpfte aus seiner Willenskraft, so daß man nie sagen konnte, ob er müde war oder nicht, denn er zeigte sich sofort tatbereit, sobald irgendeine Anforderung an ihn herantrat. Solange dieser Anlaß bestand, blieb er der führende Geist des jeweiligen Unternehmens.
Der Sieg über den Everest war ihm ein heiliger Wahn, dem er Monate schwerer Arbeit widmete.

Irvine beim Hantieren mit Sauerstoffgeräten

Mallory war ein Mann mit kräftigem, durchtrainiertem Körper. Gegen Höhenluft oder Kälte war er trotzdem nicht so abgestumpft wie die Leute, deren Dörfer 3600 Meter hoch liegen. Was die rein körperliche Anpassung betrifft, waren sie Mallory sicherlich überlegen. Aber in ihm brannte das seelische Feuer, das den Leib an die Grenzen der Kraft treibt. Nicht äußere Umstände zwangen ihn auf den Berg, als er einen letzten Versuch machte. Der seelische Antrieb aber duldete kein müßiges Verweilen.«

Es heißt auch, Mallory sei von Natur aus ungeduldig gewesen. Dies ist ebenso wichtig zum Verständnis der Tragödie wie seine starke Beziehung zu Irvine.

»Irvine war erst 22 Jahre alt, fast noch ein Knabe. Körperlich und geistig mußte man ihn zu den Erwachsenen zählen, unter denen er sich mit der Bescheidenheit eines Ebenbürtigen bewegte. Mächtige Schultern und schlanke Beine bewiesen, daß er nicht umsonst zu den Rudermannschaften gehört hatte, die für Oxfords Sieg auf den Wassern kämpften. Seine alpine Erfahrung beschränkte sich auf Felsklettereien in den britischen Bergen und auf eine Besteigung in Spitzbergen.«

Mallory hatte ihn vermutlich auch wegen seiner Geschicklichkeit für den Schlußangriff gewählt. Zudem verstand es niemand besser als Irvine, mit den Sauerstoffapparaten umzugehen. Anfangs hatten Mallory und Somervell den Gebrauch von zusätzlichem Sauerstoff abgelehnt. 1922 waren sie mit Norton ohne dieses Hilfsmittel bis auf 8200 Meter gekommen. Sie glaubten, daß natürliche Fähigkeiten zuverlässiger sind als künstliche Hilfen:

»Was immer die Erfahrung uns noch lehren wird, einstweilen tut der Bergsteiger am besten, sich auf seine natürli-

chen Leibesfähigkeiten zu verlassen, die ihn rechtzeitig warnen, ob er die Grenzen seiner Kraft überschreitet. Mit künstlichen Hilfsmitteln setzt er sich der Möglichkeit plötzlichen Zusammenbruchs aus, wenn das Gerät versagt.«
Trotz dieser weisen Erkenntnis wollte Mallory 1924 seinen letzten Versuch mit Sauerstoffgeräten wagen. Er hatte aus dem Gewirr widerstreitender Meinungen einen Besteigungsplan entwickelt, der die Vorzüge aller Ansichten in sich vereinigte und einstimmig angenommen worden war.
Als die Überlebenden nach England zurückgekehrt waren, begannen endlose Mutmaßungen über die Frage, ob nun der Gipfel des Mount Everest bezwungen war oder nicht. Wer immer sich kompetent fühlte, stellte auf Grund von Tagebuchaufzeichnungen, Odells Augenzeugenbericht, der allgemeinen Informationen über Höhenprobleme und die Schwierigkeiten an der Nordseite des Everest seine Theorie auf. Fast alle diese Theorien widersprachen einander.
Langsam interessiert mich das Geheimnis um Mallory und Irvine mehr als mein geplanter Alleingang.
Nach dem Verschwinden von Mallory und Irvine sollten acht Jahre vergehen, bis der Dalai Lama die Genehmigung zu einer neuerlichen Expedition in Tibet erteilte. Der Gottkönig und seine Berater mißbilligten das Unheil, den Verlust an Menschenleben, mit denen die Expeditionen von 1922 und 1924 verbunden gewesen waren und kehrten zu ihrer Politik der Isolierung zurück.

Die Routen der Ruttledge-Expedition 1933 und die erreichten Höhen

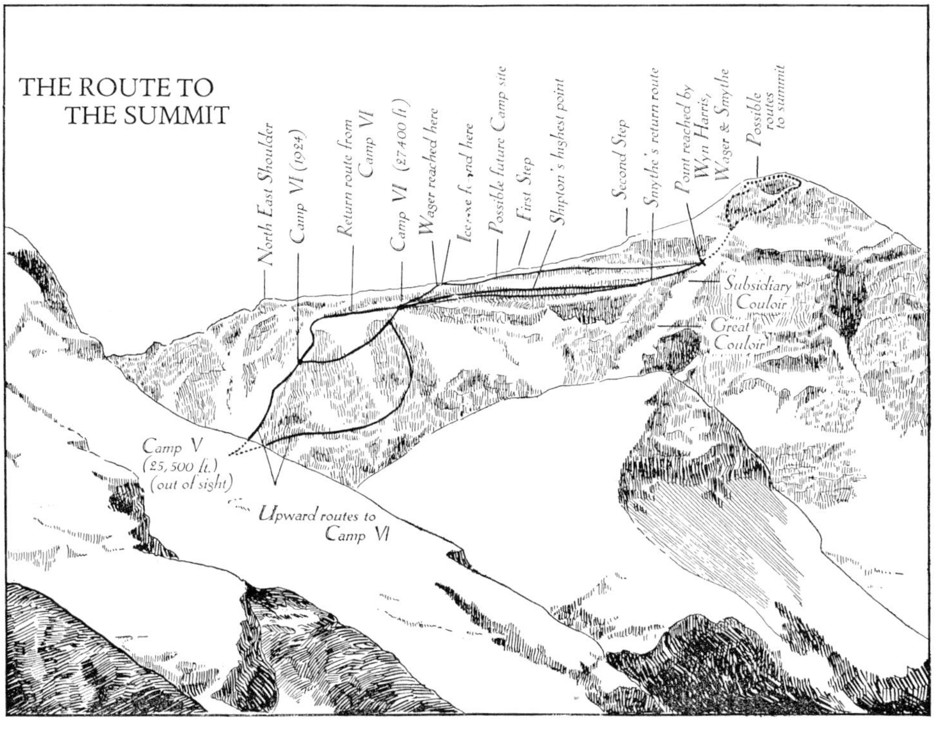

Hillary und Tenzing in Lager IV nach dem Gipfelgang 1953

1932 jedoch gaben die Tibeter dem höflichen Drängen des Indienbüros und des politischen Vertreters von Großbritannien in Sikkim nach und erteilten schließlich die Genehmigung zu einer vierten Expedition. Sie verließ England 1933. Ihr Führer hieß Hugh Ruttledge. Obwohl es dieser Expedition gelungen war, ihr höchstes Lager fast 200 Meter höher aufzustellen als das von Mallory, mußte die Gipfelmannschaft unterm »second step« erschöpft umdrehen. Trotzdem war es dieser Gruppe gelungen, den »second step« an der Mallory-Route genauer in Augenschein zu nehmen. Smythe äußerte sich skeptisch über ihre Bezwingbarkeit. Die alte Norton-Route hingegen hielt er für durchführbar. Die Diskussion um den idealen Weg flammte wieder einmal auf.
In seinem Buch »Everest 1933« stellte Ruttledge fest:
»Zukünftigen Klettergruppen kann nur geraten werden, die Mallory-Route aus ihrem Plan zu streichen.« Die Gruppe unter den Fachleuten, die bis dahin an eine Gipfelbesteigung von Mallory und Irvine geglaubt hatte, wurde kleiner. 1933 entdeckten Ruttledges Kameraden Harris und Wager auf der Höhe von etwa 8450 Meter links unter der ersten Stufe einen Walliser Eispickel, der nur der verschollenen Seilschaft Mallory-Irvine gehört haben konnte. Es ist nicht auszuschließen, daß Irvine, der Schwächere der beiden, allein abgestiegen und dabei auf den abwärts geschichteten Felsplatten ausgeglitten und abgestürzt ist. Und Mallory? War er allein auf den Gipfel gegangen? Vielleicht ist mein Wunsch nach einem Helden der Vater dieses Gedankens.
Nicht nur das Geheimnis um den Tod von Mallory und Irvine beschäftigt

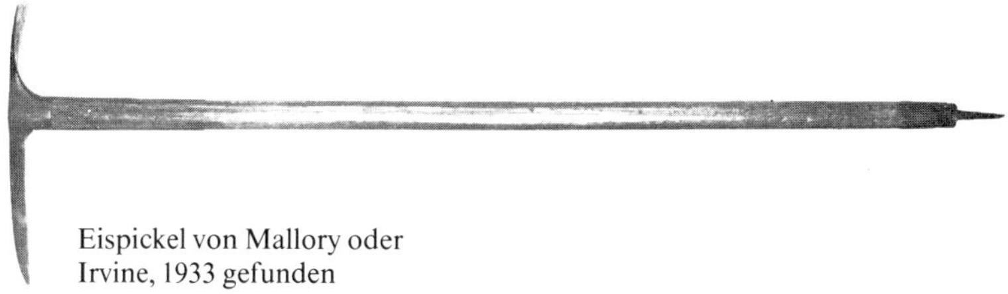

Eispickel von Mallory oder
Irvine, 1933 gefunden

mich jetzt bis in meine Träume; es sind auch ihre Unerschrockenheit, Mallorys Einstellung zum Bergsteigen:
»Haben wir einen Feind besiegt? Niemand außer uns selbst. Haben wir Erfolg geerntet? Das Wort bedeutet hier nichts. Haben wir ein Königreich erobert? Nein ... und ja.«
Erst 1953, bei ihrer neunten, perfekt organisierten Expedition auf der nepalesischen Südseite des Everest brachten die Engländer Beweise für eine Besteigung des Mount Everest mit. Edmund Hillary und der Sherpa Tenzing Norgay standen nicht nur auf dem Gipfel des höchsten Berges der Welt, sie kamen auch heil wieder zurück. Der Berg ist 1953 bestiegen worden, das ist sicher. Nicht eindeutig aber ist die Antwort auf die Frage: waren Hillary und Tenzing wirklich die ersten Menschen dort oben? Obwohl Hillary keine Spuren möglicher Vorgänger gefunden hat, blieben die Zweifel.

Zusammentreffen mit Nena
In meinem Hotelzimmer in Kathmandu lese ich in einem der alten Everest-Bücher:
»In großen Höhen haben Bergsteiger schon häufig einen Mangel an Denkklarheit wahrgenommen. Zwar ist es für ein dumpfes Hirn schwer, die eigene Dumpfheit zu erkennen, doch halte ich es nicht für ausgeschlossen, daß Everest-Besteiger versuchen, ihre Speisen zu trinken, rückwärts zu gehen oder andere komische Dinge zu treiben. In dünner Luft ist es nicht nur schwer, klar zu denken, es ist auch äußerst schwierig, den Wunsch nach Nichtstun zu unterdrücken. Wenn irgend etwas uns den Erfolg zu rauben vermag, dann in erster Linie die durch Sauerstoffhunger verursachte Willensschwäche.«

F. S. Smythe, der 1933 am Everest Wahnvorstellungen unterlag

Bulle fällt mir ein und wie er sich bei Steinschlag am Ama Dablam in der Wand zurückgeneigt und nach oben gespäht hatte. Da war nichts Dumpfes in seinem Blick gewesen, im Gegenteil. Mit einem seltsam angespannten Ausdruck, als hielte er den Atem an, erschien er mir geistesgegenwärtiger denn je. Seine Instinkte waren wach wie die eines Raubtiers.
Ich lege das Buch lächelnd weg und blicke auf die Armbanduhr: Es ist sieben. Ich überlasse mich einer angenehmen Müdigkeit. Befriedigt, daß ich noch eine halbe Stunde im Bett liegen bleiben kann, rolle ich mich auf den Rücken, verschränke meine Arme hinter dem Kopf und überlege. Jetzt, da ich aus den Bergen zurückgekommen bin, bedrängen mich zwei Dinge:
Das eine ist die Büroarbeit daheim, das andere der Solo-Plan. Da bei jeder Expedition eine Menge Post liegen bleibt und auch noch vieles andere nachzuholen ist, stehe ich nach der Rückkehr oft einer solchen Fülle von Verpflichtungen gegenüber, daß ich keine Hoffnung sehe, ihnen allen nachkommen zu können. Mit der Hilfe, die man mir da und dort anbietet, kann ich zwar einen Teil erledigen, die Hauptarbeit aber schiebe ich oft wochenlang vor mir her.
Die andere Bedrängnis ist nach wie vor die fixe Idee von einer Alleinbesteigung des Mount Everest. Ich bin davon besessen, 1980 einen Versuch zu wagen, koste es, was es wolle. Auch auf die Gefahr hin, meine Geschäftspartner zu verärgern, die von mir mehr produktive Arbeit als schon wieder ein risikointensives Abenteuer erwarten, will ich los.
Beim Frühstück setzt sich ein deutscher Tourist an meinen Tisch. Anfang vierzig, mittelgroß, Übergewicht. Er gehört zu den Typen, die niemals auf einen Berg steigen würden, aber trotzdem unbewußt Agressionen gegen jeden haben, der seine Freizeit ohne wohlorganisierte Reisegesellschaft verbringt. Wir kommen ins Gespräch.
»Warum fahren Sie eigentlich in den Himalaja?« fragt er.
»Vielleicht nur, weil es den Himalaja gibt.«
»Ich habe einen Film von Ihnen gesehen über Ihre K2-Expedition. Bergsteigen. Schritt für Schritt hinaufsteigen. Einatmen. Ausatmen. Immer dasselbe. Sich was Schweres auf die Schultern laden und stöhnend vor Anstrengung immer weiter hinaufstapfen. Dabei ständig das Risiko, daß man herunterfällt. Und wahrscheinlich geben Sie den größten Teil Ihrer Schriftstellerhonorare für die Bergsteigerei aus. Für eine sinnlose Sache.«
Ich antworte nicht.
»Auch Ihre Eltern tun mir leid. Erst lassen sie Sie studieren, und dann müssen sie erleben, wie ihr Sohn nichts anderes macht als herumzuklettern. Geschieden sind Sie auch, stimmt's?«
»Ist das eine Predigt?« frage ich.
»Nein, ich will Ihnen helfen, indem ich Ihnen einmal klarmache, was Sie mit Ihrem Leben tun. Immer höher hinauf, immer weiter weg von den anderen Menschen, Schritt für Schritt. Niemand kann Sie mehr begreifen. Wo soll das enden?«
Ich schaue ihn an und kann mir vorstellen, daß er sich in der Wärme der Massen, wo er seine Isoliertheit vergessen kann, wohler fühlt. Ich beende mein Frühstück sehr rasch. Wie sollte ich diesem Mann die Faszination des Höhen-

bergsteigens begreiflich machen? Wie sollte einer, dem angenehmes Wohlleben und das Gefühl von Sicherheit in einer Gemeinschaft wichtig sind, verstehen, daß ich meine intensivsten Existenzgefühle erst dann habe, wenn ich durch Strapazen und äußerste Anstrengung an die Grenzen menschlichen Leistungsvermögens gelange und versuche, diese Grenzen noch zu verschieben? Daß ich meine Einsamkeit besser ertragen kann, wenn ich weit weg von anderen Menschen bin?
Am Abend treffe ich Bulle in der Altstadt zum Essen, und mit ihm kann ich darüber reden.
Während wir auf unsere Steaks warten, kommt Nena herein, eine Amerikanerin, die wir bereits beim Anmarsch in

Nena Holguin

Tengpoche getroffen haben, und die in unserem Basislager auftauchte, nachdem wir Peter Hillary und seine neuseeländischen Kletterpartner aus der Ama-Dablam-Westwand gerettet hatten. Nun ist sie auf dem Weg nach Kanada, um dort Arbeit zu suchen. Sofort fällt mir ein, daß nach meiner Rückkehr in Europa eine anstrengende Vortragsreise für mich beginnt, und ich frage sie spontan, ob sie während dieser Tournee die Rolle meiner technischen Assistentin übernehmen will. Ich erkläre ihr, was sie dabei zu tun hat, und ebenso spontan, wie ich sie gefragt habe, sagt sie zu.

Nena hat unser Zusammentreffen in ihrem Tagebuch festgehalten

Nachdem ich mich auf Grund einer unausgeglichenen Beziehung zu meinem neuseeländischen Freund Peter Hillary in einem ziemlich deprimierten Zustand befand, war ich mehr als bereit, meinem Leben eine Wende zu geben. Ich mußte wieder beginnen zu leben, zu lachen. Am 7. November 1979 habe ich Peter auf dem Flughafen von Kathmandu auf Wiedersehen gesagt. Für mich war es ein entschlossener Abschied. Ich versuchte, Peter alle meine positiven Gefühle mitzugeben, aber da war wenig von unserer Beziehung übrig geblieben. Wenn ich die ganze Situation betrachte, so erkenne ich, daß die grausame Erfahrung am Ama Dablam nicht wirklich ein Unglück für ihn war, als vielmehr ein großer Schritt in die Richtung, sich selbst kennenzulernen. Etwas, das er viel mehr braucht als mich. Als die Maschine abhob, empfand ich gleichzeitig Kummer und Glück darüber, wieder neu und ganz zu fühlen.
Als es Abend wird, sage ich good-bye zu meinen Freunden Merv und Ariane, mit denen ich in einer Wohnung der ›Himalayan Society‹ in Kathmandu lebe. Ich gehe in die Stadt, auf der Suche nach irgend etwas. Ich bin nicht sicher, was ich eigentlich suche, aber ich sage beim Abschied ›Ich geh' jetzt in die Stadt. Wer weiß, vielleicht kommt mir etwas über den Weg, etwas, das mein Leben total verändern wird.‹ Um 19 Uhr betrete ich das ›KC‹, ein einfaches Steakhaus. Es ist voll, kein einziger Platz mehr frei. Ich sehe mich um, und gerade, als ich mich umdrehen und gehen will, treffen meine Blicke auf ein Augenpaar, das mich bedeutungsvoll anschaut. Der Mann lächelt freundlich, und sofort habe ich wieder das gleiche Gefühl wie damals im Basislager vom Ama Dablam. Ich kann nichts dagegen tun. Ich erinnere mich, wie ich damals gedacht habe: ›Es steckt viel Kraft und Energie in diesem Mann.‹ Als ich im Basislager auf

ihn zugegangen war, um ihm als Dank für seine Hilfe einen Kuß zu geben, nahm mich Reinhold in die Arme. Er hatte meine Freunde vom Berg heruntergeholt, als die Lage schon hoffnungslos war.
Und nun sitzt er vor mir. Er sagt: ›Komm, setz dich her und iß etwas mit uns.‹ Bulle und zwei kanadische Mädchen sind bei ihm. Ich frage zuerst, ob ich nicht störe, aber er macht rasch Platz zwischen sich und einem der Mädchen. Ich hätte nicht nein sagen können. Da gibt es eine unwiderstehliche Macht, die mich in die Nähe dieses Mannes zieht. Wir reden bis spät in die Nacht hinein. Ich erzähle, daß ich nach Kanada zurück und mich nach Arbeit für den Winter umsehen muß. Reinhold schlägt vor, statt dessen mit ihm in Europa auf Vortragsreise zu gehen.
Ich denke intensiv darüber nach. Ich wäge alle guten Seiten und die Gefahren, die damit verbunden sein könnten, gegeneinander ab. Ich habe nichts zu verlieren. Um 23 Uhr bin ich endgültig entschlossen mitzumachen. Ich weiß nicht, ob Reinhold über meine Entscheidung schockiert ist, aber ich glaube nicht. Er scheint ein ziemlich unkomplizierter Mensch zu sein. Nachdem ich mich von ihm verabschiedet und einen Kuß auf die Wange bekommen habe, kehre ich um 1 Uhr nachts in die Wohnung zurück. Ich setze mich, bin ein wenig erschlagen und sehr aufgeregt. Ich will Ariane wecken und ihr erzählen, was geschehen ist. Aber statt dessen lege ich mich ins Bett, und bevor ich einschlafe, danke ich Gott dafür, daß ich immer zu jenen Personen gehört habe, die ihren Eingebungen folgen. Ich erinnere mich an all die Abenteuer, von denen meine Mutter geträumt hat, die sie aber nicht hatte erleben können. Sie ist in einer anderen Generation aufgewachsen. Die Zeiten damals waren schwieriger. Meine Mutter mußte schon als Kind hart zupacken, um ihre Familie mitzuernähren.
Den nächsten Tag verbringe ich mit Reisevorbereitungen. Abends bummle ich mit Reinhold durch den bunten Markt, und wir gehen Essen. Nur eins macht mich stutzig: Auf dem Weg ins Restaurant zieht mich Reinhold im Taxi an sich und sagt: ›Ich liebe dich.‹ Das ist seltsam, denke ich, du kennst mich doch gar nicht!

Oswald Oelz mit Peter Hillary bei der Rettung in der Ama-Dablam-Westwand

Die Gipfelpyramide des Mount Everest von Süden

Zwei Tage später fliegen wir von Kathmandu nach München. Noch erzähle ich Nena nicht viel über meinen neuen Plan. Nur ab und zu lasse ich meine Entschlossenheit für den Everest-Alleingang durchklingen. Vielleicht sind es der Druck der Arbeit daheim, das hektische Europa, die neue Beziehung, die mein Vorhaben in den Hintergrund drängen. Noch ist meine Begeisterung nicht groß genug. Die Besessenheit aus den Tagen in Kathmandu ist schwächer geworden. Zwar erzähle ich Freunden von meiner Idee, aber in einsamen Stunden und vor dem Einschlafen kommen mir Zweifel. Ich brauche Zeit.

Die Kraft wächst langsam im Herzen eines Einzelgängers. Sie muß wachsen, bis sie mich sprengt, sie muß wachsen wie Liebe. Wenn diese zur Leidenschaft gewordene Kraft fehlt, wird alles Tun zur Berechnung, die Entschlossenheit nur zu einer Sache des Verstandes. Und was hat der Verstand dem tödlichen Risiko durch Lawinen, Gletscherspalten und Erschöpfung entgegenzusetzen? Zu wenig.

Härte, besonders Härte gegen sich selbst, kann man nicht von heute auf morgen erlernen. Konzentrierte Energie speichert sich nur in der langen Zeit des Wartens, des Hoffens. Erst wenn eine Idee zur Leidenschaft geworden ist, verselbständigt sie sich, sucht sie ein Ventil, egal um welchen Preis. Alle Leidenschaft aber verpufft ohne Willenskraft, und diese Willenskraft muß zu Ausdauer werden, zu einer Zähigkeit, die durch die Höhe nicht mehr gelähmt werden kann.

Kangchung – Tabus und Geheimnisse

Töricht bist Du, der Du in der Mitte des Lebens
das Kommen des Todes nicht ahnst;
denn alles, was Du tust und für großartig hältst,
ist nichts wert in jenem Augenblick.

aus Dardò Thödol

Kangchung – Tabus und Geheimnisse

Zurück in Europa

Neonlichter flammen auf und erlöschen wieder. Der Himmel über Zürich-Klothen ist wie rot entzündet. Bulle befällt ein Gefühl der Ratlosigkeit. Wie jedesmal, wenn er aus den Bergen kommt und plötzlich wieder unter vielen Leuten ist, fühlt er Sehnsucht nach menschlicher Vertrautheit, weiß aber nicht, wohin er gehen soll. Diesmal überfällt ihn mit der Nachtlandschaft Zürichs eine Art körperlicher Qual. Plötzlich in den Lärm der modernen Großstadt hineingezerrt, ist er wie gelähmt.

Am selben Abend beginnt für mich in München eine harte Arbeitszeit. Ich bin zwar nicht allein, Nena ist bei mir, aber 40 Vorträge ohne einen einzigen freien Tag und ein Buch, das gleichzeitig redigiert werden soll, sind zuviel nach sechs Wochen Nepal.

Als Bergsteiger habe ich zu Bulle eine starke Bindung; jetzt geht jeder seinen eigenen Weg. Was weiß ich schon von Bulles privatem Leben, was sehe ich schon von dem, was außerhalb unserer gemeinsamen Abenteuer liegt? Wenig. Ich weiß nur, daß auch er seine Arbeit, die er mit ebenso großer Begeisterung betreibt wie die Bergsteigerei, wieder aufnimmt mit dem Hintergedanken, möglichst bald zur nächsten Expedition aufzubrechen.

Wer wie er in den Bergen aufgewachsen ist, kann jahrelang in der Stadt leben, als Wissenschaftler arbeiten und seine Denkschemata erweitern, aber eines kann er nicht: für immer unten bleiben. Wenn er die Sonne durch die Wolken brechen sieht und den Wind im Gesicht spürt, träumt er wie ein kleiner Bub von neuen Bergabenteuern. Und mir ergeht es genauso.

In den ersten Tagen erkenne ich Europa nicht wieder. Als habe ich in Nepal meine Herkunft abgeladen. Schon am Zoll durchsucht man alle meine Kisten nach Haschisch und meinen Paß nach Indizien für einen Terroristen. Dabei sind nur meine Haare etwas länger als sonst. Daß ich nicht als angepaßter Untertan zurückkomme, kostet mich in Frankfurt bei der Paßkontrolle eine Stunde Wartezeit. Dabei habe ich es unheimlich eilig. Meine Vortragshetze durch die wichtigsten Städte Deutschlands, Österreichs und der Schweiz soll schon am Tag nach meiner Ankunft beginnen. Jeden Abend ein Lichtbildervortrag über meinen Alleingang auf den Nanga Parbat, jeden Tag 100 bis 400 Kilometer Autofahrt. Nach jedem Vortrag eine öffentliche Diskussion – für mich wohl der positivste und interessanteste Teil der Arbeit. Am 11. November erzähle ich in Köln von meinem Aufstieg über die Diamirflanke und die Geschichte des Berges. Die Fragen aus dem Publikum aber sprengen diesen Rahmen. Ich freue mich darüber und gebe geduldig Auskunft.

»Wollen Sie auch den Mount Everest allein besteigen?«

»Dazu möchte ich mich jetzt noch nicht äußern.«

»Haben Sie vor, alle Achttausender zu machen?«

»Geplant habe ich es nicht.«

»Warum sind Sie bei Ihrer Expedition am K 2 zum Abruzzigrat ausgewichen?

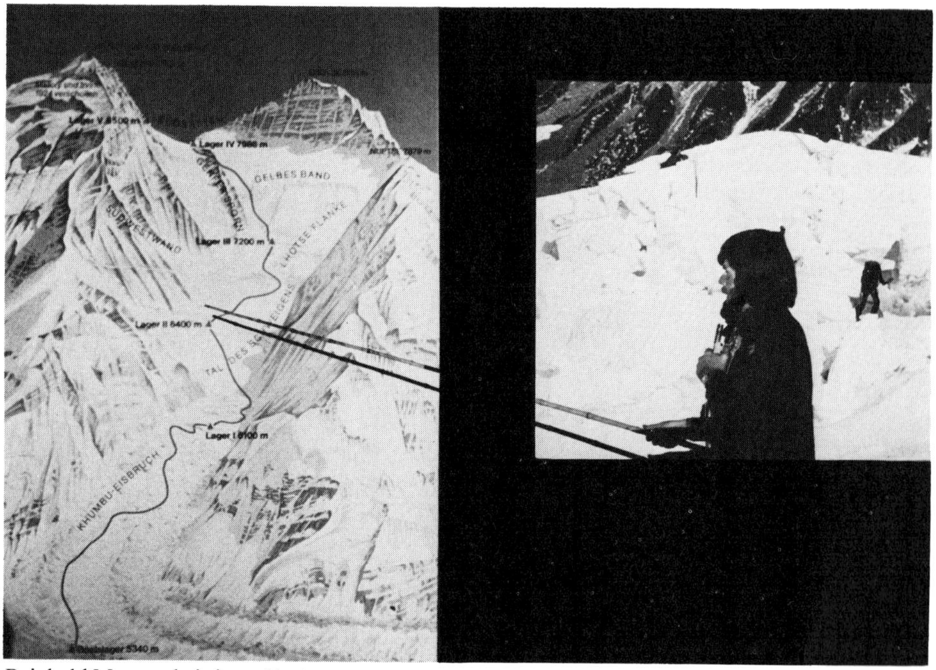

Reinhold Messner bei einem Vortrag

Sie sagten doch einmal: lieber scheitere ich an einem unbekannten Weg, als daß ich einen bekannten wiederhole?«

»Ja, ich habe wirklich einmal gesagt, daß ich lieber auf einen Achttausender verzichte, als daß ich ihn über eine bekannte Route erklettere. Bekannt aber heißt für mich nicht nur, daß der Weg bekannt ist, sondern auch das System, die Taktik. Ich bin zum K2 aufgebrochen mit dem Vorhaben, eine neue Route zu klettern. Das schlechte Wetter, Unfälle beim Anmarsch haben uns gezwungen, diesen Plan aufzugeben. Wir sind dann auf den Abruzzigrat ausgewichen. Den haben wir auch bezwungen, und zwar in einem Stil, in dem er bis heute nicht wieder bestiegen worden ist: ohne Hochträger, ohne Sauerstoffflaschen, mit einem Biwak auf 8000 Meter Höhe.«

»Ich habe irgendwo gelesen, daß Sie das Bergsteigen aufgeben wollen.«

»Ich habe nie in der Öffentlichkeit geäußert, und auch nicht vor Journalisten, daß ich für immer auf das Bergsteigen verzichten würde. Ich habe nur einmal gesagt – bei einer Pressekonferenz, und irgend jemand hat es dann, wie meist, verdreht –, ich würde gern auf einen Achttausender verzichten, wenn ich die Gelegenheit bekäme, Tibet oder die Wüste Gobi zu durchqueren. Ich wollte damit nur ausdrücken, daß mich so etwas ebenso stark interessiert und reizt wie durch die Eiger-Nordwand zu klettern oder auf den Nanga Parbat zu steigen. Ob ich das Bergsteigen je aufgeben werde, kann ich heute nicht sagen, weil ich noch Lust dazu habe, und ich werde immer das tun, wozu ich Lust habe, solange es mir unsere Regierung, die poli-

tische Weltsituation und meine Mittel erlauben.«
»Sie sind gegen technische Hilfsmittel beim Bergsteigen. Wo liegen da die Grenzen?«
»Irgendwie benutzt jeder technische Hilfsmittel. Meine Schuhe, die Kleidung, der Eispickel, der Kocher, um Tee zu bereiten, das alles sind technische Hilfsmittel. Jeder kann tun, was er will.

Reinhold Messner mit Publikum

Ich verzichte auf wesentliche technische Hilfsmittel. Darunter verstehe ich Sauerstoffgeräte, Bohrhaken, Hubschrauber, kurz, Geräte, mit denen Unmögliches möglich gemacht wird. Ich möchte aber das gerade noch Mögliche mit meinen Fähigkeiten und nicht mit Hilfe der Technik bewältigen.«
»Steckt da nicht nur Ehrgeiz dahinter?«
»Man hat mir immer wieder vorgeworfen, ich würde nur ohne Sauerstoffmaske bergsteigen, um meinen Ehrgeiz zu befriedigen. Nicht ganz zu Unrecht. In mir steckt eine gute Portion Ehrgeiz, und es scheint, daß ich einer der wenigen Bergsteiger bin, die zu ihrem Ehrgeiz stehen. Im allgemeinen aber ist es so, daß der Ehrgeiz zur Maske greifen läßt und nicht umgekehrt.«
»Haben Sie noch bergsteigerische Wunschträume?«
»1978, nach dem Nanga-Parbat-Alleingang, habe ich mir gesagt, ich habe bergsteigerisch mehr erreicht, als ich je erreichen wollte. Von einem Achttausender im Alleingang habe ich wohl geträumt, und der Erfolg hat meinem bergsteigerischen Ehrgeiz gut getan. Inzwischen bin ich älter geworden. Aber ich spüre noch Kraft, ich habe noch Lust, und ich könnte es mir heute zum Glück leisten, sogar

nach Tibet zu fahren. Vor zehn Jahren, als ich mit den Expeditionen begann, mußte ich mir die großen Reisen vom Munde absparen.«

»Gilt Ihre Begeisterung nur dem Bergsteigen?«

»Ich tue im großen und ganzen alles – soweit es sich nicht um Bürokratismus handelt, den hasse ich wie die Pest – mit Begeisterung.«

»Gibt es noch eine Steigerung?«

»Ich möchte nach Tibet fahren, nach Südamerika, ich möchte noch so viele Länder erleben, so viele Gebiete kennenlernen. Meine Leistung kann ich nicht mehr steigern. Ich weiß, daß ich meinen Höhepunkt in den letzten Jahren mehrmals erreicht, wenn nicht überschritten habe. Ich wäre ein Dummkopf, würde ich dies nicht erkennen.«

»Wie erklären Sie sich, daß Sie keine Hirnschäden davongetragen haben?«

»Ich danke Ihnen für das Kompliment. Es gibt Leute, die sagen, ich hätte offensichtlich inzwischen einen Dachschaden.«

In den oft halbstündigen Diskussionen geht es nicht nur ums Bergsteigen. Ich spüre, daß meine Lebensweise mehr Leute in die Vortragssäle lockt als die »Sensation«, mit der meine Abende verkauft werden. Es gibt soziologische, politische, vor allem kritische Fragen.

»Ich glaube, Sie sind auf der Flucht oder in der Midlife-crisis«, sagt ein etwa gleichaltriger Mann in Wien zu mir.

»Wenn der Wunsch, für Aktivität und gegen Bürokratismus zu sein, für Ungewißheit und gegen bürgerliches Sattsein, für die letzten wilden Landstriche auf dieser Welt und gegen die Ausbeutung der Natur eine Flucht bedeutet, bin ich gerne auf der Flucht.«

»Und was tun Sie für die Gemeinschaft?«

»Nichts. Im Gegenteil, ich liebe Experimente, Abenteuer, bin also eine Gefahr für diese fleißige, ängstliche und phantasielose Gesellschaft.«

Immer, wenn die Diskussion ins Politische übergeht, fühle ich mich unglücklich. Ich hasse sterile Ideologiedebatten, sinnlose Vorschläge zur Weltverbesserung. Das Bewußtsein des einzelnen muß sich ändern. Jedes andere politische Engagement ist verlorene Zeit und vergeudete Kraft.

»Sie gehen an der Realität vorbei«, bekomme ich öfters zu hören.

»Ich bilde mir nicht ein, erleuchtet zu sein, aber sind Sie sicher, die Realität so zu sehen, wie sie wirklich ist? Ich bin auf der Suche, und es ist vermutlich gleichgültig, was ich tue. Wichtig ist nur, daß ich in Bewegung bleibe, nicht seßhaft werde.«

Die Stimmung unter den Zuhörern sagt mir, daß ich damit einen wesentlichen Punkt getroffen habe. Ist es dieser Drang, auf die Suche zu gehen, den Sprung ins Ungewisse zu wagen, den viele verspüren und dem so wenige folgen? Ist meine Generation in Europa deshalb krank, weil sie in dem Zwiespalt lebt, abenteuerhungrig zu sein und sich statt dessen im Häuschen mit Garten einzuschließen?

Die einen erschrecken, andere unterhalten sich angeregt über meine Antworten. Nicht nur mit meinen Reden, auch mit meiner Musik habe ich an diesem Abend Leute verstört. Zu einigen Teilen des Vortrags blende ich Musik ein: »Oxygen« von Jean Michel Jarre, weil diese Synthesizer-Töne besonders gut die Stimmung großer Höhe und dünner

Luft wiedergeben, und »Single Man« von Elton John, weil ich meine Solo-Empfindungen darin wiedererkenne. Den Traditionalisten unter den Bergsteigern ist das zu progressiv.
»Müll, Müll, auf den Müll gehört diese Musik. Sie ist Ihrer großartigen Ereignisse nicht würdig«, ereifert sich ein schafwollener Alpenfreund mit flakkernden Augen. Und: »Wir sind doch hier in keiner Disco!« hält mir eine empörte Dame vor. Ach ja, ich habe wieder einmal vergessen, daß die Berge weihevoll zu präsentieren sind. Man will es nicht fassen, daß ausgerechnet ich, der aus einem Südtiroler Bergtal stammt, sich nicht mit Orgelklang und Sonntagsjodler identifizieren kann.
Kurz vor Mitternacht falle ich schließlich todmüde in mein Hotelbett. Aber auch dort finde ich keine Ruhe. Die Heizung läuft auf vollen Touren, und die trockene Luft dörrt meine Kehle aus. Warum ich mit dieser stickigen Hitze gestraft werden muß, nachdem ich soviel gletschereisige Kälte ertragen habe, frage ich mich, bevor ich erschöpft einschlafe.
Häufig, wenn ich dann am Morgen die Lokalzeitung durchblättere und einen Artikel über meinen Vortrag finde, sind die Zitate frei erfunden oder bis zur Unkenntlichkeit entstellt. Oft bekomme ich dabei Vorschläge, ja sogar Vorschriften für mein Verhalten, weil ich durch meine Aktivitäten anscheinend ein fragwürdiges Vorbild bin. Ich bin es zwar gewohnt, daß andere Bergsteiger besser als ich selbst wissen, was ich in dieser oder jener Situation hätte tun sollen. Es will mir aber nicht in den Kopf, daß mein Vortragspublikum verlangen kann, daß ich mich ihm anpasse. Und weil ich diese Forderung nicht erfülle, werde ich oft abgelehnt. Anpassung ist schon immer schwer für mich gewesen.

Zeitungskritik zum Vortrag

Geschichte der Expedition zum K 2

Reinhold Messner – Abenteurer des zwanzigsten Jahrhunderts

1200 Menschen hören den berühmten Bergsteiger in der Kantine der Hoechst AG in Bobingen

Bobingen (lf). Etwa 1200 Menschen besuchten am Samstagabend in der Kantine der Hoechst-Werke Bobingen den Vortrag Reinhold Messners über die Besteigung des zweithöchsten Berges der Welt, des K2 im Karakorum-Massiv. Dieser namenlose Berg, von keinem bewohnten Ort sichtbar, wurde zum erstenmal 1856 gesichtet. Unter begeistertem Beifall aller Besucher konnte Direktor Laber von den Hoechst-Werken Bobingen den Berühmten Gast begrüßen, die Karten für diesen Abend waren schon vor Monaten bei der Skischule Käufl, dem Initiator des Abends, ausverkauft gewesen. Käufl zollte Reinhard Messner selbst seine ganz eigene Anerkennung: Mut, sagte er, habe schon dazugehört, diesen Abend vor seiner Expedition vom Mount Everest zu buchen, denn die Chancen seiner Rückkehr von diesem seinem gewagtesten Unternehmen, dem Alleingang ohne Sauerstoff, seien in der Tat gering gewesen.

Als der magere 36jährige mit den asketischen Zügen auf der Bühne die ersten Worte spricht, verstummt jeder Laut, er spricht gut artikuliert, mit ausdrucksstarker Stimme, ohne jede Prätension, mit karger Geste. Man spürt: wenn er auch gerade eine gedrängte Vortragsreise fast hinter sich hat, sogar sich allabendlich der Diskussion stellt („jeder soll in diesem demokratischen Staat das Recht haben, mich mit Fragen zu fordern, ich stelle mich jeder Diskussion; ich sehe überhaupt meine Vortragsreise als Konkurrenz für Fernsehen und Rundfunk, wo der Zuschauer passiv bleiben muß . . ."), so spürt man doch, daß er eigentlich ein

Friedl Mutschlechner nach Askole zurückgetragen werden.

Die Expedition bewegt sich, geleitet von den sieben Europäern, langsam auf dem Batroro-Gletscher, der sich wie eine überdimensionale Autobahn durch das Gebirgsmassiv zieht, langsam vorwärts. Der Aufstieg beginnt nach einem etwa 60 Kilometer langen Treck zum Basislager und steht schon am 9. Juni unter einem schlechten Vorzeichen, als sich ein Träger entgegen der Warnungen vom sicheren Rastplatz entfernt, in eine Gletscherspalte fällt und aus 15 Metern Tiefe nur noch tot geborgen werden kann. Die Sherpas rebellieren, wollen

Zermürbendste und Deprimierendste, was die 8000er zu bieten haben, weil du dir vorkommst wie ein kleiner Ohrenkäfer, der aus einer Badewanne zu krabbeln versucht." Steckenweise ist diese Schneewand so steil wie ein Kirchdach. In der Tortur äußerster Erschöpfung machen sie weiter, jeder hoffend, daß der andere aufgibt, nur getrieben von diesem verbissenen Ringen miteinander. Später gestehen sie sich, daß die kleinste Andeutung des Aufgebenwollens für den anderen genügt hätte. Plötzlich bricht die Sonne über sie herein, sie haben den Gipfel erreicht. Erschöpft, aber glücklich sehen sie sich um; Reinhold Messner spricht durch Funk mit dem Basislager — wieder wie sooft bewegt ihn die momentane Sehnsucht für immer auf dem Gipfel zu bleiben. Sie reißen sich los, um den Abstieg rechtzeitig zu schaffen. Er ist leichter, als sie ihn sich vorgestellt hatten, sie erreichen das Biwaklager in zwei Stunden. Die Nacht im Zelt ist sturmdurchheult, Schlaf ist schwierig in solchen Höhen. Messner und Dacher wälzen sich ruhelos auf ihren Matten, die Kälte durchdringt sie. Sie erinnern sich oft gegenseitig ans Trinken und Essen. Die dünne

Ich versuche, in ein paar Monaten des Jahres meinen Lebensunterhalt zu verdienen und die nächste Expedition vorauszufinanzieren. Manchmal, wenn zuviele Termine sich häufen, verliere ich die Ruhe und klare Entscheidungen bleiben aus. Ich bin dann hektisch und zerfahren, und es kostet mich all meine Konzentration, den Vortrag am Abend spannend und allgemeinverständlich zu gestalten.
Auch meine Fans machen mir zu schaffen. Es ist mir bis heute schleierhaft, welchen Sinn Autogramme haben. In den Vortragspausen schreibe ich mir die Finger wund. Weigerte ich mich, würde das niemand verstehen, und es ist mir zu mühsam, jedesmal über den Sinn oder Unsinn meiner Unterschrift zu diskutieren. Ich bin ein Zirkuspferd und halte mich an die Spielregeln. Mit einem scheuen Seitenblick auf Nena, die sich an den Projektoren abrackert, machen mir wildfremde Frauen die bemerkenswertesten Angebote. Wildfremde Männer wollen ebenso unmotiviert ein Bier mit mir trinken. Die wenigsten von allen können die Gründe dafür artikulieren. Ich glaube, der Hauptgrund für das alles sind die Sehnsüchte Entfremdeter, einen Augenblick lang ungelebtes Leben wenigstens zu projizieren. Ich werde konfrontiert mit Einsamkeiten und werde benutzt als Stellvertreter. Ich werde benutzt wie Königin Silvia und Heino für eine Pseudo-Teilhaberschaft der isolierten Rädchen in einem Räderwerk, dem ich mich durch meine Expeditionen entziehe. Es macht mich müde und belastet mich.
Mitten in der Vortragsreise steckt mir der »Spiegel«-Reporter Joachim Hoelzgen, ein Freund aus Hamburg, der mit mir zusammen am K2 gewesen ist, die »Peking-Rundschau« vom 20. November 1979 zu. Sie gibt bekannt, daß acht Berge in China für ausländische Alpinisten freigegeben werden.

Reinhold Messner beim Signieren

Acht Berge in China zugänglich für ausländische Alpinisten
Von 1980 an werden acht chinesische Berge für ausländische Alpinisten zugänglich sein:

- Der 8848 Meter hohe Chomolungma (Mount Everest), der höchste Gipfel der Welt, an der chinesisch-nepalesischen Grenze, dessen Nordhang im chinesischen autonomen Gebiet Tibet liegt.
- Der 8012 Meter hohe Shisha Pangma in Tibet.
- Der 7546 Meter hohe Muztagata in Xinjian.
- Der Kongur und der Kongur Tiubie Tagh in Xhinjian, zwei Schwestergipfel von 7719 bzw. 7595 Meter Höhe.
- Der 5445 Meter hohe Bogda in Xinjian, die höchste Erhebung im Ostteil des Tianshan-Gebirges. Er besteht aus sieben Gipfeln, und an seinem Fuß befindet sich der weltberühmte Tian-Chi-See (Himmelsteich).
- Der 7590 Meter hohe Gongga in Sichuan.
- Der 7160 Meter hohe Anyemagen in Qinghai.

Der chinesische Alpinistenverband wird sich um die Abwicklung der Formalitäten für ausländische Bergsteiger wie Verträge, Genehmigung, Gebühren und Hilfeleistung kümmern.
In Südwest- und Nordwestchina gibt es viele hohe Berge. Mit der Zunahme ausländischer Expeditionen werden in Zukunft weitere Gipfel zugänglich gemacht werden, im Interesse der Förderung des internationalen Alpinismus und der Verstärkung der Freundschaft zwischen den Völkern Chinas und anderer Länder.

Von diesem Augenblick an weiß ich, daß ich nach China fahren werde.

Peking
Daß nach dieser offiziellen Mitteilung ein Run auf die Berge Chinas einsetzen wird, ist mir sofort klar. Zu lange haben zu viele ambitionierte Alpinisten auf diese Gelegenheit gewartet. Die Gesuche werden sich häufen. Um bei den Verhandlungen auch nur die geringste Chance zu haben, muß ich nach Peking, und zwar sofort. Aber wie? Daß sich die Chinesen ihre Bereitwilligkeit viel Geld kosten lassen, darf mich nicht daran hindern. Ich muß jemanden finden, der mir beim Auftreiben dieser mutmaßlichen Unsummen hilft. Ich denke nach. Ich brauche einen Sponsor, und es muß ein Sponsor sein, dem ich für sein Engagement etwas bieten kann. Der Verkauf von Filmrechten fällt mir ein.
Bei unserer unfreiwillig zum spannenden Drama geratenen Ama-Dablam-Expedition haben wir einen Film für die Bavaria-Film-Gesellschaft gedreht, und die Zusammenarbeit mit den Leuten von der »Bavaria« ist ausgezeichnet gewesen. So rufe ich Jürgen Lehmann an, den damals zuständigen Produzenten. Er versteht sofort, um was es geht und ist bereit mitzumachen. Das unbekannte, abgeschirmte Tibet von heute und mein Alleingang auf den Everest faszinieren ihn ebenso wie mich.
Er setzt alle Hebel in Bewegung, und ein paar Wochen später sitzen wir beide in der Maschine nach Peking wie zwei aufgeregte Pfadfinder auf einer heißen Spur. Hoch über den Wolken erzähle

ich Jürgen, wie ich Tibet zum erstenmal gesehen habe. Ich bin auf dem Gipfel des Manaslu gestanden und habe hinabgeschaut auf das Land meiner Sehnsucht. Trotz meiner Erschöpfung ist eine Welle der Aufregung in mir hochgestiegen. Unter mir hat sich ein Meer aus Felsen ausgebreitet, weite Hochsteppen und Schneegebirge. Eine unendliche Urlandschaft, über die in grotesken Formationen Wolken zogen. Mein Sein ist förmlich in sie hineingetaucht, und es ist mir damals schwergefallen, mich wieder von ihr zu lösen. Seither warte ich auf eine neue Begegnung, bei der ich sie intensiver auskosten kann als durch den Blick vom Gipfel eines Achttausenders.

In Peking werden wir von einer freundlichen Delegation des CMA, der »Chinese Mountaineering Association«, am Flugplatz abgeholt, mit der die deutsche Botschaft für uns inzwischen Kontakt aufgenommen hatte.

Sepiabraun streckt sich die Stadt endlos in die Weite, aneinandergepferchte Häuschen, so klein wie Schachteln, ab und zu ein nüchterner Betonklotz, überall Staub. Auf den breiten Asphaltstraßen wälzt sich ein dichter Strom schwarzer Fahrräder mit blaugekleideten Chinesen darauf. Viele Frauen schützen ihre Gesichter vor dem alles durchdringenden Staub mit hauchdünnen Tüchern und sehen aus wie verpackte Puppen. An den Kreuzungen halten riesige Plakate die Bevölkerung zu Sauberkeit und Ordnung an. In grellen Farben wird richtiges Zähneputzen und Händewaschen vor dem Essen gelehrt.

In wahnwitzigem Gegensatz zur katastrophalen Wohnraumnot der Bevölkerung breitet sich im Zentrum der Stadt der Große Platz aus, grau, öde, ein Riesentablett für ideologistische Aufmärsche. In seiner Mitte Maos Mausoleum: gigantische Behausung für eine kleine Leiche.

Der Platz wird flankiert von den roten Mauern der »Verbotenen Stadt«. Heute

Peking

ist sie für jedermann zugänglich. Von Knoblauchdünsten umwogt drücken sich arme Chinesen aus der Provinz die Nasen an den Scheiben platt, um die unerhörten Kleinodien der kaiserlichen Konkubinen zu bestaunen. Wenn es ihnen auch heute besser geht als damals, arm sind die Chinesen noch immer, trotz Maos langem Befreiungsmarsch, trotz angestrengter Industrialisierungsversuche, trotz der radikalen Opferung jeder individualistischen Anwandlung. Meine Zeit reicht nur für flüchtige Beobachtungen, denn sie ist angefüllt mit endlosen Verhandlungen beim Chinesischen Bergsteigerverband. Zurückhaltung, Zeremoniell und Höflichkeit bestimmen dort den Umgang mit mir, dem Fremden. Die Funktionäre sprechen von Freundschaft und wollen mir gleichzeitig eine Expeditionsgenehmigung zu astronomischen Preisen verkaufen. Der Tourist, auch der »extreme« wie ich, soll eine der wichtigsten Devisenquellen Chinas werden, soviel verstehe ich nach wenigen Stunden.

Es sind dies die Tage, in denen in Peking die Bilder von Marx und Engels wieder von den Wänden verschwinden. Mir scheint, mit dem Sturz der Gruppe um Maos Witwe sind auch die Schriften von Lenin und Mao verblichen. Maos Nachfolger versuchen nun, die inneren Widersprüche in ihrem Lande langsam aufzulösen, die alle sozialistischen Systeme plagen. Mehr Markt, mehr Selbstverantwortung heißt die Devise. Das Zusammenspiel von Angebot und Nachfrage soll wieder zum Tragen kommen. Das neue China scheint zwar weiterhin kommunistisch zu bleiben – die Produktionsmittel gehören dem Volk

Sommerpark der Kaiser von China

und nicht Privatleuten –, aber die Wirtschaft soll anderen Gesetzen gehorchen: freie Märkte mit Konkurrenz für Konsumgüter, unterschiedliche Löhne für Arbeiten unterschiedlicher Qualität. Peking kommt mir vor wie ein großes Laboratorium. Die Umstellung scheint sehr vorsichtig und in ganz kleinen Schritten vor sich zu gehen. Vor den Toren der staatlichen Läden sehe ich kleine Verkaufsstände von Einzelhändlern und Bauern mit Frischfleisch, Gemüse und Obst. Schon versorgen private Händler Restaurants mit Enten und giftigen Schlangen, die als Delikatesse gelten.

Schließlich bietet mir der CMA eine Genehmigung für die Solobesteigung des Chomolungma an. Ich erfahre von den extrem hohen Transport- und Unterkunftskosten in Tibet und rechne die ganze Nacht aufgeregt in meinem Hotelzimmer. Ergebnis: die Expedition wird mich 40000 bis 50000 Dollar kosten.

Am nächsten Vormittag unterschreibe ich ein Protokoll, eine Art Expeditionsvertrag:

Protokoll über die Besteigung des Chomolungmagipfels durch den italienischen Bergsteiger Reinhold Messner

Das Ersuchen des italienischen Bergsteigers Reinhold Messner, eine Expedition in China durchzuführen, wird vom Chinesischen Bergsteigerverband genehmigt. Diese Expedition dient der Freundschaft und der Verständigung zwischen dem chinesischen, dem italienischen und dem deutschen Volk.

In freundschaftlicher Konsultation haben Vertreter des Chinesischen Bergsteigerverbandes und Herr Reinhold Messner folgendes festgelegt:

1. Bezeichnung der Expedition:
   Erster Alleingang im Sommer 1980 auf den Chomolungmagipfel durch Reinhold Messner
   Gesamtzahl der Teilnehmer:
   Zwei (R. Messner und ein ärztlicher Betreuer)
   Leiter des Bergsteigerteams:
   Reinhold Messner
   Der in Beijing akkreditierte Vertreter des Herrn Reinhold Messner:
   Die Botschaft der Bundesrepublik Deutschland in Peking

2. Programm der Besteigung:
   Ziel:
   Besteigung des Chomolungma
   Route:
   Nordseite
   Anreiseroute:
   Beijing–Tschengdu–Lhasa–Shigatse–Shegar-Basislager
   Wissenschaftliche Forschung:
   Meteorologische Untersuchungen der Temperatur, des Luftdrucks und der Niederschlagsmenge bei Regenzeit
   Dauer der Besteigung:
   Von Juni bis 31. August 1980
   Ankunft Mitte Mai – Heimreise Anfang September

3. Der Chinesische Bergsteigerverband wird einen Kontaktmann und einen Dolmetscher nominieren, die Herrn Messner bei der Expedition begleiten und beraten. Der CMA wird Herrn Messner zwei Yaktreiber und zwei Yaks zur Verfügung stellen.

4. Transportpflicht des Chinesischen Bergsteigerverbandes:
   Anreise von Lhasa bis zum Chomolungma-Hauptlager, ein Jeep mit 7 Plätzen, Rückreise vom Hauptlager zur Erkundung des Shisha Pangma, dann nach Lhasa, ein Jeep mit 7 Plätzen.

5. Verpflegung:
   Ab Erreichen des Hauptlagers übernimmt der Chinesische Bergsteigerverband die Verpflegung sämtlicher chinesischer Teilnehmer. R. Messner und sein Begleiter verpflegen sich selbst ab Eintreffen im Hauptlager und stellen 100 Liter Benzin für die chinesischen Begleiter.

6. R. Messner wird vor dem 31. Mai 1980 dem Chinesischen Bergsteigerverband eine Liste der Ausrüstungsgegenstände und die Besteigungsgebühr für den Chomolungma und die Erkundungsgebühr für den Shisha Pangma (4080 Yuan) und die veranschlagten Kosten (ca. 33000 Yuan) senden.

7. Der CMA wird vor Ende April die Körpermaße und Schuhgrößen der chinesischen Teilnehmer an Herr Messner weiterleiten.

Im Behai-Park

8. Herr Messner wird die Bestimmungen des Chinesischen Bergsteigerverbandes für die Durchführung von ausländischen Expeditionen in China beachten. Er wird die Kosten gemäß den Bestimmungen des CMA übernehmen.
   Konto 81-89013199/Bank der Volksrepublik China in Beijing.
9. Bei der Besprechung hat der Chinesische Bergsteigerverband zur Kenntnis genommen, daß Herr Messner wünscht, im Frühling 1981 die Besteigung des Shisha-Pangma-Gipfels vorzunehmen. Darüber wird im Juli 1980 verhandelt werden.
10. Die vorstehend angeführten Punkte wurden in eingehenden Beratungen behandelt. Änderungen oder Ergänzungen dieses Protokolls können von beiden Seiten im gegenseitigen Einvernehmen vorgenommen werden.
11. Dieses Protokoll wird am 3. April 1980 von Herrn Messner und Herrn Shi Zhanchung, Vertreter des Chinesischen Bergsteigerverbandes in Beijing, unterzeichnet.

Dieses Protokoll wird in zwei Exemplaren, in chinesischer und in deutscher Sprache, ausgefertigt. Beide Fassungen sind in gleichem Maße gültig.
Das Protokoll tritt am Tage der Unterzeichnung in Kraft.

Reinhold Messner	Shi Zhanchung
	Vizevorsitzender des Chinesischen Bergsteiger-Verbandes

Beijing, am 3. April 1980

Es ist geschafft! Nun darf ich also 1980 ein zweites Mal zum Mount Everest! Wieder ohne Sauerstoffmaske, aber diesmal auch ohne Kletterpartner, ohne feste Lagerkette, ohne Träger und über eine neue Route auf der tibetischen Seite.
Am Abend dieses 3. April, dem Tag der Vertragsunterzeichnung, speisen Jürgen und ich in Begleitung hoher Persönlichkeiten des Sports und des CMA zu zwölft in einem separaten Raum eines Restaurants, bedient von vier beflissenen Kellnern. Es ist hier bei solchen Essen Sitte, daß jeder eine Tischrede hält. Jede dieser Reden wird mit einem »Gánpéi« beendet, was soviel wie »ex« heißt, und alle leeren auf dieses Kommando ihre Schnapsgläser. Eine anstrengende Sitte, und als die Reihe an mich kommt, sage ich: »Ich danke für Ihre Freundlichkeit. Das ist die teuerste Expeditionsgenehmigung meines Lebens, eingekauft nach kapitalistischen Grundsätzen in einem kommunistischen Land. Gánpéi.«

Messners Expeditions-Prospekt 1980

»Wenn du keine Peking-Ente gegessen hast, kennst du Peking nicht«, lautet ein Sprichwort. Auf zwölferlei Arten wird sie uns serviert – geröstet, in Gelee, faschiert, in Sauce, in Teig ... Wenn auch vieles an Kultur in der Epoche der Revolution verlorengegangen ist, eines steht fest: Nirgends wird phantasievoller gekocht und nirgends werden die Speisen so zu wahren Kunstwerken arrangiert wie in der armen Volksrepublik China. Hier wird eine Überlieferung des dekadenten Kaiserreichs voll Hingabe gehätschelt, und ich traue meinen Ohren nicht, als mir beim Dessert ein Kellner stolz erklärt, die kleinen Marzipankuchen seien eine Lieblingsspeise der Kaiserin Se-chi gewesen.
Bei meiner Rückkehr nach Europa schwärme ich noch lange von diesem gewaltigen Schlemmerabend im Reich der Mitte.
Jul, ein Südtiroler Freund, ist einer der ersten, dem ich von meiner neuen Genehmigung erzähle. Wir sitzen bis spät in die Nacht bei mir zuhause in Villnöß, blödeln, und er legt mir die Karten. Diese verkünden ganz andere Dinge:
»Du glaubst, daß du mit einigen Menschen abgerechnet hast. Du hast sie aber umgestoßen, ohne den Inhalt zu kosten, der in ihren Pokalen ist. Du mußt aufpassen, daß du die guten Freunde, die in diesem Augenblick deinen Rücken dekken, die hinter dir stehen, nicht durch einen willkürlichen Schlag umwirfst. Sie werden dir helfen, einen Fluß zu überqueren, wenn du ein völlig neues, wenn auch nach außen hin altes Haus beziehen wirst.«
Ich liebe die rätselvollen Orakel des Tarot und Juls Auslegungen. Und ich habe wirklich das Gefühl, einen Fluß zu überqueren. Jul hält mich wegen meiner Alleingangsidee für verrückt. Allein auf den höchsten Berg der Welt steigen zu wollen, meint er, kann nur einem Wahnsinnigen wie mir einfallen. Da erzähle ich ihm, daß es längst vor mir schon einmal so einen Wahnsinnigen gegeben hat. Er hat Maurice Wilson geheißen.

Maurice Wilson

Der erste, der den Mount Everest allein besteigen wollte, war der Engländer Maurice Wilson. Er war kein Bergsteiger, eher ein religiöser Fanatiker. Er glaubte fest daran, daß ein durch Glaube und Fasten geläuterter Mensch alles auf der Welt erreichen könne, auch den höchsten Berg der Erde. Wie Kolumbus und Thor Heyerdahl wollte er durch eine Tat eine Theorie beweisen. Kolumbus wußte, daß die Welt rund ist. Um es zu beweisen, umsegelte er sie. Maurice Wilson wußte, daß der Mensch mit Gottes Hilfe alles kann. Um es zu beweisen, wollte er den Mount Everest besteigen. Damit begann eines der bizarrsten Kapitel in der Geschichte des Everest. Wie aber war Wilson zu seiner Überzeugung gekommen?
1898 als Sohn eines fleißigen Mannes geboren, der es aus eigener Kraft zu einer kleinen Wollfabrik gebracht hatte, wuchs Maurice Wilson als dritter von vier Söhnen in Bradford auf. Er war ein braver Schüler und sprach schon mit 12 Jahren fließend Französisch und Deutsch. 1916 meldete er sich einen Tag nach seinem 18. Geburtstag freiwillig zum Militär. Er wurde Obergefreiter, dann Leutnant und wurde für seine Tapferkeit und Pflichterfüllung ausgezeichnet. Wenig später, durch ein Maschinengewehr schwer am linken Arm

Maurice Wilson

und an der Brust verwundet, schickte man ihn als Invaliden nach Hause. Wie viele seiner Generation konnte er das Grauen in den Schützengräben nicht mehr vergessen und war unfähig, sich wieder in ein bürgerliches Leben einzuordnen. Vergeblich fragte er sich nach Sinn und Zweck seines Lebens. Die väterliche Fabrik mit ihrer eintönigen Arbeit ödete ihn bald an, und er ging nach London. Dort war es letztendlich auch nicht besser, und er tat dasselbe wie so viele andere Ex-Soldaten, die sich nicht mehr zurechtfanden: Er wanderte aus. Zuerst nach New York, dann nach San Francisco und schließlich nach Neuseeland, wo er mehrere Jahre blieb. Er verkaufte Wagen, dann eine Quacksalber-

medizin, versuchte sich in der Landwirtschaft und ging schließlich nach Wellington, wo er eine Zeitlang einen kleinen Laden für Damenbekleidung besaß.
Plötzlich, einer spontanen Eingebung folgend, kehrte er auf einem Postdampfer nach England zurück. Bis dahin war er weder erfolgreich noch ein Versager gewesen; aber er war unglücklich. Noch immer hatte der bärenstarke, große Mann kein Lebensziel. Da traf er auf dem Schiff indische Yogis, die ihn mit ihren Lehren über Selbstdisziplin sehr beeindruckten.
Zurück in London, besuchte er seine Eltern und lernte neue Freunde kennen, darunter Leonard Evans und dessen Frau Enid, für die er sogleich zu schwärmen begann. Frustriert und melancholisch, ging es ihm auch körperlich immer schlechter. Er nahm ab und wurde von Hustenkrämpfen gequält. Herkömmliche Medikamente zur Heilung lehnte er ab, und eines Tages war er spurlos verschwunden.
Als er wieder auftauchte, war er gesund. In aller Heimlichkeit hatte er eine mysteriöse Kur unternommen, 35 Tage lang gefastet, nur ab und zu schluckweise Wasser getrunken und ständig gebetet. Danach war er geheilt und glücklich – und er hatte für sich den Sinn des Lebens gefunden.
Er hatte ein Allheilmittel gegen alle Übel entdeckt, aber er wußte, daß er mit seiner Überzeugung nur ein Prophet unter vielen wäre. Wollte er die ganze Menschheit auf seine neugefundene Heilslehre aufmerksam machen, mußte er ein Fanal setzen.
Nach dieser Leidens- und Fastenzeit erholte er sich im Schwarzwald. Und hier, in einem kleinen Café in Freiburg, las er ganz zufällig einen alten Zeitungsausschnitt mit einem Bericht über die Mount-Everest-Expedition von 1924. Er las über die Sherpas und Yaks, die die Lasten schleppten, über Gletscher, Stürme und unüberwindliche Hindernisse. Und er fragte sich, ob man mit Fasten und Glauben wirklich alles erreichen könne. Er war davon überzeugt und wollte es beweisen. Er würde den Mount Everest besteigen, allein, nur durch die Kraft seines Glaubens, von dem er überzeugt war. Der Everest! Nun wußte er, was er zu tun hatte, und nichts konnte ihn dabei aufhalten. Endlich würde die Welt aufhorchen.
Es war eine phantastische, eine irre Idee. Wilson hatte vom Bergsteigen nicht die geringste Ahnung. Nach London zurückgekehrt machte er sich sofort an die Vorbereitungen. Er studierte alle Berichte vorangegangener Expeditionen. Spätestens in diesem Moment hätte er begreifen müssen, daß sein Vorhaben aussichtslos war. Er aber entschied sich, sein Unternehmen ohne die schwerfälligen Transport- und Lagerketten seiner Vorgänger zu realisieren. Als er vom geplanten Houston-Flug über das Everest-Massiv hörte, war sein erster Gedanke, das Team zu überreden, ihn mitzunehmen und in der Gegend des Everest mit einem Fallschirm abspringen zu lassen. Bald darauf verwarf er diese Idee wieder. Statt dessen wollte er selbst nach Tibet fliegen, eine Bruchlandung am Ostrongbuk-Gletscher wagen und seinen Weg zum Gipfel zu Fuß fortsetzen. Allein die Tatsache, daß er solche Gedanken überhaupt erwog, beweisen, daß er von der Gegend nicht die geringste Ahnung hatte. Keine Ahnung

vom Everest, keine Ahnung vom Bergsteigen, keine Ahnung vom Fliegen. Seine Freunde waren entsetzt. Er aber lächelte und sagte: *»Ich weiß. Aber ich kann das alles lernen.«*
Er kaufte sich eine drei Jahre alte gebrauchte »Gipsy Moth«, einen Doppeldecker, ließ auf ihren Rumpf »EVER WREST« malen und nahm Flugunterricht im Londoner AeroClub. Schon nach dem ersten gemeinsamen Flug war seinem Lehrer klar, daß Wilson nie ein guter Pilot werden würde. Aber der exzentrische Schüler besaß zwei Eigenschaften, mit denen er seine Mängel wettmachte: Mut und Entschlossenheit. Trotzdem gab der Fluglehrer Wilson keine Chance, auch nur Indien lebend zu erreichen. In einem offenen Zweidecker mehr als 8000 Kilometer über die damals noch unerschlossensten Gegenden zu fliegen, wäre für jeden erfahrenen Piloten eine Meisterleistung gewesen. Für einen unerfahrenen Piloten war es ein Wagnis, das mit einer Katastrophe enden mußte.
Unbeirrbar machte Wilson weiter. Er kaufte sich die Ausrüstung für sein Bergabenteuer: Zelt, Schlafsack, leichte Bekleidung. Er erstand einen Höhenmesser sowie eine leichte Kamera mit Selbstauslöser. Damit wollte er sich auf dem Gipfel fotografieren.
Dann begann er, fürs Bergsteigen zu trainieren. Er wanderte mehrmals zu Fuß von London nach Bradford und zurück, in Nagelstiefeln, schwer bepackt. Dann ging er bergsteigen. Fünf Wochen kletterte er im Lake District und in Wales herum, ohne jemals jemanden nach Technik oder Selbstsicherung zu fragen. Anstatt sich bei einem Schweizer Bergführer den Umgang mit Steigeisen und Pickel zeigen zu lassen und dort in den Alpen für die große Höhe zu trainieren, stieg er eigenbrötlerisch und naiv auf den Snowdon oder andere relativ harmlose Berge in England. Um seine Nerven zu testen, sprang er über London mit einem Fallschirm ab.
Inzwischen war die Presse auf sein phantastisches Vorhaben aufmerksam geworden, und es gab in den Zeitungen scharfe Kontroversen über sein Tun.
Wilson ließ in seine »EVER WREST« einen speziellen Treibstofftank für Langstreckenflüge einbauen, dazu ein robusteres Fahrwerk. Er besorgte sich Karten und zeichnete sorgfältig die Etappen seiner Strecke ein. Über Freiburg wollte er über die Alpen nach Mailand, Palermo, übers Mittelmeer und nach Tunis fliegen. Weil er ohne Maske fliegen wollte, setzte er eine Flughöhe von 3000 Meter fest. Den Abreisetermin legte Wilson auf den 21. April 1933, seinen Geburtstag. Mitte April bekam er eine schwere Mandelentzündung. Sein Plan geriet ins Wanken. Aber er fastete, betete und war bald wieder vollkommen fit.
Beim ersten Abflug baute er eine Notlandung. Wilson hatte Glück, daß er dabei nicht umkam. Wertvolle Zeit verstrich.
Inzwischen war die Houston-Flugexpedition aufgebrochen, und es war zwei Maschinen gelungen, den Everest zu überfliegen. Eine Großexpedition unter der Leitung von Hugh Ruttledge hatte sich dort im Basislager eingerichtet. Wenn Ruttledge erfolgreich war, kam Wilson zu spät, um Erster auf dem Gipfel zu sein.
Als die »EVER WREST« erneut startklar war, wollte das Luftfahrtministe-

rium den Flug stoppen. Wilson zerriß das Telegramm, das ihm den Flug verbot.
Am Sonntag dem 21. Mai 1933 verabschiedete sich Wilson von Freunden und Reportern. Er versuchte, mit Rükkenwind hochzugehen, und es dauerte eine Ewigkeit, bis die Maschine abhob. Dann flog sie der Morgensonne entgegen, wurde kleiner und verschwand. Nur wenige der Anwesenden glaubten, daß sie Wilson je wiedersehen würden.

schen Konsuls schwarz Treibstoff besorgen. Es gelang ihm, Gwadar in Indien zu erreichen. In zwei Wochen hatte er fast 8000 Kilometer hinter sich gebracht und damit längst bewiesen, daß er unmöglich scheinende Dinge durch Willenskraft vollbringen konnte. Aber er gab keine Ruhe. Er mußte zum Everest.
Nach dieser Leistung nahm man ihn endlich ernst. Ein Sonderkorrespondent des »Daily Express« machte in Kara-

Wilson mit seiner »EVER WREST«

Eine Woche später landete er in Kairo. Noch eine Woche, und er würde Indien erreicht haben. Aber in Kairo verbot man ihm, über Persien zu fliegen. Er mußte direkt von Bagdad nach Bahrein, ein Flug, der mit einer Entfernung von über 1000 Kilometern die äußerste Leistungsgrenze seiner Maschine beanspruchte. Endlich dort angekommen, mußte er sich gegen das Verbot des briti-

tschi ein langes Interview mit ihm. In Lalbalu bei Purneah war die Reise vorläufig zu Ende. Die Behörden verweigerten ihm die Erlaubnis, Nepal zu überfliegen. Wilson war verzweifelt. Wochen vergingen, die Monsunzeit begann, und er sah seine Chancen schwinden. Das Geld ging ihm aus. Da erfuhr er vom Scheitern der Ruttledge-Expedition, verkaufte seine »EVER WREST«

für 500 Pfund und machte sich auf nach Darjeeling.
Wie schon so oft, verweigerten ihm auch dort die Behörden jede Genehmigung, Sikkim und Nepal zu Fuß zu durchqueren. So überlegte er, wie er Tibet illegal erreichen konnte. Da lernte er Karma Paul kennen, einen Tibeter, der an den Everest-Expeditionen von 1922, 1924 und 1933 teilgenommen hatte. Anfangs war Karma Paul von Wilson begeistert und versprach, ihn bis ins Basislager zu der Ruttledge-Expedition als Träger gearbeitet hatten. Sie waren gutmütig und verschwiegen, besorgten ein Pferd für die Reise, nähten Vorräte und Ausrüstung in Weizensäcke. Wilson gab vor, auf Tigerjagd zu gehen, bezahlte sein Hotel für sechs Monate im voraus, und in der Nacht vom 21. März 1934 schlichen die vier sich vorsichtig aus Darjeeling davon. Seit Wilsons Abreise aus England war fast ein Jahr vergangen.

Shegar Dzong, zwei Tage vor dem Basislager am Mount Everest

begleiten. Bald aber wurde ihm der exzentrische Engländer unheimlich, und er zog sich zurück.
Inzwischen war es Januar geworden, und Wilson sah sich nach anderer Hilfe um. Er brauchte jemanden, der ihn sicher durch Tibet brachte, und er fand diese Unterstützung in den drei Sherpas Tewang, Rinzing und Tsering, die bei

Um nicht erkannt zu werden, wanderten die Männer nur nachts, Wilson als tibetischer Mönch verkleidet. So kamen sie gut voran. Die Sherpas waren ausgezeichnete Führer und fürsorgliche Begleiter. Städte und Dörfer umgehend marschierte die kleine Gruppe jede Nacht etwa 25 Kilometer, durch eisige Bäche und sengende Hitze, durch

Schneetreiben und Hagelschauer. Sie mühten sich am Kangchendzönga vorbei und standen endlich auf der Paßhöhe des Kongra La: Vor ihnen lag Tibet! Im endlos weiten Horizont verloren sich ausgedehnte Bergketten, ein Meer aus Braun, Violett, Oliv und Weiß – eine Mondlandschaft. Wilson warf seine Verkleidung ab und fühlte sich endlich wieder frei. Noch immer vermieden sie Menschen und Dörfer, aber sie reisten jetzt bei Tag. Tapfer kämpften sie sich durch die täglichen Sandstürme, bis endlich, am 12. April, Wilson in sein kleines Notizbuch schreiben konnte: *»Ich habe den Everest gesehen!«* Von einem 5200 Meter hohen Kamm aus bot er in der glasklaren Luft mit seiner schneeverhüllten Ostflanke einen fast unwirklichen Anblick. Es war ideales Bergsteigerwetter. Und zwei Tage später erreichten die vier schließlich Rongbuk. Ein eiskalter Südwind, der von den Schneefeldern herunterkam, wehte ihnen in starken Böen ins Gesicht. Das dünne Gras verschwand. Felsen, Geröll und Gletscher nahmen Wilson auf in die Welt seiner Träume. Im Tal, das nirgendwo hinzuführen schien, tauchte plötzlich das Kloster auf. Seine massiven Mauern wirkten verschwindend klein durch den gewaltigen Berg, der dahinter die Welt begrenzte: der Mount Everest.

Der Oberlama des Klosters von Rongbuk, eine von den Tibetern hochverehrte Reinkarnation, lud Wilson, Tsering, Tewang und Rinzing zu einer Audienz ein. Er empfing sie in einem reichbemalten Raum mit kunstvoll geschnitzten Türstöcken und Fenstern mit Scheiben aus echtem Glas. Wilsons Mut und Entschlußkraft beeindruckten den Lama,

Oberlama aus Kloster Rongbuk

und er gab Wilson und den Sherpas seinen Segen.

Abends lag Wilson noch lange wach in seinem Zelt. Immer wieder schaute er hinauf zu seinem Berg, zum Everest, dann schrieb er in sein Tagebuch: *»Morgen werde ich aufbrechen!«*

Als er beim Erwachen am anderen Morgen den tiefen Singsang der 300 Mönche des Klosters vernahm, war er davon überzeugt, daß sie für ihn beteten. Bei schönstem Wetter zog er los, beladen mit mehr als 20 Kilogramm stieg er langsam talaufwärts, zum Ostrongbuk-Gletscher. Da alle Berichte, die er über dieses Gelände gelesen hatte, von profilierten Bergsteigern stammten, die es elegant fanden, nobel zu untertreiben, war er entsetzt über das verwirrende Labyrinth aus Eistürmen, Spalten und Felsbrocken, das sich am nächsten Tag vor ihm auftürmte. Mühselig irrte er darin umher, verringerte erschöpft seine Last, kam nur langsam voran. Nun rächte sich bitter, daß er vom Gehen im Eis

Im Ostrongbuk-Gletscher

noch immer keine Ahnung hatte. Er hatte keine Steigeisen dabei, konnte keine richtigen Stufen schlagen. Wie durch ein Wunder fiel er in keine der zahllosen Spalten. Am 16. April erreichte er erschöpft das Lager II der früheren Expeditionen auf 6035 Meter Höhe. Es begann zu schneien. Geschwächt kaute er ein paar Datteln und etwas Brot. Nach einer eisigen Nacht im Zelt machte er sich wieder auf den Weg. Nach weiteren zwei mühseligen Tagen saß er auf 6250 Meter endgültig im Schneesturm fest. Es hörte nicht auf zu schneien, die Lebensmittel gingen zu Ende. Endlich entschloß er sich zum Rückzug über den grauenvollen Gletscher in die Sicherheit des Klosters von Rongbuk.

Hinkend, mit schmerzenden Gliedern kam er drei Tage später wieder in Rongbuk an. Seine Augen waren rot entzündet, seine Kehle ausgedörrt. Während Rinzing und Tewang eine Schüssel Suppe für ihn wärmten, schrieb er kaum leserliches Gekritzel in sein Tagebuch: *»Ich gebe nicht auf. Ich weiß noch immer, daß ich es schaffe …«*
In einem Nebenraum des Klosters untergebracht taute Wilson langsam auf. Als er seine erste warme Mahlzeit seit zehn Tagen verzehrt hatte, begann er, den Sherpas wirre Geschichten über all die Einsamkeit, Mühsal und Enttäuschung auf dem Rongbuk-Gletscher zu erzählen. Nie zuvor in seinem Leben hatte er sich so nach Gesellschaft und Freunden gesehnt. Dann schlief er 38 Stunden.
Obwohl er danach noch immer zu schwach war, um sich aus seinem Schlafsack zu befreien, arbeitete er mit Rinzing und Tewang einen Plan für den nächsten Versuch aus. Tsering litt unter Magenbeschwerden und konnte sie nicht begleiten. Die beiden anderen Sherpas sollten diesmal mit ihm bis zum Lager III steigen, das unter dem Eisfall liegt, der vom Nordcol herabfließt. Mit genügend Vorräten wollten sie dort so lange bleiben, bis Wilson bei gutem Wetter allein den Endspurt zum Gipfel unternehmen konnte.
Vier Tage lang blieb Wilson im Bett. Als er am fünften Morgen erstmals aufstand, war er zittrig, seine Füße waren geschwollen, sein linker Arm und sein linkes Auge schmerzten.
Erst gegen Ende des Monats ging es ihm besser. Am 30. April schrieb er: *»Füße und Augen o.k., in wenigen Tagen werde ich wieder auf den Beinen sein. Habe schrecklich an Gewicht verloren, aber viele neue Muskeln bekommen, seit ich Darjeeling verlassen habe. Bald bin ich wieder fit wie immer. Der Marsch zum Lager III wird dieses Mal sicherlich verhältnismäßig leicht sein. Werde Steigeisen benutzen und die Jungens*

Der Everest von Rongbuk aus

mitnehmen, damit sie etwas Warmes zu essen machen. Hoffe, daß ich in einigen Tagen weg bin.« Am 1. Mai aber war sein linkes Auge dick geschwollen und die linke Gesichtshälfte teilweise gelähmt. Er fastete und fühlte sich bald erheblich besser.

Während seiner Rekonvaleszenz nahm er häufig an den religiösen Riten im Kloster teil. Der heitere Zustand frommer Selbstbetrachtung, in dem die Mönche lebten, faszinierte ihn. Weiter oben im Tal lag Chamalung, das »Heiligtum der Vögel«, ein kleines Kloster, das sich zwischen steilen Moränenhängen versteckte. Es bestand aus einer Reihe primitiver Zellen, wo Eremiten ein Leben in totaler Zurückgezogenheit und Meditation führten. Die Lebensumstände dieser Einsiedler, die hofften, durch Erleuchtung aus dem schrecklichen Rad der Wiedergeburten befreit zu werden, waren für einen Europäer kaum vorstellbar. Einer dieser Mönche lebte dort bereits seit 15 Jahren bewegungslos in Meditation versunken in einer Felshöhle. Einmal am Tag reichten ihm seine Mönchsbrüder eine Tasse Wasser und eine Handvoll Gerstenmehl durch eine kopfgroße Öffnung in die Zelle. Es ist nicht erstaunlich, daß Wilson zu diesen Menschen eine innere Verwandtschaft empfand.

Einsiedelei oberhalb Rongbuk

Am Abend des 11. Mai – der Everest war in Nebel gehüllt – beendete Wilson seine Tagebucheintragungen mit den Worten: *»Auf jeden Fall werden wir morgen aufbrechen, komme was will. Bin froh, wenn ich es hinter mir habe.«*

Tewang mußte versprechen, das Pferdchen nicht zu verkaufen und im Falle von Wilsons Tod den Behörden in Darjeeling einen Brief auszuhändigen. In diesem Schreiben erklärte er, daß die drei Sherpas keine Schuld an der verbotenen Reise durch Tibet traf.

Als es am 12. Mai hell wurde, verließen Wilson, Tewang und Rinzing das Kloster. Die Sherpas waren mit dem Gelände des Ostrongbuk-Gletschers vertraut, und bereits nach drei Tagen erreichten sie die Stelle von Lager III. In seiner Nähe fanden sie ein Nahrungsmitteldepot der Ruttledge-Expedition, das im Vergleich zu ihrer kargen Wegzehrung einen wahren Delikatessenladen darstellte. Während Rinzing kochte, ging Wilson ein kleines Stück weiter, um den Weg zum Nordsattel zu erkunden. Er sah die zerborstenen Hänge des Eisfalls, einen steilen, zerklüfteten, sich ständig verändernden Eisbruch, der etwa 500 Meter über die oberen Schneefelder des östlichen Rongbuk-Gletschers aufragte. Sogar für die geübtesten Kletterer seiner Zeit hätte dieses Hindernis große Schwierigkeiten bedeutet. Doch Wilson schrieb am gleichen Abend ganz naiv in sein Tagebuch: *»Gipfel und Route können jetzt klar erkannt werden. Nur noch 2100 Meter zu gehen.«*
Am 16. Mai wurden die drei von einem Blizzard überrascht, der sie fünf Tage im Lager III festhielt. Frierend kauerten sie in ihren Zelten. Der Wirbelsturm zerrte an ihren Nerven. Die große Höhe machte ihnen zu schaffen. Als sich der Sturm am 21. Mai endlich gelegt hatte, machte sich Wilson erneut auf den Weg in Richtung Eisfall. Rinzing sollte ihn ein Stück weit begleiten, um ihm die Route zu zeigen, die Ruttledge gewählt hatte. Bald wurde ihr Vorwärtskommen zum keuchenden Kriechen. Rinzing wollte zurück ins Lager III. Wilson kämpfte sich allein weiter.
Vier lange Tage dauerte sein verzweifeltes Ringen mit dem Eisfall. Nicht die geringste Spur der Ruttledge-Expedition half ihm weiter. Er übernachtete auf winzigen Vorsprüngen in exponiertester Lage. Er hackte, nach Atem ringend, Stufen ins harte Eis, er setzte Eisschrauben, er rutschte und rappelte sich wieder hoch. Als ihm eine 10 Meter breite Spalte den Weg versperrte, wagte er sich betend über eine dünne Schneebrücke. Schließlich stand er am Fuße des letzten Eisfeldes unterm Nordsattel. Aber diese weniger als 100 Meter hohe Eiswand war senkrecht und stufenlos. Nach einem Biwak versuchte Wilson, sie durch einen glatten Kamin zu erklimmen. Immer wieder kletterte er ein paar qualvolle Meter, immer wieder rutschte er ab. Am Abend des 24. Mai, immer noch am Fuße des Kamins, muß Wilson erkannt haben, daß er den Mount Everest nicht bezwingen konnte. Mehr tot als lebendig rutschte und schlitterte er den Eisfall hinab, um unten den besorgt wartenden Sherpas in die Arme zu sinken.
Die nächsten beiden Tage lag Wilson entkräftet im Lager III in seinem Schlafsack. Doch dann – man will es nicht fassen – schrieb er: *»Tewang will zurück, aber ich habe sie überredet, mich ins Lager V zu begleiten. Das wird mein letzter Versuch, und ich fühle mich zuversichtlich ...«* In Wirklichkeit hielten die Sherpas einen solchen Plan für völlig verrückt und versuchten, Wilson zur Umkehr zu bewegen. Wilson hörte nicht auf sie und machte sich am 29. Mai allein erneut auf den Weg. Zu schwach, um wirklich weiterzukommen, campierte er nicht weit von Lager III am Fuße des Nordsattels.
Am 30. Mai blieb er im Zelt. Zu entkräftet, seinen Schlafsack zu verlassen, kritzelte er am 31. Mai in sein Notizbuch: *»Ein herrlicher Tag. Vorwärts!«* Völlig

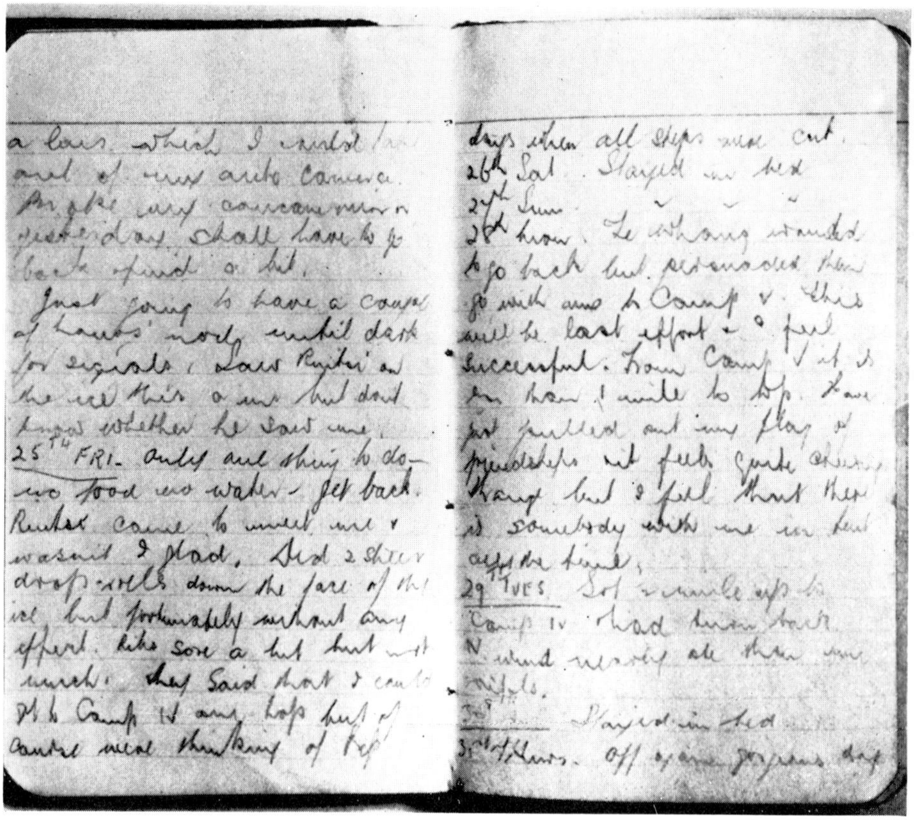

Letzte Tagebuchnotiz Wilsons

erschöpft, ganz allein, von Kälte durchdrungen, ist Maurice Wilson kurz darauf gestorben.

Ein Jahr später erst, 1935, fanden Eric Shipton und Charles Warren auf ihrem Weg zum Nordsattel den vom Wind ausgetrockneten Körper. Er hatte die Knie angezogen und war in die Fetzen eines Pullovers und grüner Flanellhosen gehüllt. Ein Stiefel fehlte, und das schützende Zelt war längst von den Winterstürmen zerrissen. Die Bergsteiger wikkelten Wilsons Leiche in die Überreste einer Plane und begruben sie in einer Spalte des Gletschers. Shipton nahm nur das Tagebuch an sich.

Aus diesen Aufzeichnungen und den Berichten der Sherpas, die lange auf ihren Herrn gewartet haben, ehe sie nach Darjeeling zurückkehrten, konnte der bisher kühnste Versuch einer Everest-Besteigung rekonstruiert werden.

»Der Weg ist das Ziel«, heißt eine buddhistische Weisheit, und so verrückt Wilson auch scheinen mag: ich habe diesen beharrlichen Don Quichotte, der stets irgendwelche Erinnerungsstücke an die für ihn unerreichbare Enid Evans im Rucksack bei sich trug, in mein Herz geschlossen. Er ist mir lieber als die Legion all derer, die besorgt an ihren Häuschen bauen und sich ihr Leben fürs Rentenalter aufheben.

Zwischen mir und dem sendungsbesessenen Wilson, so denke ich, müssen in den letzten 50 Jahren doch noch andere auf die Idee gekommen sein, den Everest allein zu besteigen. Und bald stoße ich in den Pausen zwischen Training, Packen und bürokratischem Hickhack auf neues Material. Ich stoße auf Denman und Larsen.

Denman und Larsen

»Ich reiste unter äußerst bescheidenen Umständen, hatte kaum das Lebensnotwendigste dabei, war so arm, daß ich mir nicht einmal eine Uhr leisten konnte! Tenzing hatte eine, ich nicht.« Es hätte Earl Denmans Motto sein können, das Motto eines Mannes, der als zweiter zu einem Soloversuch am Mount Everest ansetzte. Das war 1947. Der gebürtige Kanadier hatte eine harte Kindheit in England erlebt: ein bettlägeriger Vater, eine Mutter, die für die Söhne schuftete. Denman war sehr ehrgeizig und hatte viele Lebensträume. Einer davon war Afrika. Als er schließlich dorthin kam, bestieg er, barfuß und in Shorts, als erster alle acht Virungavulkane. Nur ein paar Eingeborene begleiteten ihn. Diese Tat erfüllte Denman mit Stolz. *»Niemand wird diese Berge je wieder mit so primitiven Mitteln besteigen.«* Und bald gebar dieser Stolz neue Wünsche. Der Berg der Berge kam ihm in den Sinn, der Everest. Denman ging es um das Wie.

»Etwas so Großartiges mit einem Fünfzigstel des Geldes zu versuchen, das für nur eine der bisherigen Everest-Expeditionen ausgegeben worden ist«, so lautete alsbald seine selbstgestellte Herausforderung.

Vor allem Sauerstoffgeräte lehnte er ab, weil er auf die Anpassungsfähigkeit

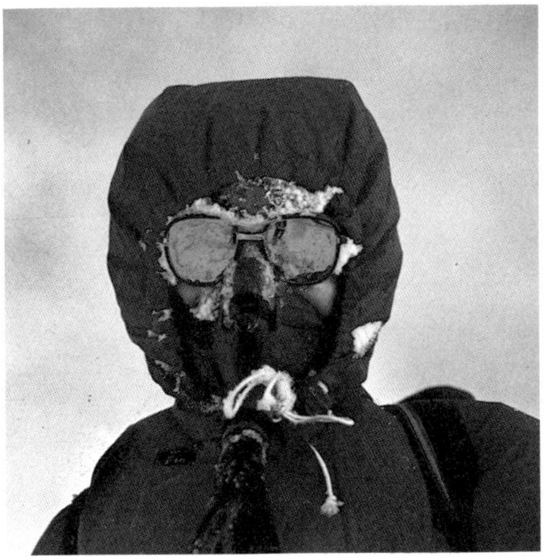

Bergsteiger mit Sauerstoffmaske

des Menschen an die Höhe vertraute.

»Es ist bewiesen, daß es möglich ist, ohne Sauerstoff in einer Höhe von etwa 8500 Meter am Berg zu überleben. Da ist es doch lächerlich zu behaupten, daß kein Mensch in der Lage sein soll, 8800 Meter oder etwas mehr zu erreichen.« Auch Denman kannte die Everest-Literatur. Er wußte vom Verschwinden von Mallory und Irvine und war überzeugt davon, daß sie umkamen, weil ihnen in der Höhe die Sauerstoffvorräte ausgegangen waren und sie ohne die Geräte nicht genügend akklimatisiert waren. Denman wollte einen Alleingang versuchen, weil er ein Einzelgänger war und weil er sich selbst etwas beweisen wollte. Von Wilsons Versuch wußte er nichts.

Er sollte davon erst in Darjeeling erfahren.

Mit nur einem Schlafsack, gefüllt mit Gänsedaunen, zwei Zelten aus Kriegsbeständen, einem Seil, handgearbeiteten Steigeisen, Handschuhen, einer Schneebrille, getrocknetem Fleisch und 250 £ Bargeld schiffte sich Denman am

Tenzing Norgay (zweiter von re.) 1977

7. Februar 1947 von Mozambique aus nach Mombasa ein. Er kam nach Bombay und fuhr weiter nach Kalkutta. So lernte er Indien kennen:
»Menschen lagen auf dem Gehweg, einige hatten Decken oder Säcke über ihre Körper gezogen, aber niemand bemühte sich um Schatten. Eine von Falten zerfurchte Bettlerin klatschte auf ihren nackten Bauch und bat um Nahrung. Eine der zahlreichen heiligen Kühe trabte langsam in einen Laden und kam ebenso gemächlich wieder heraus. Ein Droschkenpferd, wenig mehr als Haut und Knochen, war in seinem Geschirr gegenüber einer Zweigstelle der ›Lloyds Bank‹ zusammengebrochen und konnte nicht wieder auf die Beine gebracht werden, obwohl sich eine Menschentraube zusammengefunden hatte, um zu ziehen, zu schieben, zu stoßen.« Denman war angeekelt und bewegt zugleich von soviel Armut. Er reiste weiter. Das monotone Rattern des Zuges nach Darjeeling klang in seinen Ohren wie ein Refrain: *»Du Narr, kehr um, du Narr, kehr um!«*
Mitte März lernte er in Darjeeling den damals 32 Jahre alten Tenzing Norgay kennen. Der drahtige Sherpa war zu dieser Zeit bereits ein berühmter Mann. Er war mehrmals am Everest gewesen, hatte Smythe, Shipton und Tilman auch auf anderen Himalaja-Expeditionen begleitet. Seine Leistungen hatten ihm die Auszeichnung eines »Himalaja-Tigers« eingebracht. Neben seiner Muttersprache beherrschte er Tibetisch, Sikkimesisch und Hindustani. Er sprach sogar gebrochen Englisch.
Natürlich hatte Denman Tenzing durch Karma Paul kennengelernt, den servilen Diener aller Everest-Spinner, und Karma Paul hatte noch einen anderen Begleiter für Denman zur Hand. Er hieß Ang Dawa.
Obwohl sowohl Tenzing als auch Ang Dawa wußten, daß Denman keine Ge-

nehmigung für eine Reise nach Tibet besaß und kein Geld, um sie anständig zu bezahlen, war die Anziehungskraft des Mount Everest zu groß, als daß sie hätten nein sagen können.
Am 22. März 1947 machten sie sich auf den Weg. Erst mit dem Bus, dann mit sikkimesischen Maultieren, später zu Fuß. Denman ging barfuß wie in Uganda. Über den Kongra La erreichten sie schließlich Tibet. Sie wanderten durch das öde, windgepeitschte, unfruchtbare südliche Tibet und lebten von der Hand in den Mund.
Wie ein Flüchtling, unter ständiger Anspannung und unter primitivsten Bedingungen, kam Denman bis Rongbuk. Denman, der auf seiner Reise durch Sikkim und Tibet vielen Klöstern begegnet war, fand Rongbuk größer und schöner bemalt, war aber entsetzt, als ihm die

Karma Paul, Dolmetscher vieler Everest-Unternehmen

Lamas statt mystischen Zaubers ihre defekten Taschenlampen und Wecker zur Reparatur brachten. Die Einheimischen waren neugierig wie Kinder. Sie lachten über Denmans ärmliches Auftreten.
Von den anderen Sahibs waren sie relativen Reichtum und aufregendes Gepäck gewohnt. Über Denmans eigenbrötlerische Absage an den Materialismus staunten sie nur.
Der erste Anblick des Mount Everest, der über dem Kloster aufragte, war auch für Denman überwältigend. Er verstand sofort, warum sich die Mönche dieses abgeschiedene, karge Fleckchen Erde für ihre Siedlung ausgesucht hatten.
Der alte, englischsprechende Oberlama war gestorben. Statt seiner saß ein kleiner Junge bewegungslos im Schneidersitz auf dem reich geschnitzten Meditationsstuhl – der neue Abt. Er war nach dem Glauben der Lamas die Reinkarnation jenes Mannes, der den vorangegangenen Expeditionen seine Segenswünsche mit auf den Weg gegeben hatte.
Denman durfte die Klostergebäude als Basislager benutzen. Eine Schwester Tenzings, die mit einem der Mönche verheiratet war, half bei der Organisation. Denman beobachtete die Pilger im Kloster. Unbewegten Gesichts ließen sie rosenkranzähnliche Perlenketten durch ihre Hände laufen und bewegten dabei unablässig die Lippen. Andere drehten ihre Gebetsmühlen, kleine Zylinder aus Kupfer oder Silber, in die winzige Schriftrollen mit Gebeten eingeschlossen waren.
Denman war weit davon entfernt, ein zweiter Maurice Wilson zu sein. Längst hatte er sich entschlossen, die beiden Sherpas mit auf den Gipfel zu nehmen.

Am 10. April machten sich die drei auf den Weg. Sie nahmen den traditionellen Weg über den östlichen der drei Rongbuk-Gletscher in Richtung Nordsattel. Denman litt derart unter der Kälte, daß er nach der ersten Nacht ins Zelt der Sherpas zog. Als er auch dort vor lauter Frieren nicht schlafen konnte, kroch er zu Tenzing in den Schlafsack. Auch die Höhe setzte ihm zu. Trotzdem erreichten sie das alte Lager III, und die beiden Sherpas führten ihn sicher durch die Chang-La-Wand. Am Nordcol aber nahmen ihnen starke Stürme jede Hoffnung. Zermürbt erkannte Denman, wie unzureichend sie für einen Gipfelangriff ausgerüstet waren. Der Sturm ließ ihn nachts nicht schlafen, das Essen wurde zur Qual, der Durst ein ständiger Alptraum. Denman spürte, daß er geschlagen war. Er gab auf.

Nach Hause zurückgekehrt erwachte sein Ehrgeiz erneut. Im Jahr darauf erschien er wieder in Darjeeling, besser vorbereitet, mit guter Ausrüstung, voll neuen Mutes; aber diesmal war niemand mehr bereit, noch einmal mit ihm heimlich nach Tibet zu reisen. Er ging nach Rhodesien zurück, schrieb ein Buch und kehrte den Bergen für immer den Rücken.

Nur vier Jahre sollte es dauern, bis der nächste Abenteurer auf die Idee kam, den Everest allein zu besteigen. Es war der Däne Klavs Becker-Larsen. Auch er träumte von Rongbuk und der Nordseite des Berges. Inzwischen aber war Tibet von chinesischen Truppen besetzt. So reiste Larsen vorerst nach Darjeeling. Wem anderen konnte er dort wohl begegnen als Karma Paul? Mit seiner Hilfe warb er vier Sherpas an. Sich heimlich durch Südtibet nach Rongbuk durchzuschlagen, wäre angesichts der chinesischen Besatzer zu gefährlich gewesen. So beschloß Larsen, illegal von Darjee-

Khumbu-Eisbruch, links der Lho La

ling aus über Nepal auf den traditionellen Wegen der Salzkarawanen nach Rongbuk zu gelangen. Er stieg durch das Dudh-Kosi-Tal hinauf bis nach Namche Bazar im Sherpaland und versuchte dann den Übergang zuerst über den Lho-La-Paß ins besetzte Tibet. Den lokalen Erzählungen der Sherpas zufolge soll ein Lama von Solo Khumbu über den Lho La nach Rongbuk gekommen sein. Larsen aber, der weder über göttliche Kräfte verfügte noch mit Pickel und Steigeisen umgehen konnte – denn auch er war kein Bergsteiger –, mußte auf halber Strecke zur Paßhöhe aufgeben. Der Lho La liegt 6000 Meter hoch, der Südabbruch ist steinschlaggefährdet und sehr schwierig. Der Lama, der ihn ohne Seil und ohne Haken überquert haben soll, muß Flügel gehabt haben. Klavs Becker-Larsen kehrte um und wanderte nach Thame, geschlagen, aber nicht entmutigt. Dann versuchte er es über den fast 6000 Meter hoch gelegenen Nangpa La, über den die Sherpas seit Jahrhunderten ihr Salz aus Tingri in Tibet holten. Auch er war verschneit. Trotzdem überschritt er die Grenze und gelangte mit den Sherpas, die ihm sicher den Weg wiesen, schließlich nach Kyetrak. Über den Lamna La wechselte die kleine Karawane nach Rongbuk über, wo sie sechs Tage nach ihrem Aufbruch aus Namche Bazar ankam.

Hatte sich Larsen in Namche Bazar ein Seil aus dem Lager der Tilman-Houston-Expedition leihen können, so überredete er jetzt den jungen Oberlama von Rongbuk, ihm Material aus den zurückgelassenen Gütern der Vorkriegsexpeditionen zu leihen. Trotz der ominösen Weissagung der Mönche, daß er den Gipfel des Everest nicht erreichen würde, gelang es Larsen, den Ostrongbuk-Gletscher in drei Tagen zu durchsteigen und Lager III zu erreichen. Mit den beiden stärksten Sherpas wollte er von dort aus den Nordsattel erklettern und oben ein viertes Lager errichten, den Ausgangspunkt für seinen Solo-Gipfelsturm.

Nagpa La von Tibet aus

Am 9. Mai hatten sie bereits zwei Drittel des Aufstiegs zum Sattel hinter sich, als Sturm aufkam. Zusätzlich von Steinschlag aus der Changtsewand bedroht weigerten sich die Sherpas weiterzusteigen. Alles Schimpfen und Fluchen Larsens war vergebens; ohne ihre Hilfe war auch er gezwungen, seinen Alleingangsversuch aufzugeben. Traurig kehrte er nach Rongbuk zurück. Dort aber waren bereits chinesische Soldaten, die von dem Fremdling erfahren hatten, auf der Suche nach ihm. Zwar versteckten ihn die Mönche, aber es war höchste Zeit, das Kloster zu verlassen. Über den gleichen Weg, den er gekommen war, kehrte Larsen nach Nepal zurück. Nach fünf langen Marschtagen war er wieder in Namche Bazar.

Reinhold Messner und Edmund Hillary (1978)

1953 wurde der Mount Everest *»durch eine Armee bezwungen«,* wie Denman sich ausdrückte. Neben Edmund Hillary stand auch Tensing Norgay auf dem Gipfel. Auf dem Kopf trug er die Sturmhaube Denmans. So war auch von ihm ein Stück auf den höchsten Punkt der Welt gelangt.
»Irgendwann wird auch dieser Berg allein und mit einfachen Mitteln bestiegen werden«, prophezeite der antimaterialistische Kanadier.
Inzwischen sind mehr als 25 Jahre vergangen. Denmans Wunschtraum ist lebendig geblieben, lebendig geworden in anderen Köpfen, in anderen Herzen. Nun bin ich an der Reihe.

Das Motiv
Jetzt, nachdem ich die literarische Bekanntschaft von Wilson, Denman und Larsen gemacht habe, kann ich nicht umhin, mir konkrete Gedanken über meine eigenen Motive zu machen.
Für Larsen sind die Beweggründe für seinen Alleingangsversuch klar gewesen: *»Ich wollte mich vor mir selbst und vor anderen bewähren, indem ich alles einsetzte, was ich zu geben hatte. Und ich wollte ein Abenteuer erleben. – Ich wurde dazu erzogen zu glauben, daß ich alles erreichen würde, was ich wirklich wollte – daß mein eigener Verstand die beste Instanz dafür war zu entscheiden, was ich konnte und was nicht. Mit*

dieser Einstellung ist es nicht allzu schwierig, die eigenen Träume zu verwirklichen.« Dies schrieb er auf dem Schiff, als er zurück nach Europa reiste. Denman hat sich so ausgedrückt: *»Ich bin ein mittelloses Kind meiner Zeit und lerne langsam, daß Ehrgeiz, wenn er schon nicht unterdrückt werden kann, sich dem Betrag an Bargeld in der Hand unterordnen muß.«* Den Materialismus in die Schranken zu weisen, ist eine seiner Triebfedern gewesen, die Unfähigkeit zu einer tiefen menschlichen Beziehung eine zweite. Er versuchte, seine Isolation aufzuheben durch den Umgang mit den Einheimischen, denen er sich verwandter fühlte als seinen »weißen« Zeitgenossen.

Wilson wollte mit seiner Tat beweisen, daß es eine höhere Macht gab, die ihm beistehen würde. Mit seinem Glauben an eine Kraft von außen unterscheidet er sich grundlegend von Larsen und Denman, die die Kraft in sich selbst zu finden hofften.

Und wie steht es mit mir?

Ich will Naomi Uemura zuvorkommen. Ich will der erste sein, der den höchsten Berg der Welt allein bestiegen hat. Ich will endlich nach Tibet, in das Land meiner Kinderträume. Aber das allein ist es nicht.

»Warum willst du denn noch einmal zum Everest?« fragt meine leidgeprüfte Mutter, wie ich ihr von meinem Plan erzähle. »Den hast Du doch schon einmal bestiegen!« Ich erkläre ihr, wie wunderschön dieser Berg auf der Nordseite ist, wie sehr ich mir wünsche, Rongbuk zu sehen und herauszufinden, was die Chinesen von diesem geheimnisvollen Kloster übriggelassen haben, welcher Mythos die tibetische Seite des Berges umgibt und wie die früheren Expeditionen in die alpine Geschichte einzuordnen sind. Wie ich ihr das alles sage, weiß ich, daß auch das nur ein Teil der Wahrheit ist.

Tenzing Norgay 1953 auf dem Everestgipfel

Während meine Mutter Holz in den Herd schiebt, an dem sie einen großen Teil ihres Lebens verbracht hat, um ihre neun Kinder zu füttern, sagt sie: »Wenn du keine Expedition planen kannst, findest du keine innere Ruhe. Du läufst vor dem täglichen Leben davon.« Sie hat recht. Ich kann mir nichts Schrecklicheres vorstellen, als einen Alltag, wie er im bürgerlichen Leben stattfindet. Ich weiß, daß das ungerecht ist, aber ich bin nicht in der Lage, mich für meine Verweigerung zu schämen. Die Bauern in unserem Tal haben gar keine Zeit, sich

Klassische Expedition mit Trägergruppe an der Chang-La-Wand

über den Sinn des Lebens Gedanken zu machen. Sie sind voll damit beschäftigt zu tun, was gerade notwendig ist. Ich aber bin ein zerrissenes Kind einer Generation, die sich sehr wohl fragen muß, welchen Sinn das haben soll, einem ungeliebten Beruf nachzugehen in einer Welt, die durch materialistisches Denken täglich häßlicher wird. Meiner Existenz wurde kein Sinn vorgegeben, ich muß ihn selbst finden.
Ich bin in keinen Glauben gebettet, und die passive Schicksalsergebenheit der Menschen in meinem Tal treibt mich oft zur Verzweiflung. Nur ganz selten kann ich meine Getrenntheit von der Welt überwinden, kann ich mich eins mit dem Kosmos fühlen: beim Bergsteigen. Und auch da nur, wenn ich durch äußerste Anspannung und Konzentration in größten Schwierigkeiten einen Zustand erreiche, in dem sich mein Ich auflöst. Nach diesen Augenblicken aber bin ich süchtig.
Um das Erlebnis dieses Nicht-mehr-von-der-Welt-getrennt-Seins zu erfahren, muß ich an die Grenzen meiner körperlichen Leistungsfähigkeit gehen. Im Alleingang in einer schwierigen Wand, in großer Höhe, unter größter körperlicher Verausgabung und Erschöpfung erst kann ich sie erreichen.
Mein größter Feind auf dem Weg zu diesem Ziel ist die Angst. Ich bin ein ängstlicher Mensch, und wie alle ängstlichen Menschen sehne ich mich danach, meine Ängste zu überwinden. Der Sieg über die Angst, das ist auch ein Glücksgefühl, in dem ich mir nahe bin. Dreimal bin ich allein zum Nanga Parbat aufgebrochen, dreimal bin ich aus Angst umgekehrt, bevor ich die Kraft hatte, sie zu überwinden und bis zum Gipfel zu steigen.
Ich will das Gefühl haben, stärker als meine Angst zu sein, deshalb begebe ich mich immer wieder in Situationen, in denen ich ihr begegne, um sie zu überwinden.
Während ich aber versuche, meine Isoliertheit durch Erfahrungen im Grenzbereich aufzulösen und Herr meiner Ängste zu werden, lebe ich. Ich lebe mit einer Intensität, die ich sonst nirgends finden kann. Und so ist jeder Abstieg vom Berg für mich weniger eine Rückkehr ins Leben als vielmehr ein Abschied von einem Stück gelebten Lebens, ein kleiner Tod.
Uschi, die Frau, mit der ich verheiratet war, meint, daß mich diese Reisen in die

Selbsterfahrung immer mehr von den anderen Menschen entfernen und in eine Art Autismus führen. Vielleicht hat sie recht. Ich leide darunter, daß ich mir während meiner Expeditionen weder auf dem Hinweg noch auf dem Rückweg genug Zeit nehme für die Menschen, denen ich begegne. Etwas in mir macht mich stets nach kurzer Zeit so unruhig, als müsse ich einen Zug erreichen. Es läßt mir keine Ruhe. Zerrissen zwischen Flucht und Suche bin ich zum Bergsteigen verurteilt, und es wundert mich nicht, daß ich kürzlich in einem von Uschis Träumen als »Fliegender Holländer« mit einem Schiff aus zerfetzten Zeltplanen über das unendliche Meer eines zerborstenen Gletschers gesegelt bin.

Erfolg der Japaner

Mitte Mai lese ich vom Erfolg einer japanischen Expedition in der Zeitung. Sie hat den Mount Everest über zwei Routen von Norden erreicht.

Wie für mich war auch für den Japanischen Alpenclub die Ersteigung eines auf der chinesischen Nordseite des Himalaja gelegenen Berges ein langgehegtes Ziel. Im Februar 1979 wurden Anträge für ein großes japanisches Mount-Everest-Projekt bei der chinesischen Sport-Föderation eingereicht. Im Juni 1979 kam die offizielle Genehmigung des chinesischen Bergsteigerverbandes. Damit waren die Japaner die erste ausländische Bergsteigergruppe, die seit Bestehen der Volksrcpublik eine Expedition in Tibet unternehmen durfte. Der Plan der Japaner war es, den Everest gleichzeitig über den Nordostgrat und über die Nordwand anzugreifen. Eine Live-Fernsehübertragung – die erste in der Geschichte des Expeditionsbergsteigens – sollte die Sensation noch steigern.

Eine Erkundungsgruppe prüfte im September/Oktober die Möglichkeiten an zwei Routen auf der Nordseite. Dabei wurden drei Chinesen unterm Nordsattel von einer Lawine getötet und ein japanischer Bergsteiger verletzt.

Die Expedition bestand aus drei Teams: der Nordostgrat-Gruppe (12 Mitglieder), der Nordwand-Gruppe (12 Mitglieder) und den Zeitungs- und Fernsehreportern (13 Mitglieder). Leiter und Koordinator des Projekts war Hyoriki Watanabe.

Zur Unterstützung des Unternehmens wurden 56 Chinesen angeheuert: zwei Verbindungsoffiziere, drei Übersetzer, zwei Manager, 22 Hochträger, vier Funkspezialisten, sechs Köche, drei Fahrer, ein Buchhalter und 13 Yaktreiber. Die Hochträger sollten wie Sherpas in Nepal eingesetzt werden und die Lasten bis auf eine Höhe von 7500 Meter schleppen.

An die 100 Männer errichteten Anfang

Nordwand und Nordostgrat (li.) des Everest

März 1980 das Basislager am unteren Ende des Rongbuk-Gletschers in 5150 Meter Höhe. Zwei vorgeschobene Basislager – eins in 6500 Meter Höhe auf dem Ostrongbuk-Gletscher, ein zweites in 6200 Meter auf dem zentralen Rongbuk-Gletscher – wurden erstellt.
Mitte März begann die Nordostgrat-Gruppe mit der Besteigung. Am 25. März erreichte sie den Nordsattel, wo das vierte Lager aufgebaut wurde. Das fünfte Lager, 7600 Meter hoch, stand am 6. April, das sechste, über 8000 Meter hoch, am 23. April. Die chinesische Nachschubmannschaft, die Ausrüstung und Proviant hinaufschleppte, leistete die Hauptarbeit.
Am 29. April verließen vier Expeditionsmitglieder zusammen mit sechs Hilfskräften das vorgeschobene Basislager zum entscheidenden Angriff. Am 2. Mai errichteten sie ein siebtes Lager auf 8200 Meter Meereshöhe.
Die vier brachen am 3. Mai zum Gipfel auf. Um 19 Uhr erst waren zwei von ihnen – Kato und der Kameramann Nakamura – am Schneegrat, der zum höchsten Punkt leitet. Da sich Nakamura krank fühlte, stieg Yasuo Kato die letzten 200 Meter allein weiter. Er erreichte den Gipfel um 20.55 Uhr. Im Abstieg biwakierten beide auf einer Höhe von 8750 Meter, ohne Sauerstoffmaske.
Eine enorme Leistung, gewiß, aber kein Alleingang von Kato, der nach diesem Erfolg der erste Bergsteiger ist, der den Mount Everest sowohl über die nepalesische Südseite als auch über die chinesische Nordseite bestiegen hat.
Ein Alleingang auf den Mount Everest beginnt dort, wo die Kletterei anfängt: am Fuße des Khumbu-Gletschers oder auf 6500 Meter unterm Nordsattel, je nachdem, welche Route man wählt. Die ideale Route für einen Alleingang ist sicher der Nordgrat, weil dort die Yaks bis auf 2500 Höhenmeter an den Gipfel herankommen. Aber diese letzten 2500 Meter ohne jede Fremdhilfe sind und bleiben das wahre Problem für den echten Solobegeher.
Die zweite japanische Gruppe durchstieg die Nordwand. Die 60 Grad steile Flanke war mit Blankeis durchsetzt. Am 20. April wurde das Hornbein-Couloir erreicht, in das die neue Japaner-Route mündet. Vom Lager V, 8350 Meter hoch, sollte der Gipfel angegangen werden.
Der erste Angriff blieb im tiefen Schnee stecken. Die zweite Gruppe löste, als sie zu Lager V aufstieg, ein Schneebrett aus. Akira Uges Seil riß, er stürzte ab und wurde nicht mehr gefunden. Nach diesem tragischen Zwischenfall stiegen alle Mitglieder dieser Gruppe ins vorgeschobene Basislager ab.
Es folgte der dritte Anlauf mit Tsuneo Shigehiro und Takashi Ozaki als Gipfelteam. Am frühen Morgen des 10. Mai verließen sie Lager V, erreichten das Schneefeld im oberen Teil des Hornbein-Couloirs, querten zum Westgrat und kletterten, obwohl ihnen der künstliche Sauerstoff ausgegangen war, bis zum Gipfel.
Nachdem sie bis auf 8700 Meter abgestiegen waren, mußten sie, wie eine Woche zuvor Kato von der Nordostgrat-Gruppe, am Westgrat biwakieren.
Mit dieser Erstdurchsteigung der Nordwand ist den Japanern die vielleicht schönste Everestroute geglückt.
Wenige Tage vorher hatte ein Spanier zusammen mit einem Sherpa den Everest über den Südostgrat von Nepal aus

bestiegen, und etwa 10 Tage später kam eine neue Erfolgsmeldung aus Kathmandu:

»Zwei polnischen Bergsteigern ist der Aufstieg auf den 8848 Meter hohen Mount Everest gelungen. Sie bezwangen den Berg dabei über den zuvor noch nie begangenen Südpfeiler. Die beiden 32jährigen Ingenieure benutzten für den letzten Abschnitt keine Sauerstoffgeräte. Sie blieben 50 Minuten auf dem Gipfel. Insgesamt haben bisher 107 Bergsteiger den Gipfel des Everest erreicht.«

Den beiden Polen ist also der Aufstieg über jenen Südpfeiler gelungen, den Peter Habeler und ich 1978 ins Auge gefaßt hatten. So groß mein Respekt für diese Erstbegehung ist, mein Interesse wird bald wieder ganz von der Nordseite gefangengenommen, von der Planung meiner Tibetreise, von Ausrüstungs- und Verpflegungsproblemen. Ich fiebere meinem kühnsten Bergabenteuer entgegen.

Peter Habeler 1978 am »Hillary step«

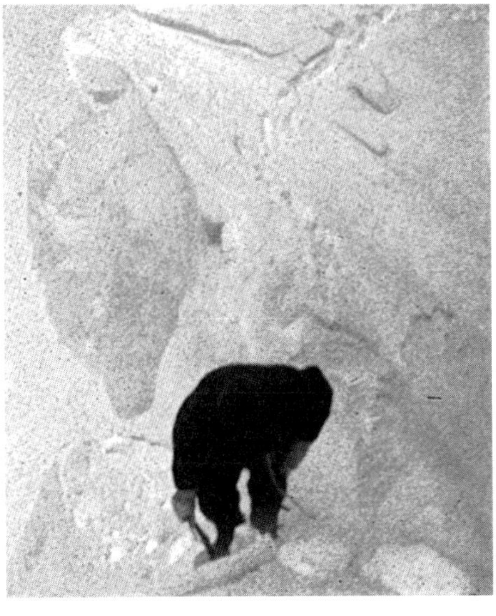

Mein Tal, die Leute

»Du gehsch so long auf die Berg', bis ah die Patschn (= Hausschuhe) aufstöllsch!« Diese in Südtirol gebräuchliche Umschreibung fürs Sterben ruft mir ein Bauer zu, der am Wegrand steht, während ich an ihm vorbeikeuche.

Jetzt laufe ich wieder öfters den steilen Weg von Bozen nach Jenesien hinauf, um Herz und Kreislauf zu trainieren. Früher liebte ich diese Strecke, die etwa 7 Kilometer lang ist und einen Höhenunterschied von ca. 1000 Meter hat. Dann, eines Tages, wurde der Weg gepflastert, später betoniert. Inzwischen ist er an mehreren Stellen von einer Straße unterbrochen. Ich komme dort immer aus meinem Rhythmus.

Langsam spaziere ich zurück in den Bozener Talkessel – ich will mir beim Abwärtslaufen die Gelenke nicht kaputtmachen und gehe in die Altstadt.

In einer Bar hält mir beim Espresso ein Freund einen Artikel aus »Tandem« unter die Nase, den Alexander Langer, ein aktiver Südtiroler Politiker, über mich geschrieben hat. Ich überfliege die Zeilen rasch.

»Obwohl von den Massenmedien vieler Länder bekanntgemacht und oft angehimmelt, ist es Reinhold Messner gelungen, stärker zu bleiben als sein Ruf, sein Bild, sein Image«, beginnt Langer. Dann zitiert er mich:

»›Heute verstehe ich mich recht gut mit den Nachbarn, vor allem mit den nächsten, und man akzeptiert mich hier im Tal. Früher gab's mehr Spannungen, es war schwieriger. Wer mit mir zusammen auf der Schulbank gesessen hat, verzeiht mir vielleicht nicht so recht, daß ich heute in der ganzen Welt bekannt bin. Die größten Aggressionen kamen

von Gleichaltrigen – und lassen offensichtlich auf Unzufriedenheit mit ihrer Person schließen. Man empfand mich vielleicht als Exhibitionisten, sogar die tibetischen Gebetsfahnen vor dem Haus wurden als Provokation verstanden. Dabei mag ich sie einfach, weil sie Ruhe ausstrahlen und mir ästhetisch gefallen.

»Reinhold Messner, mit dem das Gespräch so beginnt, ist sicher auch – auf seine Art – einer der recht zahlreichen Südtiroler Dissidenten, die nicht ins Klischee des vorherrschenden Machtblocks passen. Nicht umsonst hat er immer wieder Auseinandersetzungen und Polemiken mit offiziellen Vertretern der etablierten Macht gehabt und legt Wert

Reinhold Messner beim Lauftraining

Und dann hat man sich natürlich auch daran gestoßen, daß ich mich nicht für mein Tal und für Südtirol – oder womöglich gar für die Volkspartei – vermarkten lasse. Ich mag es nicht, daß man im Sport immer für jemanden, für ein Vaterland, für eine Idee verwertet werden soll – wie im Krieg. Da muß sich sehr viel wandeln, vor allem im Bewußtsein.‹«

Langer zitiert genau. Ich bin überrascht und lese weiter.

darauf, sich von ihnen deutlich zu distanzieren. Ein kritischer Spitzensportler?

Das darf nicht sein – und so halten sich die lokalen Medien lieber an Musterknaben wie Gustav Thöni, während an Reinhold Messner auch Feindseligkeiten abreagiert werden dürfen. So ist es weniger zu verwundern, daß vor einigen Jahren sein Auto beschmiert wurde. Unter den vielen Briefen gibt's auch anonyme Schreiber aus der Heimat, die

forderten: ›Sie Sau, schneiden Sie sich die Haare!‹
Aber politisch Verfolgter ist Reinhold Messner sicher keiner, und er fühlt sich auch sozial und politisch nicht mehr so engagiert wie früher, als er nach der Matura sogar für einige Zeit auf Gemeindeebene aktiv war und sich – vor allem während seines Ingenieurstudiums in Padua – ziemlich stark für gesellschaftliche Fragen interessierte.
Heute denkt er mehr an eine innere Revolution und blickt mit Interesse nach dem Orient und seinen Lebensweisheiten, die er auf vielen Fahrten näher kennengelernt hat. Kommunistische Verflachung und Entleerung individueller Besonderheit lehnt er ab – zumindest wie man es bis heute gepflogen hat.
Die Ereignisse und die Entwicklung in Südtirol verfolgt er aus einem gewissen Abstand, weiß sich in den grundlegenden Problemen aber sehr wohl zu orientieren.
›Der beste Beweis, daß ich eine Bindung zu diesem Land und zu Villnöss habe, ist doch die Tatsache, daß ich hier wohne: Von neun Geschwistern bin ich als einziger im Tal geblieben. Dieses Haus habe ich von der Gemeinde ersteigert – früher war es Widum, dann Schulhaus; deswegen sind die Zimmer so groß.‹
Die Lehrerfamilie Messner hatte großen Wert darauf gelegt, daß die Kinder studierten. Reinhold hat die Oberschule in Bozen besucht, später lebte er in Padua und München.
›Natürlich fühlt man sich in Südtirol manchmal beengt, aber ich fühle mich nicht zum Exil getrieben. Vielleicht hätte ich nicht dasselbe – fast krankhafte – Bedürfnis nach der Ferne entwickelt, wenn ich in Deutschland oder in den USA aufgewachsen wäre. Südtiroler sein ist irgendwo wie Klettern: Man muß lernen, allein durchzukommen.‹
Seiner Heimat gegenüber wendet Reinhold einen strengen Maßstab an: Er bezeichnet Südtirol als ›das am wenigsten tolerante Land, das ich kenne, sogar Bayern ist toleranter, und daran trägt die intolerante Politik sicher viel Schuld.‹
›Bergsteigen ist heute mein Leben – nicht ausschließlich natürlich, aber ohne würde ich nicht mehr auskommen. Nicht, weil ich's als etwas Herausragendes oder Besonderes empfinde, losgelöst von meinem übrigen Leben. Aber es gibt mir ein naives, intensives Wissen über mich selbst, und da möchte ich noch weiter vorstoßen. Für andere ist es oft das Schöne im Verhältnis zum nichtschönen Leben – aber wenn's so wäre, hieße das, daß da etwas krank ist!‹
Reinhold lebt auch materiell vom Bergsteigen, denn um seine Expeditionen zu finanzieren und sich zu erhalten, muß er sich unweigerlich auch vermarkten. Fotos, Bücher, Sponsor-Firmen, Vortragsreisen, Exklusivberichte, eine Kletterschule in Villnöss … Er hat und will aber keinen Manager, weil er nicht eines Tages der Eigendynamik solcher Verwertung zum Opfer fallen möchte. Eine Haushälterin aus dem Pustertal, Veronika, führt ihm einen Teil der Korrespondenz und arbeitet an seinen ›public relations‹ mit, soweit die Fäden in Villnöss zusammenlaufen.
Schreiben und Fotografieren sind aber für Reinhold Messner nicht bloß Mittel zum Geldverdienen, sondern vor allem eine Ausdrucksform. Er ist schließlich unter den lebenden Schriftstellern Süd-

Grußkarte der Everest-Solo-Expedition 1980

tirols einer derjenigen, die am meisten veröffentlichen: über ein Dutzend Bücher, manche auch übersetzt, in denen nicht nur von den Bergen die Rede ist, sondern auch von ihm selbst, von den Menschen und Ländern, denen er begegnet, vom Leben und vom Tod.
›Ich schreibe nicht so sehr aus dem Bedürfnis zu erzählen, sondern weil ich ausdrücken, formen, gestalten will. Mein Publikum ist – ebenso wie bei meinen Vorträgen – äußerst bunt gefächert: vom extremen Kletterer bis zum totalen Daheimsitzer. Der Normalbürger kompensiert etwas, was ihm fehlt, was er nie erleben wird.‹
Reinhold Messner hat an die 30 Expeditionen mitgemacht oder selbst geleitet, hat Erstbesteigungen unter extremen Umständen in allen Erdteilen hinter sich, ist sogar vom Tod immer wieder aus der Nähe gestreift worden – und hat 1970 seinen Bruder Günther am Nanga Parbat verloren – was sucht er noch?
Es geht ihm, scheint mir, um die Herausforderung neuer, fremder, vielleicht auch geheimnisvoller Erfahrungen, Länder, Empfindungen und Möglichkeiten. Nicht, weil er ein Held sein möchte, ›obwohl ich als Held gesehen, beschrieben und verkauft werde. Da ist es nicht so leicht, sich dagegen zu stellen, auch wenn man selbstkritisch bleibt, und eine Anti-Heldengeschichte wäre im Grunde wieder eine Heldengeschichte.‹
Aber Reinhold Messner sieht in seiner Haltung keine Verachtung der anderen oder der Gemeinschaft – ›ich brauche die Gemeinschaft auch, ohne sie könnte ich nicht leben‹ – aber seine Individualität, seine persönliche Eigenart ist nun einmal so. ›Und wenn man dem Men-

schen das Individuelle nimmt, ist er ja keiner mehr. Das Individuelle ist für mich in den letzten Jahren immer mehr in den Vordergrund getreten – Nachbeter jeder Art interessieren mich nicht.‹ «
Ich freue mich, daß sich da jemand nach einem Gespräch mit mir die Mühe gemacht hat zu formulieren, ohne meine Aussagen für seine Ideologie zu verwenden. Wie oft sind mir gerade in Südtirol Worte im Munde umgedreht worden, wie oft haben Parteifunktionäre und Politiker mein Tun auf ihre Fahnen geschrieben, ohne daß es bei genauem Hinsehen auf sie paßte. Zum Glück bin ich nicht vom Wohlwollen der führenden politischen Macht im Lande abhängig oder gar gesponsort. Ich hätte sonst das Bergsteigen oder meine Individualität aufgeben müssen. So beschränkt sich die Absturzgefahr in meinem Leben auf meine Bergtouren.

Schon die Tatsache, daß ich mit Alexander Langer gesprochen habe, der Mitstreiter der roten »Lotta Continua« ist, bringt mir bei den etablierten Machtblöcken in Südtirol Vorwürfe ein. Schon spüre ich eine gewisse Reserviertheit. Was soll's? Bald bin ich wieder unterwegs. Jeder, der die Lebensvorstellungen von Leuten, die außerhalb der Südtiroler Dreieinigkeit – Volkspartei, Kirche, nationalgesinnte Presse – stehen, auch nur ernst nimmt, hat mit Aggressionen, Anerkennungsentzug oder gar Ignoriertwerden zu rechnen. Das weiß ich schon seit langem. Warum kann ich mich nicht anpassen? Mit dem Segen der »Großkopfeten« wäre alles viel leichter.
Für die Zugehörigkeit zum Clan der Herrschenden genügt bei uns eine Bedingung: Man muß kritiklos ihr Glaubensbekenntnis nachbeten. Manchmal,

Aufstieg an der Everest-Südseite 1978

Kartenskizze des Mount Everest von 1922

wenn ich über Monate in Südtirol bin, die Reden unserer Politiker anhöre, »unsere« Tageszeitung lese oder von den Bauern höre, was der Pfarrer in der Kirche gesagt hat, wird der Himmelsausschnitt wieder sehr klein – so, wie ich ihn als Kind erlebt habe.

Ich fahre zurück ins Villnösstal und frage mich, als ich in St. Peter bei meinem Elternhaus vorbeikomme, ob es wirklich die Enge dieses Tales ist, die den Wunsch für Weite in mir geweckt hat. Das Villnösstal ist ein Paralleltal zum berühmten Grödnertal, aber die Mehrzahl der Urlauber kennt es nicht. Es gibt dort wenig historische Sehenswürdigkeiten und kaum Skilifte. Es ist ein Dolomitental von friedlicher und harmonischer Schönheit, sonnig, zwischen hohe Waldrücken und steile Berge einge-

klemmt. Oft ist mir, als nähmen diese zierlichen Kalkriffe dem Ort das Melancholische, Strenge, Weltferne.
Hier, auf einem Hügel im hintersten Tal, studiere ich jetzt alte Karten von Tibet. Im Moment habe ich keine anderen Ziele als diese Reise zum Mount Everest. Das Jahr 1980 ist für mich eine neue Zwischenzeit; ein Jahr ohne feste Bindungen, ohne genaue Pläne für später.

Ich gehe gerne nach China. Ein Mensch wäre verrückt, nein zu sagen. Ich liebe es, andere Leute zu sehen, mit ihnen zu leben. Ich möchte das wirkliche China sehen. Aber ich bin aufgeregt, wenn ich mir vorstelle, mit diesem Mann zu reisen. Mit ihm zu gehen, zu lachen, zu weinen, die Berge mit ihm zu empfinden und einen Teil meines Lebens mit ihm zu teilen. Ich freue mich auf so viele Dinge, die wir gemeinsam tun werden.

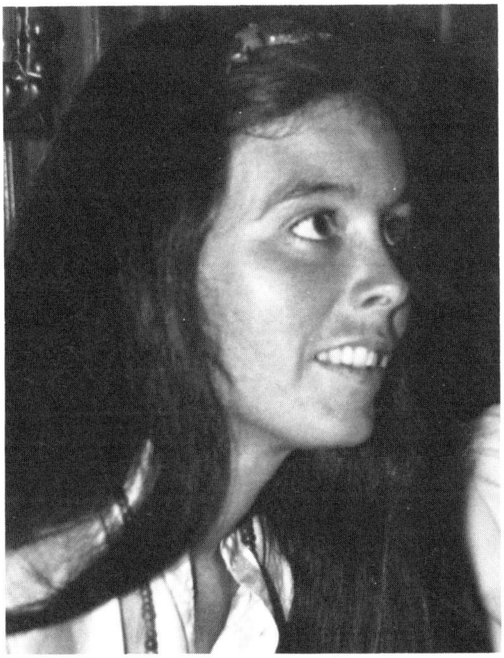

Nena vor dem Aufbruch

Die Vorbereitungen dauern diesmal nur ein paar Wochen. Dafür sind sie umso aufreibender. Vor Spannung, Hoffnung und Angst werde ich schier zum Quecksilber. Auch Nena, die mich bis ins Basislager begleiten soll, ist seit dem Augenblick, als ihre Teilnahme feststeht, voll Aufregung. Sie beginnt ein Tagebuch, das sie während unserer Chinareise fortsetzen will:

Seit Reinholds Scheidung vor fast drei Jahren hat er eine Mauer um sich errichtet, um sich zu schützen. Es ist schwierig, durch sie hindurchzudringen. Nur ab und zu gestattet er kleine Blicke in sein Inneres, hinter die Mauer. Ich glaube, meine innere Stärke fängt an zu erschlaffen. – Ich weiß nicht, warum mir vor dem Gedanken graut, ihm gewisse Dinge zu erzählen, obwohl ich weiß, daß er ein gutes Herz hat.

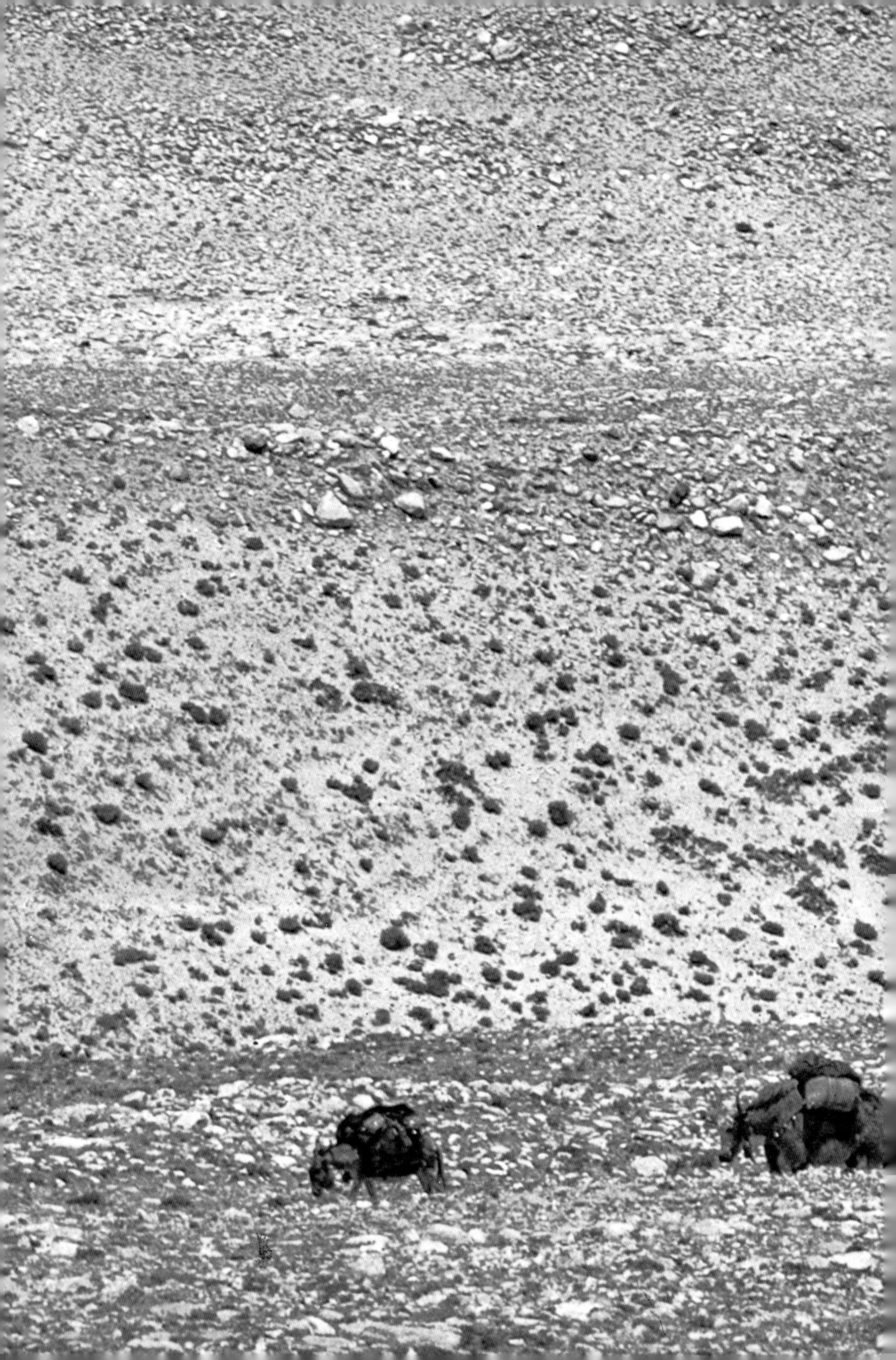

Tibet – Freiheit der Yak-Nomaden

Der Potala ist das Paradies der Buddhas,
Palast des Chenresig.
Nach Osten, Westen, Süden und Norden
gibt es nur einen Potala auf dieser Erde.

Tibetisches Sprichwort

Tibet – Freiheit der Yaknomaden

Aufbruch ins Schneeland

Nachdem uns ein Journalist gebeten hat, kleine Sprechfunkgeräte zum Everest mitzunehmen, schreibt Nena am 7. Juni in ihr Tagebuch:

Ich kann mir genau vorstellen, was die Leute von mir denken.
Ich bin keine ›normale‹ Frau; ich will mich nicht im Basislager sicher und geborgen fühlen, weil ich jeden Abend mit Reinhold über ein Walkie-Talkie sprechen kann. Ihm Mut zu machen und die Gewißheit zu haben, daß er gut vorankommt, daß er lebt, ist nicht alles.
Reinhold kennt mich nicht, wie ich wirklich bin. Ich weiß zwar nicht woher, aber ich weiß, was ich fühlen werde. Wir haben sechs Monate zusammengelebt und trotzdem überlegt er, für seinen Alleingang meinetwegen ein Funkgerät mitzunehmen. Ich habe meine eigene Einstellung zum Walkie-Talkie auf dem Gipfel des Everest. Meiner Meinung nach ist es kein echter Alleingang, ist man nicht völlig allein, wenn man täglich über Funk Verbindung mit dem Basislager halten kann. Vielleicht kann man die Sicherheit, die man durch dieses Gerät erhält, im übertragenen Sinn mit der Mitnahme von Sauerstoff vergleichen. Für den Laien mag es von geringer Bedeutung sein, ob jemand den Everest mit oder ohne künstlichen Sauerstoff erklettert. Tatsächlich aber liegt hierin ein großer Unterschied. Mit der Sauerstoffflasche auf dem Rücken verstärkt sich das Sicherheitsgefühl. Ähnlich könnte auch das Funkgerät das Sicherheitsbewußtsein fördern. Sowie man es bei sich hat – ob man es nun benutzt oder nicht – weiß man, daß immer eine Verbindungsmöglichkeit besteht.
Ich werde meine Einstellung zu diesem Thema nicht ändern. Ich weiß auch, wie aufregend es für die breite Masse wäre, spontan am Gipfel aufgenommene Gedanken zu hören oder zu lesen. Genauso war es bei der ersten Mondlandung. Die Männer konnten der Menschheit ihre Emotionen mitteilen. Ich will weder das eine noch das andere. Ich ziehe es vor, nicht mit Reinhold zu sprechen, wenn er zum Gipfel steigt, und das aus vielen Gründen. Ich kann mich in ihn hineinversetzen, und ich glaube, daß es für ihn wichtiger ist, ohne Kontakt zu sein. Ohne Verbindung mit der Welt unten muß es eine tiefere Erfahrung bleiben, allein dort oben zu klettern. Auf die umliegenden Berge und Weiten zu blicken ist nicht alles; den Gipfel um unser selbst willen zu erreichen ist wichtiger; oben zu stehen und nach innen zu schauen; all das Schöne und Häßliche, das uns ausmacht, zu verstehen und zu akzeptieren; uns als die Menschen, die wir sind, zu begreifen und nicht als die Illusion, die wir uns über uns machen.

Reinhold sucht die Selbsterfahrung. Ich bin sicher, daß er lieber ohne als mit Walkie-Talkie unterwegs ist. Seine Ratgeber übersehen nicht nur das Gewicht des Geräts, sie übersehen auch den Einschnitt in die Erlebnismöglichkeit.
Es gibt aber auch noch meine egoistischen, nur mich betreffenden Überlegungen. Für mich ist das Abenteuer größer, wenn Reinhold allein fortgeht und mich allein zurückläßt. Natürlich wird es schwer sein, ihn weggehen zu sehen. Vielleicht werde ich Angst haben, ihn nie wiederzusehen. Schon jetzt, während ich dies schreibe, muß ich die Feigheit in mir bekämpfen, die mich auffordert: ›Sprich mit ihm über Funk.‹ Wie leicht es doch wäre, Furcht zu betäuben. Ich kann die Sorge ahnen, die mit dem Warten kommt. Gleichzeitig aber sagt mir mein Ego, daß ich wachsen werde, wenn ich das alles aushalte.

Und da gibt es noch etwas: Wenn Reinhold allein ist und da oben am Berg über uns beide nachdenkt, könnten seine Gefühle zu mir eine klare Form finden. Flüchtiges Gestammel über Funk könnte ihn dabei stören. Ich glaube, das ist für unsere Beziehung sehr wichtig. Wir können unsere Erlebnisse auch ohne Funkkontakt teilen. Wenn Reinhold mein Dabeisein vom Basislager bis zum Gipfel nicht spürt – wo ist dann unsere Freundschaft? Kann ich dann je wagen, über Liebe zu sprechen?

Eine gute Woche später fahren Nena und ich von Südtirol nach München. Ich träume beim Fahren vom »Schneeland«, wie die Tibeter ihr Land nennen. »Miles from nowhere ...« tönt aus den Lautsprecherboxen meines Porsche, den ich heute verkaufen werde. Ein paar Fetzen von Cat Stevens' Song dringen bis in mein Bewußtsein, und da werde ich hellwach. Nena übersetzt mir den Text:

> Meilen von nirgendwoher,
> ich denke, ich lasse mir Zeit,
> oh ja, dahin zu kommen.
> Ich schaue den Berg hinauf,
> den ich besteigen muß,
> oh ja, um wohin zu kommen?
> Mein Gott, der Körper ist ein
> guter Freund,
> aber ich werde ihn nicht brauchen,
> wenn ich das Ziel erreiche ...

Einen Augenblick lang bin ich weit, weit weg. Und einen Augenblick lang weiß ich nicht mehr, ob der Everest vor mir oder hinter mir liegt.
In München gibt mir mein Verleger eine kritische Betrachtung zu meinem geplanten Alleingang zu lesen. Sebastian Leitner hat ihn unter dem Titel »Gipfelsturm und Mutverschwendung« für den Wiener »Kurier« geschrieben:

»Ich frage mich, was an diesem Mount Everest wirklich dran ist. Er wurde im Juni 1953 zum erstenmal bestiegen von einem gewissen Mr. Edmund Hillary aus Neuseeland, der dann dafür geadelt worden ist.
Inzwischen sind ich-weiß-nicht-wieviele Mannschaften hinaufgekraxelt, mit immer ähnlichen Ergebnissen: Die Luft ist dort verdammt dünn, es ist saukalt da oben, die Aussicht nur bei gutem Wetter schön (und immer noch bei weitem beschränkter als etwa von einem hoch fliegenden Düsenklipper), der Aufstieg und der Abstieg sind teuer und lebensgefährlich. Der Südtiroler Reinhold Messner hat nun vor zwei Jahren eine neue (und buchstäblich atemberaubende) Großtat gewagt und vollbracht. Er erkletterte den höchsten Berg der Welt als erster ohne Sauerstoffflaschen – das ist schon was, obwohl die Aussicht dadurch nicht besser geworden sein dürfte.
Der Sinn des Unternehmens konnte also nur gewesen sein, daß es dadurch noch schwieriger wurde. Warum denn einfach, wenn's kompliziert auch geht?
Der Reinhold Messner will das so – so kompliziert wie möglich. Jetzt nämlich wird er den Berg abermals attackieren, von Tibet her, und, weil er das für die schlimmste, die gefährlichste Saison hält, in der Monsunzeit.
Er tritt damit in Konkurrenz zu dem japanischen Bergsteiger Naomi Uemura, der etwas ähnlich Riskantes vorhat – eine Winterbesteigung des Mount Everest: Der Japaner nämlich hält den Aufstieg im Winter für die grauslichste aller Mutproben.
Ob Winter oder Monsun – einer wird gewinnen ...
Und was dann?

Ist dann der Mount Everest ein total entjungferter Berg, zu nichts mehr zu gebrauchen, ein sinnlos gewordener Steinhaufen, nur und bloß noch zum Anschauen gut – von unten?
Ich glaube, da unterschätzen wir denn doch die Phantasie der Gipfelstürmer: Wie etwa wär's mit einer Erstbesteigung bei Nacht und ohne Taschenlampe?
Oder, statt senkrecht hinauf, spiralenförmig um den Berg zur Spitze? Oder vielleicht eine Tour mit bloßen Füßen oder mit Handschellen an den Gelenken, oder (wenn all das erst einmal ausprobiert wurde) mit einer schwarzen Binde vor den Augen?
Ich weiß, ich bitte deshalb um Verzeihung: es geht nicht nur um den Berg allein.
Es geht, so sagt uns Messner in einem ›Profil‹-Interview, um die ›letzte, hintergründige Motivation‹, um den ›Widerstand gegen den herausgeforderten Tod‹ – da mißt sich der Mut von Männern an der Natur.
Doch, mit Verlaub, das halte ich für Mutverschwendung. Denn menschlicher Mut ist zu kostbar, als daß er auf diese Weise nur in den Bergen vergeudet werden sollte, und er wird anderswo weit dringlicher gebraucht – in den Tälern, Städten, Dörfern – in seiner unscheinbarsten Gestalt: als Zivilcourage.«
Ich bin belustigt und betroffen zugleich. Leitner hat gar nicht so unrecht. Und wie soll er mein Motiv auch verstehen können?
Von meinem Verleger hasten Nena und ich zur »Bavaria-Film«, und auch Jürgen Lehmann hat etwas für mich. Es ist ein Telex von der Deutschen Botschaft in Peking, und das klingt ganz und gar nicht erfreulich:
»Bergsteigerverband bedauert, Verlängerung bis September für Reinhold Messner nicht genehmigen zu können. Alternativvorschlag: 15.7. bis 31.10. 1980.«
Um die Verlängerung meiner Genehmigung hatte ich vor kurzem gebeten. Was tun? Ich kann doch jetzt meinen Plan nicht umwerfen. Ein späterer Abflug kommt nicht in Frage.
Wir fliegen wie geplant.
»Ich werde erst glauben, daß wir wirklich nach China reisen, wenn der Jet von Frankfurt in Richtung Karatschi abhebt«, hat Nena noch in München gesagt.
Jetzt, am 17. Juni und nur noch eine halbe Stunde von Peking entfernt, schreibt sie im Flugzeug in ihr Tagebuch:

Es ist immer noch schwer zu glauben, daß ich mit Reinhold auf dem Weg zum Everest bin. Die letzten Monate, die Vorbereitungen, das Helfen beim Packen waren eine Qual für mich. Ich bin vor Begeisterung fast geplatzt. Aber täglich mußte ich mir von Reinhold sagen lassen: ›Ich habe einen großen Fehler gemacht, als ich beschloß, dich mitzunehmen. Ich wünschte, Ursula Grether wäre dabei.‹ Sie hat ihn 1978 zum Nanga Parbat begleitet. Aber letztendlich entspricht wohl niemand ganz Reinholds Vorstellungen. Nie habe ich mich so ganz der Freude über unsere bevorstehende Reise hingeben können. Niemals sicher, ob ich Reinhold zum Everest begleiten durfte, war ich ständig von Zweifeln gequält. Aus Angst, bei der ersten falschen Bewegung wie eine Wolke fortgeblasen zu werden, war ich wie gelähmt. – Er ging sogar so weit, einen Vertrag aufzusetzen, in dem ich mich verpflichten sollte, nach unserer Rückkehr aus seinem Leben zu verschwinden. Dann kam ihm das selbst komisch vor. Was für Vorstellungen dieser Mann von Zusammensein hat! Was haben wir in den letzten sechs Monaten nicht alles miteinander geplant und wieder kaputtgeschlagen!

Auf jeden Fall ist es niemals langweilig. Er hält meinen Energiepegel ständig auf höchster Ebene. Schreiend, lachend und träumend bewegen wir uns irgendwo auf der gleichen Basis.

Vormittag oder Nachmittag ist. Die Luft ist stickig.

Über Peking ist im Juni der Himmel düster und grau, die Luft so heiß, daß man keinen Schritt gehen möchte. Trotzdem sind die Straßen äußerst belebt. Ich bewundere die zahllosen Frauen und Männer, die auf ihren Fahrrädern am Bus vorbeistrampeln. Aufrecht, ja stolz,

Peking

Todmüde kommen wir in Peking an. Ein Kleinbus bringt uns vom Flughafen in die Stadt. Wie in Trance sehe ich draußen Bäume und Häuser vorbeiziehen. Die Mauern am Straßenrand sind mit Plakaten beklebt. Riesige Malereien und Schriftzeichen schaukeln vorbei. Ich kann nicht feststellen, ob es sich bei den bunten Bildern um Parteipropaganda oder um Werbung handelt. Ich kann nicht einmal draußen feststellen, ob es

treten sie in die Pedale. Ich habe inzwischen erfahren, daß diese vielbeschriebenen schwarzen Fahrräder für die Chinesen zur Zeit das gleiche Statussymbol darstellen wie bei uns ein Volkswagen in den fünfziger Jahren. Es ist oft gar nicht so leicht, die Männer von den Frauen zu unterscheiden. Beide tragen blaue oder olivgrüne Anzüge. Mao ist der einflußreichste Modeschöpfer aller Zeiten gewesen.

Ein Spaziergang nach dem Abendessen durch die Straßen in der Umgebung des »Bei Wei«-Hotels vermittelt uns neue Eindrücke. Um der Enge ihrer durch die katastrophale Wohnungsnot zusammengepferchten Familien zu entkommen, haben viele Chinesen ihr abendliches Privatleben auf die Straße verlegt. Unter den Laternen sitzen alte Männer auf Bambusstühlchen und lesen ihre Zeitung. Andere spielen Dame auf dem Bürgersteig. Eine Frau flicht die Zöpfe ihrer Tochter. An den Kindern lassen die Mütter ihre Sehnsucht nach Putz und Individualität aus. Die Kleinen werden bunt angezogen und mit großen Haarschleifen geschmückt. Um die Bevölkerungsexplosion in den Griff zu bekommen, soll jede Familie nur ein Kind in die Welt setzen. Wer sich nicht daran hält, wird mit Gehaltskürzungen bestraft. Ich habe ein Gefühl der Enge, des Eingeschränktseins in dieser Stadt. Niemand starrt uns an, niemand beachtet uns. Dann entdecken wir ein riesiges, grellbuntes Filmplakat. Ein düster blickender Mann umarmt eine schmachtende Frau, über ihnen schweben Feen in weißen Kleidern. Der neueste chinesische Film. Den möchten wir sehen. Aber keiner, den wir auf Englisch nach dem Kino fragen, kann uns antworten. Alle reagieren mit verlegenem Gekicher. Niemand spricht hier Englisch. Wir finden das Kino nicht. Trotzdem genieße ich es, einmal wirklich Fremder in einem fremden Land zu sein. Todmüde sinken wir in unsere Hotelbetten mit den knallfarbigen wattierten Seidendecken.

Behai-Park in der Nähe Pekings

19. Juni. Wir wachen beide mit einem Gefühl der Leere auf. Unsere seelische Verfassung ist miserabel. Nena schreibt:

Depressionen! Wir durchleben ungewohnte Einsamkeit. Rational ist das nicht zu begründen.
Wir sind es beide seit Jahren gewohnt, zu reisen und dabei in extremen Situationen zu leben. Dies aber ist unsere erste gemeinsame große Reise, und durch die Umstände leben wir hier isoliert wie auf einer einsamen Insel. Wir sind aufeinander angewiesen, wir müssen lernen, miteinander zu leben. Sprachlich von der Umwelt abgeschnitten fällt uns zum erstenmal auf, wie beschränkt auch zwischen uns die Verständigungsmöglichkeiten sind. Wir sprechen Englisch miteinander, Reinhold ist nicht in der Lage, differenzierte Gespräche mit mir zu führen, weil ihm die Ausdrucksmöglichkeiten fehlen, und was ich sage, versteht er nur, wenn auch ich mich auf einen einfachen Wortschatz beschränke. Das vergrößert unsere Einsamkeit miteinander. Es wird nicht leicht werden, aber ich freue mich trotzdem auf die nächsten drei Monate dieser Isolation zu zweit.

Zwischen Schlafen, Essen und bürokratischen Besprechungen mit dem CMA gehen wir immer wieder durch die Straßen der Stadt. Wir besorgen noch ein paar Vorräte im »Friendship Store«, einer Art Luxusladen, in dem wir so ziemlich allen Ausländern begegnen, die zur Zeit in Peking leben. In China gibt es zweierlei Geld: die »alten« Yuan für den einheimischen Normalverbraucher, und die »neuen« Yuan, die gegen Devisen ausgegeben werden, sozusagen Touristengeld, das man braucht, wenn man im »Friendship Store« einkaufen will. Auch diese kleinen Details fördern unsere Außenseitergefühle und stimmen uns unbehaglich.

Untertags liegt eine geschäftsmäßige Atmosphäre über der Stadt, kühl, unbarmherzig. Abends ist die Stimmung traurig, wie gelähmt. Die Leute puffen und stoßen sich an den Bushaltestellen. Meist trottet Tsao, der uns aufgezwungene Dolmetscher, neben uns her. Sein Englisch ist erbarmungswürdig. Er hat es sich großteils selbst beigebracht, weil er dadurch Gelegenheit hat, mit Ausländern zusammenzukommen. Und nun nutzt er seine Fähigkeiten, um uns ununterbrochen über Beat, Geld und Sex auszufragen. Das ist es wohl, was wir Westler für ihn repräsentieren. Es ist zum Verzweifeln.
So gehen wir dorthin, wohin wir anscheinend gehören. Ein Taxi bringt uns in den »International Club«. Für 14 Yuan – das sind etwa 20 DM, der Wochenlohn eines chinesischen Arbeiters – dürfen wir diese Mischung aus Disco, Billard, Bar und Bowlingbahn betreten. Die Mehrzahl der Gäste besteht zu unserem Erstaunen aus jungen Chinesen. Wir stellen fest, daß es auch hier eine »upper class« gibt, Privilegierte, die in bunten Kleidern westlichen Schnitts und modisch frisiert linkisch versuchen, Leute von Welt darzustellen. Trotzdem ist die Atmosphäre muffig. Soll das das neue China sein, von dem wir gehört haben?
Bei den noch immer andauernden Kleinkramverhandlungen mit dem CMA jedenfalls stoßen wir auf das traditionelle Verhalten kommunistischer Funktionäre. Es wird zwar ständig von Freundschaft zwischen unseren Nationen gesprochen, man bemüht sich auch wirklich um herzliche Gastfreundschaft, aber trotz allem spüre ich die Wand, die zwischen uns steht. Zu lange

ist diesen Menschen die Ideologie der Klassenfeindschaft eingehämmert worden. Überall um uns luftleerer Raum. Wir sehnen uns nach dem Tag unserer Weiterreise.
Zuvor gibt es noch ein opulentes Abendessen, zu dem der CMA auch Teilnehmer der chinesischen Mount-Everest-Expedition von 1975 eingeladen hat. Endlich habe ich die Chance, mehr über dieses Unternehmen zu erfahren, über das in der westlichen Welt soviel gemunkelt worden ist.

Chinesische Bergsteigerkolonne am Nordcol

Erfolg der Chinesen
Als die Chinesen 1950/51 Tibet okkupierten, fiel ihnen auch die Nordseite des Mount Everest zu. Was lag näher, als den höchsten Berg der Erde für eine Demonstration zu benutzen, die der Welt bewies, daß mit vereinten kommunistischen Kräften alles möglich ist? 1960 bereits haben die Roten Garden der Volksrepublik eine Expedition zu diesem Zweck organisiert. Mao Tse Tung wurde symbolisch zum Expeditionsführer ernannt. Aber die Chinesen hatten Pech. Als die ersten Meldungen von einem Gipfelsieg die übrige Welt erreichten, glaubte ihnen niemand. Die paar dürftigen Dokumentarfotos, auf denen eigentlich nichts konkret zu identifizieren war, wurden nicht ernst genommen. Das ließ den gekränkten Chinesen keine Ruhe.
»Den Volksmassen wohnt eine unbegrenzte Schöpferkraft inne, sie können sich organisieren und können an jedem Ort und in jeder Sparte, wo es ihnen möglich ist, ihre Kraft entfalten, einen Vormarsch erzielen«, hat Mao gesagt. 1975 war es wieder soweit. Zum Lobe der Partei ging die größte Expedition aller Zeiten von Lhasa aus auf den langen Marsch. Für den Lastwagenkonvoi hatte man eigens eine Straße nach Rongbuk am Fuße des Berges gebaut. In den Ruinen des Klosters, aus dem 1967 die letzten Mönche vertrieben worden waren, richteten sich mehr als 300 Tibeter und Chinesen für eine lange Belagerung ein. Auf der von den Engländern 50 Jahre zuvor erkundeten Route sollten möglichst viele Genossen den Gipfel erreichen. Damit Gleichberechtigung kein leeres Wort blieb, hatte man Frauen in die Mannschaft aufgenommen, von denen mehr als 20 Höhen über 8000 Meter erreichten.
Die Chinesen legten eine Telefonleitung von Rongbuk ins vorgeschobene Basislager auf 6500 Meter Meereshöhe. Täglich schallten erbauende Reden aus den Lautsprechern, Morgengymnastik trainierte die Körper und ideologische Diskussionen den Geist.
Eine Yakherde bewältigte den Nachschub über den Ostrongbuk-Gletscher ins vorgeschobene Basislager. In bewundernswerter Gemeinschaftsleistung bauten die Chinesen Hochlager für Hochlager auf und versicherten die

Knapp unterhalb des »second step«

zweite Felsstufe – jenen »second step«, der mit dem Verschwinden von Mallory und Irvine auf so tragische Weise berühmt geworden ist. Aluminiumleitern wurden eingesetzt. Mehr als 200 Mann schufen die Basis für jene neun, die schließlich den Gipfel erreichten. Sie waren der Schlußstein einer kollektiven Pyramide.
Die Tibeterin Phantog war nicht nur stellvertretende Leiterin des Gesamtunternehmens, sie erreichte als zweite Frau nach der Japanerin Junko Tabei am 27. Mai zusammen mit acht Männern den höchsten Punkt. Das war bei einer Mount-Everest-Expedition noch nie dagewesen!
Diesmal sorgten die Chinesen dafür, daß niemand auf der Welt mehr an ihrem Siege zweifeln konnte. Auf dem Gipfel errichteten sie ein Vermessungsstativ mit der Fahne Maos und drehten über das gesamte Unternehmen einen Film.
Zwar hatte die Mannschaft beim Aufstieg sporadisch Sauerstoffduschen genommen, das Gipfelteam aber hat sich am höchsten Punkt über eine Stunde ohne diese Hilfen aufgehalten.
Als der chinesische Bergsteiger bei jenem Abendessen der CMA seine Geschichte zu Ende erzählt hat, betrachte ich ihn nachdenklich. Was muß dieser, mit der Maxime »Der einzelne ist nichts – die Gemeinschaft ist alles« gedrillte Mann wohl von meinem dekadenten Ego-Trip halten? Er lächelt mich an und hebt sein Glas: »Gánpéi!«
Welt des Ostens – Welt des Westens. Für mich ist Bergsteigen nicht Sport, eher

Spiel, kein Kampf, eher Abenteuer. Die spielerische Komponente, das Unterwegssein in einer wilden, weiten Landschaft. Bergsteigen als eine Spielmöglichkeit in einer vertechnisierten Welt. Ich trinke ein Glas auf meinen Freund Bulle Oelz. Er hat das Bergsteigen einmal »das Spiel der Leiden« genannt.
Am nächsten Morgen fliegen wir von Peking nach Chengdu in der Provinz Sezuan, der nächsten Etappe auf dem Weg nach Lhasa.

teilt, einige stehen unter Wasser. In ihnen spiegelt sich ein silbergrauer Himmel. Auf den Dämmen wandern barfüßige Reisbauern mit Stangen über den Schultern, an denen hinten und vorne Holzeimer hängen. Unter den flachen Strohhüten fehlt nur der lange Chinesenzopf, der wurde auch hier durch einen radikalen Militärschnitt ersetzt.
Hier ist China von einer Schönheit, die mich tief berührt. Hier wirkt auf den ersten Blick alles noch unverletzt.

Die Chinesen 1975 mit dem Vermessungsstativ am Everestgipfel

Lhasa

Trotz unserer Ungeduld, nach Lhasa zu kommen, tut es uns leid, daß wir Tschengdu so schnell wieder verlassen. Nach dem staubigen Braungrau Pekings kommt mir die Provinz Sezuan vor wie eine Oase. Sie sieht so aus, wie ich mir China als Kind vorgestellt habe: endlose grüne Reisfelder, dazwischen dichte, hohe Bambuswäldchen mit schilfgedeckten Bauernhäuschen. Die Felder sind durch viele schmale Dämme unter-

Langsam schraubt sich unsere alte Propellermaschine vom Flugfeld, und die grüne Landschaft unter uns wird allmählich hügelig. Die Hügel wachsen zu Bergen, der erste Schnee schimmert am Horizont.
Wir nähern uns den Bergketten von Osttibet. Die langgestreckten, vereinzelt mit Häuschen gesprenkelten braunen Bergrücken fließen in ein bizarres Meer aus Fels. Wie riesenhafte Schaumkronen tauchen immer wieder Siebentausender

In Tschengdu begegnen sich tibetische und chinesische Kultur

auf; vereiste Wände, glitzernde Gletscher. Mir klopft das Herz. Unser Pilot orientiert seinen Kurs am Tsangpo, dem langen Fluß, der sich von Tibet aus in einem sandig gelben Bett bis nach Indien windet und dort Brahmaputra heißt. Immer weiter fliegen wir den Tsangpo aufwärts. Unter uns liegt Tibet!
Schließlich landen wir auf einem Flugfeld im Tsangpo-Tal. Es liegt auf einer Höhe von 3600 Meter. Ungeduldig trete ich dort von einem Fuß auf den anderen. Nur noch zwei Jeepstunden, und wir sind in Lhasa. Ich kann es kaum erwarten.
Endlich haben wir unsere Rucksäcke im Wagen verstaut, unseren übrigen Gepäcktransport organisiert und fahren los. Hinter uns transportieren zwei Kleinbusse Edeltouristen.
Wie anders nähern wir uns Lhasa, der geheimnisvollen Stadt in einem sagenhaften Land, das jahrhundertelang Sehnsucht und Ziel von Abenteurern, Forschern und religiösen Mystikern gewesen ist, als so viele, die es vor uns versucht haben. Wie anders, als der aus einem indischen Internierungslager geflohene Heinrich Harrer, der mit seinem Freund Peter Aufschnaiter 1944 nach monatelangen entbehrungsreichen Fußmärschen wie durch ein Wunder die Stadt des Gottkönigs lebend erreicht hat und sieben Jahre dort geblieben ist. Wie anders als der schwedische Asienforscher Sven Hedin, der in den abenteuerlichsten Verkleidungen als Pilger, als Hirte in Pelze vermummt und als ehrbarer ladakhischer Kaufmann auf drei Reisen unter unvorstellbaren Strapazen versucht hat, dieser wunderbaren Stadt nahezukommen. Er hat Lhasa nie gesehen. Der Touristenbus hinter uns kommt mir vor wie eine fürchterliche Beleidigung all dieser beharrlichen Wanderer.

Unsere kleine motorisierte Karawane windet sich durch das Tal des Kyitschu-Flusses, gefolgt von einer riesigen Staubwolke. Aus der graubraunen, kargen Ebene erheben sich steinige Höhenzüge in mattem Violett. Immer wieder gibt es grüne Farbtupfer, kleine Baumgruppen aus Weiden oder Pappeln, deren zartgrünes Blattwerk im Gegenlicht der Sonne leuchtet wie das Haar von blonden Frauen. Ab und zu ein winziges, weißgekalktes Dorf. Zu unserer Freude entdecken wir auf den flachen Dächern immer wieder Reisig aufgesteckt, an dem bunte Gebetsfahnen flattern. Über dem Tal kreist ein Habicht in der klaren Luft. Ich freue mich. Hatte ich doch gelesen, daß es in Tibet keine Tiere mehr in freier Natur gäbe, weil die Besatzungstruppen alles abgeknallt hätten. Ein großer gelber Hund trottet über den grauen Kies des Flußbetts und verschwindet langsam im dürren Gras. Nach mehr als einer Stunde Fahrt auf der holprigen Straße weitet sich das Kyitschu-Tal. In seiner Mitte erhebt sich ein Hügel, auf dem – einer Fata Morgana gleich – goldene Dächer in der Sonne blitzen. Der Potala! Eine riesige weiße Festung, die aus dem Hügel gewachsen zu sein scheint und sich, von

Das Flugfeld im Tsangpo-Tal

Der Potala

unzähligen schwarzen Fensterlöchern unterbrochen, nach oben kaskadenförmig verjüngt, um in einem rot gestrichenen Gebäudeteil zu enden, der von pagodenartigen goldenen Dächern gekrönt wird. Wie ein gewaltiges steinernes Schiff voller Geheimnisse thront der Potala auf dem Marpori, dem roten

Von Begleitoffizier und Dolmetscher dirigiert, schert unser Jeep am Stadtrand nach links in eine kleine Allee, und nachdem wir zwei Schlagbäume passiert haben, landen wir in einer Bungalow-Siedlung, einer von Militär umzingelten Hotelstadt. Wieder sind wir in einem Ghetto.

Lhasa, Blick vom Potala

Berg. Obwohl ich kein gläubiger Mensch bin, kann ich plötzlich empfinden, wie frommen Pilgern zumute ist, wenn sie zum erstenmal den Petersdom oder Mekka erblicken. Das Wort Potala bedeutet »der sichere Hafen« und das Wort Lhasa »Ort der Götter«. Doch je mehr wir uns dem Ort der Götter nähern, desto mehr irritieren mich häßliche Aluminiumtanks und kasernenartige Betonfassaden. Was ist hinter ihnen vom alten Lhasa übriggeblieben?

Nachdem wir unsere Habseligkeiten in den weitläufigen und hübsch eingerichteten Zimmern untergebracht haben, werden wir zum Essen in den Speisesaal abkommandiert. Unter einem geschwungenen Dach nehmen wir an weißgedeckten Tischen Platz. In Delphinen aus Glas stecken Plastikblumen. »Welcome to Tibet!« Wir blicken in lauter weiße Touristengesichter. Hastig schlingen wir unser Essen hinunter. Dann sind wir nicht mehr zu halten. Die

Neugierde treibt Nena und mich in die Stadt, während sich unser Begleitoffizier und Dolmetscher zu unserer großen Erleichterung in ihre Zimmer zurückziehen. Sie wollen sich in Ruhe an die große Höhe gewöhnen. Lhasa liegt immerhin auf 3700 Meter.
Zu Fuß wandern wir die 3 Kilometer vom Hotel zum Stadtrand. Wir haben eine uralte Skizze der Stadt dabei und suchen zuerst den Lingkor, die berühmte Pilgerstraße, die den heiligen Bezirk der Stadt umschließt. Asphalt, Beton und hupende Lastwagen anstelle von im Staub kriechenden Pilgern und Buddhastatuen. An vergitterten Banken und Verwaltungsgebäuden vorbei, die den über alles thronenden Potala wie eine häßliche Halskrause umgeben, verlieren wir uns in kleiner werdenden Straßen. Die Öde wird belebt. Und plötzlich stehen wir auf dem Parkhor, dem inneren Straßenring, der den Jokhang-Tempel umschließt, den heiligsten Ort Tibets. Alte tibetische Stadthäuser mit geschnitzten Fensterstöcken rahmen ihn ein. Vor ihren Wänden haben Händler Waren auf dem Boden ausgebreitet. Stoffe, Schuhe, Wolle, Blechgeschirr. Eine dichte, bunte Menschenmenge wandert im Uhrzeigersinn um den Ring. Nach den verschlossenen Gesichtern im Vakuum Pekings raubt uns die Lebendigkeit des alten Lhasa den Atem. Pilger aus dem ganzen Land drängen sich hier. Hochgewachsene Männer aus der rebellischen Provinz Kham, die ihre schwarzen Zöpfe mit roten Wollbändern hochgesteckt haben, Amdo-Tibeter, die an ihren runden Hüten zu erkennen sind, Nomaden in speckigen Schafspelzen. Im Staub der Straße eine alte Frau, die den Parkhor mit ihrer Leibeslänge ausmißt. Wenn ihre Stirn und die mit Holzbrettchen geschützten Arme den Boden berührt haben, erhebt sie sich, um sich an der Stelle, wo ihre Hände lagen, erneut in ganzer Länge zu Boden zu werfen. Früher hat es Pilger gegeben, die den ganzen Weg von ihrem

Bazar im Parkhor von Lhasa

Dorf nach Lhasa auf diese Weise zurückgelegt haben.
Fremde sind im jahrhundertelang abgeschirmten Lhasa noch immer so etwas wie Wundertiere. Im Nu werden wir umdrängt, daß uns die Luft wegbleibt. Wir starren in lachende Augen, werden halb ohnmächtig vom Fett-, Rauch- und Urindunst, der uns umgibt. Fast jeder hält uns irgendein Amulett, einen Schmuckstein oder einen Stoffetzen vor die Nase, den er uns verhökern will. Ich bin glücklich: Endlich sind wir angekommen.
Unter dem uralten, verdorrten und mit Gebetsfahnen übersäten Weidenbaum vor dem Jokhang-Tempel haben sich Pilger und Bettler mit Kind und Kegel niedergelassen. Der Duft von Räucherstäbchen mischt sich mit dem Geruch der Butterlampen. Auf den Steinplatten vor dem Eingang des Tempels liegen ausgestreckt die Gläubigen. Durch ihre Hände gleiten rosenkranzähnliche Perlenketten, ihre Lippen murmeln Gebete. »Om mani padme hum«, »o, du köstliches Juwel im Lotos«, ist die immer wiederkehrende Formel.
Da ich weiß, daß den Tibetern durch Maos Rote Armee jede Religionsausübung bis zur Zerschlagung der Viererbande bei Strafe verboten war, bin ich zutiefst berührt von der frommen Inbrunst, die mich umgibt. Ich beginne zu ahnen, daß der Buddhismus den Tibetern die Kraft gegeben hat, auszuharren und ungebrochen alle Grausamkeiten zu überleben, die ihnen von den chinesischen »Befreiern« angetan worden sind.
Als am 9. September 1951 die ersten chinesischen Truppen in Lhasa einmarschierten, gebärdeten sie sich zuerst zum Erstaunen der Bevölkerung wie eine echte »Befreiungsarmee«, nämlich friedlich. Ein Vertrag wurde unterzeichnet, der den Tibetern zwar alle Rechte in der Außenpolitik nahm, ihnen aber gleichzeitig innenpolitische Eigenständigkeit garantierte. Die Befugnisse des Dalai Lama sollten nicht angetastet werden. Doch bald wehte ein anderer

Das »Rad des Seins« am Jokhang-Tempel in Lhasa

Wind. Immer mehr Soldaten wurden in Lhasa stationiert, die Nahrungslieferungen der Tibeter an die Armee nicht bezahlt; dem Dalai Lama wurde der in China erzogene Panchen Lama entgegengestellt. Der Auflösung der tibetischen Armee folgten die ersten Angriffe auf die Macht der Klöster.

Als die Besatzer begannen, Land zu beschlagnahmen, Klöster zu räumen, Mönche und Großgrundbesitzer zu verhaften und öffentlich zu demütigen, kam es in der Provinz Kham zum offenen Aufstand. Ein Guerillakrieg breitete sich im ganzen Land aus, der 15 Jahre dauern sollte. Der junge Dalai Lama versuchte zu vermitteln und blieb im Lande. Mit immer brutaleren Greueltaten versuchten die Chinesen, die widerspenstigen Tibeter einzuschüchtern. Mönche und Laien wurden gefoltert oder ermordet, Frauen vergewaltigt, Kinder nach China zwangsverschickt. Im März 1959 gab es in Lhasa einen Volksaufstand, der Dalai Lama floh nach Indien. Zehntausende von Tibetern folgten ihm ins Exil. Nach dem offiziellen Sturz der tibetischen Regierung übernahm chinesisches Militär die Verwaltung. Ihre »Reformen« führten zu nie dagewesenem Elend. Abertausende verhungerten. Das Morden und Vernichten der Klöster ging weiter. Die Mönche wurden in Arbeitslager gesteckt. Um die Guerilleros in den Griff zu bekommen, wurde über das ganze Land ein Reiseverbot verhängt. Gehirnwäsche und Umerziehung, Zwangsarbeit und Religionsverbot gehörten zum qualvollen Alltag.

Wie zum Hohn wurde Tibet am 9. September 1965 zur »Autonomen Region« ausgerufen. Ein Marionettenkabinett tanzte nach der Pfeife des Zentralkomitees in Peking. Die Roten Garden hielten das gequälte Volk in Schach. 1966 vernichtete eine neue Welle der Gewalt – Maos erneuernde Kulturrevolution –, was noch übrig war. Tausende von Klöstern wurden dem Erdboden gleichgemacht, die goldenen Statuen und Schätze nach China abtransportiert. Der Gottkönigstaat, die letzte antike Hochkultur der Erde, war vernichtet und wurde mit chinesischen Siedlern überfremdet. Allein in Lhasa lebten neben 40000 Tibetern nun 120000 Chinesen. Bodenschätze und Wälder, lebensnotwendiger Reichtum des Landes, wurden hemmungslos ausgebeutet, die Tibeter kümmerten bei harter Arbeit und erdrückenden Steuern in Kommunen dahin. Nur eines konnten die Chinesen nicht ausrotten: den Glauben an Buddha in den Herzen der Tibeter und ihre Treue zum fernen Dalai Lama.

So wundert es mich nicht, daß der Händler, der vor dem Tempel Fotos des Dalai Lama feilbietet, von einer Men-

Chinesische Soldaten im Potala

schentraube umlagert wird. »Jishi Norbu« nennen sie noch immer ihren geliebten Gottkönig, das »kostbare Juwel«.
Auch der freie Handel auf den Märkten war den Tibetern bis 1980 verboten. Nun feilschen sie wieder und genießen sichtlich diese neue, kleine Freiheit. Yakbutter, Gemüse und gepreßter Ziegeltee finden reißenden Absatz. Unter den Verkaufstischen der Händler schlafen Dutzende von Hunden, die vor der Hitze des Tages dort Schutz gesucht haben. Sogar die Erlaubnis der Hundehaltung ist eine Neuerung. Die Roten Garden hatten sie alle im Zuge ihrer Säuberungsaktion erschlagen, und nur wer die Tierliebe der Tibeter kennt weiß, was ihnen damit angetan worden ist. Der Buddhismus verabscheut jede Tötung von Leben. So hatten im alten Lhasa die Metzger einen eigenen, gemiedenen Bezirk in der Stadt, und wer für irgendeine Sünde Wiedergutmachung leisten wollte, kaufte gern ein zum Schlachten bestimmtes Tier, um es vor dem Tod zu bewahren.
Nena und ich reihen uns in die Schlange der Pilger ein, die um den Parkhor ziehen, und lassen uns einlullen vom Schlurfen der Füße, dem Schnarren der Gebetsmühlen, den Düften wohlriechender Hölzer, die auf kleinen Altären am Straßenrand verbrannt werden. Ab und zu taucht im Gewoge der Menge eine grüne Militärmütze mit rotem Stern auf, aber darunter schaut uns meist ein freundliches Tibetergesicht an. Auf dem Parkhor sind nicht viele Chinesen zu finden.

Bazar in Lhasa

Müde von den vielen Eindrücken und erschöpft von der ungewohnten Höhe lassen wir uns zurück ins Hotel fahren, wo wir artig unser Abendessen einnehmen.

Am nächsten Morgen besuchen wir den Potala. Tsao, unser Dolmetscher, hat uns eine Erlaubnis besorgt. Im See am Fuße des Mönchspalastes waschen Frauen aus der Altstadt Wäsche, Teppiche und quiekende Kinder. Wir umgehen das imposante Zickzack der Aufgangstreppen und schließen uns einigen Nomaden an, die den steil gewundenen Pfad auf der Rückseite nehmen. Hier schwingen sich lange Schnüre aus Yakhaar von Baum zu Baum, an denen ein Meer von bunten Gebetsfahnen wogt. Am Eingang erwartet uns eine chinesische Fremdenführerin mit einem albernen weißen Sonnenhut. Sie ist obligatorisch. Unangenehm berührt von der Art, wie sie die uns auf den steilen Treppen entgegenhuschenden Pilger mit ihren Butterlämpchen zur Seite scheucht, versuchen wir immer wieder, uns selbständig zu machen. Vergebens. Sofort löst sich aus irgendeiner Ecke ein chinesischer Aufpasser mit Sonnenbrille, der uns aufhält, bis sie uns wieder eingeholt hat. So werden wir im Halbdunkel an den schimmernden Bronzestatuen der Buddhas vorbeigetrieben, durch feierliche Betsäle und Bibliotheken, immer tiefer in diesen wunderbaren Ameisenbau des Mönchskönigs hinein. 365 Meter lang, 109 Meter hoch und 335 Meter breit ist der Potala. Im profanen, weißen Teil des Gebäudes haben früher die hohen Staatsbeamten des Landes gewohnt

Aufstiegstreppe zum Potala

Der tausendräumige Potala

Chinesischer Soldat auf der Treppe zum Potala

und ihre Amtsgeschäfte erledigt, im sieben Stockwerke hohen roten Teil lebten und meditierten die Mönche im Dämmerlicht ihrer Butterlampen vor den juwelengeschmückten Statuen der Buddhas und Bodhisattvas, einem Reichtum, der auch den ärmsten Nomaden im Lande mit Stolz erfüllte. Mehr als 1 000 Räume soll der Potala beherbergen. Heute stehen sie leer, aber selbst in den schlimmsten Zeiten hat niemand gewagt, sie anzutasten. Wir sehen die Statuen der in kunstvoll verzierten Tschorten hier beigesetzten verstorbenen Dalai Lamas.

Die Tibeter glauben, daß der Dalai Lama ein Bodhisattva ist, ein Erleuchteter, der, durch seine Güte und Weisheit bereits vom Schicksal der Wiedergeburt befreit, auf die Welt zurückgekehrt ist, um die leidende Menschheit zu erlösen. Gleichzeitig ist er die Wiedergeburt Tschenresis, des Schutzgottes und ersten Ahnherrn aller Tibeter. Stirbt ein Dalai Lama, so wird dieser Bodhisattva in Gestalt eines Kindes wiedergeboren. Staatsorakel und berufene Lamas müssen ihn suchen und können ihn an untrüglichen Zeichen erkennen.

Über den Grabtschorten der beigesetzten Dalai Lamas sind auf dem Potala kleine Pagoden mit goldenen Dächern errichtet. An mythologischen Wandbildern entlang führt uns die Sonnenhutchinesin über idyllische Innenhöfe und leiterartige, steile Treppen auf das Dach des Potala. Was wir dort zuerst wahrnehmen, erfüllt uns mit Freude. Überall wird gemauert und gemalt, Schutt weggeräumt und Holz ausgebessert. Der Potala wird restauriert. Die tibetischen Bauarbeiterinnen haben fröhliche Gesichter. Vielleicht hoffen sie, daß ihr Gottkönig nun bald in sein angestammtes Reich zurückkommt. Ich weiß, daß der 14. Dalai Lama von der Regierung in Peking 1978 gebeten worden ist, nach Lhasa zurückzukehren. Inzwischen ha-

ben drei Delegationen aus dem Exil in Dharamsala Tibet bereist, um sich an Ort und Stelle über die Situation ihrer Landsleute zu informieren. Ihre erschütternden Berichte lassen den Gottkönig zögern. Trotz des neuen revisionistischen Kurses in Peking werden noch Jahre mühevoller Verhandlungen vergehen, bevor die Tibeter ihr »kostbares Juwel« wiederhaben.
Gedankenverloren schaue ich hinab in die verwinkelte Altstadt und über die Wellblechdächer der trostlosen Besatzungsarchitektur. Nichts könnte die Situation Tibets besser wiedergeben als dieser Blick auf das verschandelte und noch immer lebendige Lhasa.
Zurück im Hotel versuche ich, mich mit Tsao über meine Eindrücke zu unterhalten. Er ist traurig und meint, daß ich versuchen soll, auch den Standpunkt der Chinesen zu verstehen. Schüchtern gibt er mir eine Propagandaschrift.

Im Innern des Potala

Der Potala wird restauriert

Chinesische Propagandaschrift

»Die Autonome Region Tibet befindet sich im südwestlichen Grenzgebiet Chinas. Hier gibt es schneebedeckte Berge, grüne Steppen wie auch uralte Wälder. Hier wohnen über eine Million fleißige und tapfere Tibeter, Menba sowie Angehörige anderer Nationalitäten.

Infolge des feudalistischen Leibeigenschaftssystems bot Tibet vor der Befreiung ein jämmerliches Bild politischer Korruption, wirtschaftlicher Stagnation und kultureller Rückständigkeit ... Die drei großen Feudalherren – die reaktionäre örtliche Regierung von Tibet, die Klöster und der Adel –, die weniger als fünf Prozent der Gesamtbevölkerung Tibets ausmachten, aber den ganzen Boden und den größten Teil der Zugtiere besaßen, beuteten die breiten Volksmassen Tibets bis aufs Mark aus. Die Leibeigenen, denen vielfältige Steuern und Abgaben auferlegt wurden, waren den verschiedensten grausamen Folterungen ausgesetzt: Prügeln, Auspeitschen, Zungenabschneiden, Augenausstechen, Hautabziehen ... Das alte Tibet war eine Hölle auf Erden!

Seit der friedlichen Befreiung im Jahre 1951, insbesondere nach der demokratischen Reform von 1959, sind in Tibet gewaltige Veränderungen vor sich gegangen. Dank der Führung und Fürsorge des Vorsitzenden Mao und der Kommunistischen Partei Chinas hat die Million tibetischer Leibeigener das reaktionäre, rückständige System der feudalen Leibeigenschaft ein für allemal zerschlagen und auf Grund der demokratischen Reform eine sozialistische Umgestaltung eingeleitet. Ehemalige Leibeigene sind nun Herren des Landes geworden und haben ihre Geschicke in die eigene Hand genommen. Industrie, Landwirtschaft und Viehzucht entwickeln sich ständig; Kultur sowie Bildungs- und Gesundheitswesen machen große Fortschritte; die Lebensbedingungen des Volkes verbessern sich rasch. Durch die demokratische Reform ist Tibet von der feudalen Gesellschaft der Leibeigenschaft zur sozialistischen Gesellschaft übergegangen, wobei es mehrere Jahrhunderte übersprang. Gemeinsam mit allen anderen Nationalitäten Chinas marschieren die Tibeter nun mit Riesenschritten auf dem Weg des Sozialismus voran.

Tsao versteht nicht, warum ich nicht mehr weiteressen kann. Ich weiß, daß im alten Tibet nicht alles zum besten stand. Nicht umsonst hat der junge Dalai Lama Jahre vor seiner Flucht ein Reformprogramm ausgearbeitet. Aber ich weiß auch, daß die Feudalherren viele soziale Verpflichtungen hatten, denen sie nachgekommen sind. Im alten Tibet sind Hungersnöte wie nach der Annektierung durch China undenkbar gewesen.
Der Kommunismus ist eine Ideologie, die zu Beginn des Industriezeitalters in Europa entstanden ist. Ihn einem Volk, das bis Mitte des 20. Jahrhunderts in einer asiatischen Hochkultur mit mittelalterlichen Formen gelebt hat, gewaltsam aufzupfropfen, heißt, diesem Volk einen viel zu engen Hut aufzusetzen, der nicht passen kann.
Die Gespräche mit Tsao machen mich traurig. Da er nicht gelernt hat, dialektisch zu denken, habe ich nicht das Recht, ihm etwas zu nehmen, wofür ich ihm nichts geben kann.

Das Weltwunder von Shegar

Am Morgen des 27. Juni verlassen wir Lhasa. Noch ist die Sonne nicht aufgegangen. Die Luft ist frisch und kalt. Ich werfe einen letzten Blick auf den seit 20 Jahren schlafenden Potala über dem Marpori und auf die Trümmer der zerstörten Medizinschule des Tschagpori, der jetzt militärisches Sperrgebiet ist. Tsao, Nena und ich sitzen im Jeep, hinter uns fährt der von uns gemietete Militärlastwagen mit Cheng, dem Begleitoffizier. Beide Wagen werden von chinesischen Chauffeuren mit weißen Baumwollhandschuhen gelenkt. Unser Expeditionsgepäck füllt kaum ein Drittel des Lasters.

Die Ausfallstraßen der Stadt sind schon belebt. Zu Fuß oder mit dem Rad eilen die Menschen zur Arbeit in die umliegenden Zementfabriken. Bauern tragen frisches Gemüse zum Markt. Pilger ziehen zum Parkhor, um ihre morgendlichen Rauchopfer darzubringen.

Wir nehmen die Straße in Richtung Westen. Rechts von uns liegt im blaukalten Schatten des Berghangs Drepung, eines der drei Staatsklöster, von denen aus die tibetische Staatskirche ihr Reich regiert hat. Mehr als 7700 Mönche haben hier gewohnt, in der Mitte ihr Medium, das berühmte Staatsorakel. Schwarze Fensterlöcher starren aus den weißen Mauern des »Reishaufens«, was der Name Drepung bedeutet, dem Verfall preisgegeben.

Nach etwa einer Stunde Fahrt überqueren wir die bewachte Brücke am Kyitschu-Fluß. Auf dem Uferkies labt sich eine Schafherde am lehmigen Wasser. Daneben rostet ein altes Boot vor sich hin. Immer wieder begegnen uns auf der staubigen Straße Wanderer auf dem

Paßhöhe zwischen Lhasa und Shigatse

Wege nach Lhasa. Mit wildem Hupen schreckt sie unser Fahrer zur Seite. Das Holpern und Schaukeln des Jeeps lullt mich in einen Halbschlaf, aus dem ich erst erwache, als ich zu frösteln beginne. Wir haben an Höhe gewonnen, und es wird empfindlich kalt. Unter den Serpentinen der Straße sehe ich verfallene Dörfer. Oft sind die Tempelreste in ihrer Mitte mit frischem Weiß bemalt. Im Graubraun der versteppten Hänge liegen winzige, frisch bestellte Felder wie grüne Ostereier. Es gibt kaum Bäume hier. Weit verstreut bewegen sich kleine schwarze Punkte – weidende Yaks. Wir winden uns höher und höher, der Wind wird schneidend kalt. Wir haben eine Paßhöhe erreicht und steigen aus.

Der Bergrücken ist von einem riesigen Steinwall gekrönt. Nach dem Glauben der Tibeter sind die Pässe von Geistern bevölkert. Um sie gütig zu stimmen, legen die frommen Wanderer Steine für sie hin, in die früher oft kunstvoll Gebete eingeritzt waren. In diesem Steinwall stecken hohes, dürres Reisig und Bambusstangen, an denen Gebetsfahnen und Fetzen von Schafspelz hängen. Sogar eine zerschlissene Brokatmütze flattert im Wind.

Tief unter mir liegt ein riesiger türkisblauer See. Seine zahlreichen Arme und Buchten sind von braunen Berghängen umgeben. Ab und zu ein spielzeugkleines Haufendorf und Terrassen von Äkkern, die für Puppen angelegt zu sein scheinen. Hinter den braunen Hängen erheben sich Bergrücken in allen Farbabstufungen von Violett bis Aubergine. In der Ferne wird der Horizont von den spitzen Zacken weißer Gipfel abgegrenzt. Über allem spannt sich ein tiefblauer, klarer Himmel, über den vereinzelt schneeweiße Wolken wie Fabeltiere ziehen.
Auf keiner meiner Reisen bin ich innerlich so zerrissen gewesen wie auf dieser. Jetzt bin ich einen Augenblick lang nichts als glücklich.
Tsao drängt. Wir müssen heute noch bis Shigatse kommen, und Shigatse ist weit. Während unser Jeep über die Serpentinen abwärts braust und dem bewegungslosen Türkisblau des Sees entgegeneilt, wo er sein Tempo noch steigert, bin ich zum erstenmal verzweifelt über diese Art des Reisens. Ich möchte zu Fuß gehen, mit einer Geschwindigkeit in diese Landschaft eindringen, mit der meine Seele Schritt halten kann.
Wir überqueren den See an seinem rechten Ende über einen Damm, der großteils von Wasser überflutet ist. Immer wieder tauchen Straßenmeistereien am Wegrand auf, immer wieder sind kleine Arbeiterkolonnen mit der Instandsetzung der Strecke beschäftigt. Intakte Wege sind die Voraussetzung für die Kontrollierbarkeit des Landes. Hier haben die Chinesen im zuvor fast gänzlich straßenlosen Tibet einmalige Erschließungsarbeit geleistet.
Ab und zu begegnen uns Lastwagen, die oft mit frischem Bambus über dem Fahrerhaus geschmückt sind. Tsao erklärt mir, daß sie aus Nilarmu kommen, einem Tal an der nepalesischen Grenze. Die Fahrer haben sich aus der dortigen Üppigkeit ein bißchen Grün in das karge Hochland mitgebracht. Es gibt einen Warenaustausch zwischen China und Nepal, aber ich bekomme nicht recht heraus, was da gehandelt wird.
Wir halten vor einer Kaserne, Tsao und Cheng begrüßen den Kommandanten, führen uns stolz vor wie seltene Tiere. Wir trinken Tee aus Emailtassen, die mit Pandabären bemalt sind. Der Kommandant ist ein junger Han-Chinese, der hier seit 10 Jahren lebt und seine Familie seitdem nur zweimal gesehen hat. Sein Zimmer ist ärmlich, aber ordentlich. Eine eiserne Bettstatt, zwei Stühle, ein roher Tisch, eine Waschschüssel, ein Telefon – das ist alles. An der Wand hängen an Nägeln zwei Mützen vor weißem Packpapier. Eine aus Baumwolle für den Sommer, eine aus Pelz für den Winter. Der Mann ist freundlich und höflich. Er stammt aus dem Süden Chinas und verbirgt sein unendliches Heimweh hinter vernünftigen Worten. Auf einem Blechteller bietet er uns klebrige Bonbons an, und seine Geste ist von einer ruhigen Freundlichkeit, die das alte China heraufbeschwört. Zum erstenmal in meinem Leben bin ich von einem Militärkommandanten gerührt, denn ich spüre, daß hier jemand leidet, der nie nach seinen Empfindungen gefragt worden ist. Er und seine Soldaten haben die Aufgabe, die wirtschaftliche Erschließung im Lande zu beaufsichtigen, erklärt mir Tsao, und bei diesen Worten lande ich wieder in der Gegenwart.

Immer weiter führt uns der Weg nach Westen. Hier gibt es Dörfer mit frischgepflügten Äckern, weidenden Yaks und Kühen auf lindgrünen Wiesen. Wie kleine Oasen liegen sie zwischen von Erdwällen abgegrenzten Bewässerungsgräben. Oft ist nicht weit von einem verfallenen Dorf ein neues gebaut worden. Meist finden wir jetzt auf den ersten Blick etwas oberhalb der Ortschaften die Ruinen eines zerstörten Klosters oder einer Gompa, wie die Tibeter ihre kleinen Tempel nennen.

Zerstörtes Kloster am Wegrand

Wo die Äcker noch nicht bestellt sind, sehen wir im Umkreis der Dörfer pflügende Kolchosetrupps auf den Feldern. Die archaisch anmutenden Pflüge werden von Yakgespannen gezogen. Auf ihren Hörnern tragen diese Grunzochsen liebevoll angebrachte rote Wollpompons als Schmuck. Die Joche der Gespanne sind mit der roten Fahne der Volksrepublik geschmückt, doch im Fell der Tiere entdecke ich immer wieder kleine Gebetswimpel, die sie beschützen sollen. Kinder laufen uns kreischend entgegen, und jedesmal, wenn wir halten, werden wir sofort von Menschen umringt. Dann starren dunkle

Der höchste Paß zwischen Lhasa und Shigatse

Gesichter durch die Windschutzscheibe und rufen uns irgendwelche Scherze zu, die wir nicht verstehen.

Die fruchtbaren Oasen in den Flußtälern wechseln ab mit weiten Flächen aus Sand und Steppengras. Wie Felstürme ragen da und dort verwitterte Ruinen in den klaren Himmel. Hier haben vor Jahrhunderten Mongolen und Nepalesen gebrandschatzt.

Nach einer Fahrt von acht Stunden über Pässe und Täler nähern wir uns, total verschwitzt und verdreckt, im breiten Tal des Tsangpo Shigatse. Militärbaracken, Wellblechdächer, stacheldrahtbewehrte Mauern. Über dem deprimierenden Zementgrau schimmert mir etwas in

Der Dzong von Shigatse, in der Kulturrevolution zerstört

warmem Rot und Gold entgegen: das Kloster von Tashi Lhunpo. Ein Paradiesvogel auf einem Nest aus Beton. Über allem – wie sollte es anders sein – die zerstörten Reste der mächtigen Festung. Shigatse ist die zweitgrößte Stadt Tibets. Hier hat es einst berühmte Silberschmiede und Teppichweber gegeben; hier wächst auch heute noch der beste Weizen. Hier war einst die Residenz des Panchen Lama, und hier verbringt er in seinem Sommerpalast noch immer die Ferien, wenn er nicht in Peking seinen Geschäften als Abgeordneter nachgeht.

Nena und ich werden ins einzige Rasthaus der Stadt verfrachtet, und wir wundern uns nicht mehr, daß es inmitten der Kasernen liegt. Wir sind todmüde. Auf einem Tischchen stehen zwei Blechschüsseln zum Waschen und warmes Wasser in grellbemalten Thermosflaschen, ohne die hier kein einfacher Haushalt denkbar ist.

Tibeter in Shigatse

Wir schlafen tief, bis uns um 5.30 Uhr penetrantes Gequake aus Lautsprechern weckt. Die Stadt wird zur Arbeit gerufen und gemahnt, nicht auf die wichtigsten Grundsätze der Regierung der Volksrepublik zu vergessen. Das Ganze ist garniert mit grauenhafter Musik. Ich höre das beflissene Getrappel von Füßen und muß an meine Internatsjahre denken. Im Halbschlaf sehe ich die Tibeter als Internatszöglinge Pekings, Traumata aus meiner Schulzeit vermischen sich mit der neuen Wirklichkeit. Das alles für 150 DM pro Nacht und Kopf ertragen. Bin ich denn wahnsinnig? Die Chinesen wissen genau, daß hier kein Westler umkehrt. Ich sehe unentschlossen auf meinen blechernen Nachttopf mit Goldfischmuster und raffe mich dann doch auf, über den staubigen Kasernenplatz zum verdreckten Plumpsklo zu gehen.

Nachdem Nena und ich etwas vom matschigen Frühstücksreis hinuntergewürgt haben, schlendern wir in die Stadt. Ein plötzlicher Windstoß wirbelt Sand und Abfälle auf. Trotz der aufgegangenen Sonne ist der Himmel trüb und trostlos. Im Westen steht eine Wand aus gelbem Wolkendunst. Ich kneife die Augen zu, stecke den Kopf zwischen die Schultern und wende mich vom Wind ab. Die Kinder, die zwischen großrädrigen Holzkarren spielen, bleiben von der Bö unbeeindruckt. Sie nehmen weder Staub noch Kälte wahr. Während der Wind erneut aufbraust, breitet eines von ihnen die Arme aus, als wolle es ihn einfangen. Dann laufen sie alle mit fliegenden Haaren auf uns zu. Sie fassen uns an den Händen und begleiten uns zum Kloster.

Von ehemals 3000 Mönchen bevölkern, erst jetzt wieder, etwa 500 die kleine Zellenstadt rund um das Heiligtum, in dem eine neun Stockwerke hohe Buddhastatue untergebracht ist. Wir gehen einige Treppen hinauf, durch niedrige Gänge, und plötzlich starren wir in ein riesiges goldenes Gesicht. Es ist von schönstem Ebenmaß und geht über in einen Körper, den ich mir ein Stockwerk tiefer betrachte. Der ganze Buddha ist mit schimmernden Brokaten angezogen, mit Katas, weißen Glücksschleifen, behängt. Zu seinen Füßen stehen riesige Butterlampen aus Silber. Daneben sitzt ein kleiner Bub in einer roten Mönchskutte. Er ist der erste Novize, dem ich bisher begegnet bin.

Wir gehen zurück in die Stadt. Hier hat Sven Hedin vergeblich ein halbes Jahr lang darauf gewartet, nach Lhasa weiterziehen zu dürfen. Außer einigen Soldaten sehe ich in den Gassen kaum Chinesen. Freiwillig will hier wohl kaum einer von ihnen leben. Das Hochland von

Kloster Tashi Lhunpo

Tibet mit seiner durchschnittlichen Höhe zwischen 4000 und 5000 Meter macht ihnen gesundheitlich zu schaffen. Sie können sich auf Dauer nicht gut genug akklimatisieren, müssen also körperlich leiden. Die Rate der Fehlgeburten und die Kindersterblichkeit unter Han-Chinesen in Tibet ist hoch.

Auch in Shigatse gibt es einen kleinen Markt. Auf einer schmuddeligen Plane hat ein Bauer die undefinierbaren Reste eines Yaks ausgebreitet. Das Fleisch ist mit Fliegen übersät. Daneben liegt Knoblauch, von dem wir uns einen Vor-

Mönche an den Klostermauern von Tashi Lhunpo

Shegar Dzong heute

rat fürs Basislager kaufen. Dann entdekke ich einen kleinen Lhasa Apso. Das sind die schneelöwenähnlichen Hündchen, die früher nur von den ehrbaren Lamas im Potala und vom Adel in Lhasa gezüchtet werden durften. Erst Anfang dieses Jahrhunderts kamen die ersten Exemplare als Gastgeschenke nach Europa. Ich habe zwei dieser Hunde zuhause, und einen Augenblick lang bekomme ich Heimweh. Ich glaube, allein in der Gegend von München gibt es heute mehr dieser Tiere als in ganz Tibet.

Shegar Dzong vor der Kulturrevolution

Am nächsten Tag haben wir über 300 Kilometer zurückzulegen. Unser nächstes Ziel heißt Shegar Dzong. Rechts und links stehen im gelben Sand der wüstenhaften Landschaft, wie Sträuße, blaue Blumen, die Kinder in den Sand gesteckt haben. Während der Fahrt haben wir uns Halstücher über Mund und Nase gebunden, um den alles durchdringenden Staub im Jeep besser zu ertragen.

Die Festung von Shegar ist von den alten Tibetreisenden einst als eine Art Weltwunder gepriesen worden. Der Dzong, wie Burg auf tibetisch heißt, ist ein kühnes profanes Bauwerk gewesen. Auf einem etwa 300 Meter hohen, spitzkegeligen Felsenriff stand einst, durch eine zinnenbewehrte Mauer in wilder Steilheit mit dem darunterliegenden Kloster verbunden, das »Schloß aus Glas«.

Als wir ankommen, ist es bereits Nacht. Im hellen Licht des Mondes recken die Reste der zerstörten Burg sich wie ausgestreckte Finger in den Himmel. Mit zerschlagenen Knochen kriechen wir in die Betten, die in einem Massenlager untergebracht sind.

Daß ich am anderen Morgen um jeden Preis den steilen Pfad zu den obersten Zinnen des Dzong hinaufkeuchen muß, hat seinen guten Grund: Hier haben früher die Tibeter einer besonderen Göttin ihre Rauchopfer dargebracht – der »Göttinmutter des Schnees«, Chomo-

Aufstieg zur Spitze von Shegar Dzong

Blick von Shegar nach Süden

lungma. Man kann sie von hier aus sehen. Weiß breitet sie nach beiden Seiten die Arme aus. Eine Göttin in Gestalt von Stein und Eis. Die Europäer haben sie Mount Everest genannt.
Ich starre hinüber zu der schneeweißen Bergkette und bin aufgeregt wie ein junger Liebhaber.

Im letzten Dorf
Eine Tibeterin in weinroter Bluse und einem schwarzen, handgewebten langen Wickelkleid, das von einer buntgestreiften Wollschürze und einer großen Silberschnalle zusammengehalten wird, bringt uns im Rasthaus von Shegar das Frühstück. Durch den Aufenthalt in der

In den Trümmern von Shegar Dzong

Chomolungma, Mount Everest

noch ungewohnten Höhe und die kurze Nacht benommen, essen wir Bohnen, Dampfnudeln, Fisch und eingelegte Gemüse. Im Morgengrauen klettern wir in den Jeep.

Die Landschaft ist hier in den Formen weicher als zwischen Shigatse und Lhasa. Je mehr wir uns aber der im Süden als Grenzwall zwischen Tibet und Nepal liegenden Himalajakette nähern, desto karger wird das Hochplateau. Nach zweistündiger Fahrt erreichen wir eine über 5000 Meter hohe Paßhöhe. Die Achttausendergipfel des Makalu, Lhotse, Mount Everest, Cho Oyu und Shisha Pangma ragen aus einem Meer dicker Wolken.

Wir steigen aus dem Jeep, und eine wilde Gestalt mit einem Gewehr über der Schulter schaut uns entgeistert entgegen. Es muß ein tibetischer Jäger sein. Woher er kommt, wohin er geht, ist nicht auszumachen. Vielleicht lebt er in einem der Nomadenzelte weitab von der Paßstraße. Angeregt durch das unwirkliche Bild der aus den Wolken ragenden Eisriesen erzähle ich Nena, wie in den Vorstellungen der Tibeter die Welt entstanden ist.

Die Schöpfungsgeschichte Tibets beginnt mit Leere, einer dunklen Leere. Aus diesem Nichts heraus entstand ein Wind. Er füllte die Leere zuerst sanft und ruhig. Er wehte aus allen vier Himmelsrichtungen. Im Lauf der Jahre wurde er stärker und immer schwerer und bildete einen großen Blitz. Aus dem Blitz kamen Wolken, die schwer wurden wie der Blitz und der Wind. Aus den Wolken quoll Regen, mit Tropfen so groß wie Wagenräder. Als es zu regnen aufhörte, lag da der Ur-Ozean. Als sich seine Oberfläche beruhigt hatte, entstand abermals ein Wind. Er bewegte das Wasser, und es bildete sich Schaum, der schwer wurde wie Sahne, aus der Butter entsteht. Somit war die Erde geschaffen.

In ihrer Mitte befand sich ein großer Berg aus Edelsteinen, der Wohnsitz der Götter. Um ihn herum breitete sich ein See aus und um den See herum ein Kreis goldener Berge. Jenseits dieser goldenen Berge lag ein weiterer See, auch er von Bergen umringt, und dahinter noch einer ... siebenmal Erde, siebenmal Wasser. Hinter den letzten Bergen erstreckte sich der äußere Ozean, aus dem wie Inseln vier Welten ragten, jede von anderer Gestalt. Die Welt des Südens wie ein nach unten gerichteter Kegel; die westliche Welt kreisförmig; das wohlhabende Land des Nordens viereckig; die östliche Welt in der Form des Halbmondes. Dieses ganze Universum war in Dunkelheit getaucht. Die Götter brauchten kein Licht. Jeder von ihnen trug sein eigenes Licht in sich. Einer der Götter entdeckte einen Saft, der aus der Erde floß. Alle tranken davon, und ihre Kräfte, ihr Licht, ließen nach; sie verloren ihre Unsterblichkeit.

So wurden aus den Göttern Menschen. Obwohl abhängig von Sonne, Mond und Sternen, war diese Welt noch immer ein Reich der Fülle. Für jeden wuchs hier pro Tag eine Frucht. Bis eines Tages ein gieriger Mensch zwei Früchte an seinem Baum entdeckte, beide pflückte und sie aufaß. Am nächsten Morgen war keine Frucht für ihn da, und er wurde hungrig – so hungrig, daß er die Frucht eines anderen nahm. Da dieser nun keine Nahrung hatte, pflückte auch er die Frucht eines anderen. Bald war jedermann gezwungen zu nehmen, was nicht ihm gehörte. So entstand die Arbeit. Denn alle mußten jetzt pflanzen, um auch dann genug Nahrung zu haben, wenn man ihnen etwas stahl. Diese zu Menschen gewordenen Götter waren Männer. Aber durch ihre Zänkereien um die Früchte hatte sich ihr Fühlen und Denken geändert. Einer der Männer riß sich seine Genitalien vom Leibe und wurde zur Frau. Es kamen Kinder, und bald war die Welt voll von Frauen und Männern, die weitere Kinder zeugten ...

Von der luftigen Höhe des Passes blikken wir auf diese wundersame Welt. Kein Tibeter wäre auf die Idee gekommen, einen dieser riesigen Gipfel zu erklimmen, denn noch immer ist in ihnen der Glaube tief verwurzelt, daß die Berge der Sitz der Götter sind. Lange bevor die ersten Expeditionen ins Land gezogen sind, haben die Einheimischen Wallfahrten dorthin unternommen. Rongbuk ist einer dieser Wallfahrtsorte gewesen, der Chomolungma ein Mysterium, ein Mysterium im ursprünglichen Sinn. Die Wurzel des griechischen Wortes »Mysterium« bedeutet »Lippen und Augen schließen«.

Trotz der Höhe wimmelt es auf dem Paß von Schmetterlingen und Kleingetier. Längst ist die Zeit für den Monsun angebrochen, aber die Täler sind noch immer ohne Regen und die Gipfelpyramide des Mount Everest ist schneefrei und dunkel. Der ewige Nordwestwind hat die obersten 1 800 Meter fast blankgefegt. Der Gedanke, daß ich schon einmal auf diesem Berg gestanden habe, berührt mich eigenartig fremd.

Die von den Chinesen vor bald 15 Jahren angelegte Straße zwischen Shegar und Rongbuk windet sich zuerst 1 500 Höhenmeter aufwärts und auf der anderen Seite in das nach Süden geöffnete Tal des Arun hinab. Es gibt noch immer die alte Straße zum Everest-Basislager, die von Tingri über den

In jedem tibetischen Kloster hing eine Trommel

Lamna La nach Rongbuk führt, aber man hat uns in Peking dringend davon abgeraten, sie während der Monsunzeit befahren zu wollen. Wenig unterhalb des Passes beobachte ich eine junge Frau, die mit Hacke und Schaufel die Löcher im Weg ausgleicht. Ihre braungebrannte Stirn ist mit Schweiß bedeckt. Sie ist etwa 20 Jahre alt und ganz allein für Wochen hier zu Straßenarbeiten abkommandiert worden. Acht Stunden am Tag, sechs Tage in der Woche schwingt sie die Schaufel. Nachts schläft sie in ihrem Zelt am Wegrand. Noch niemals in ihrem Leben ist sie in Lhasa gewesen. Wie ich in ihr gleichmütiges Gesicht schaue, weiß ich auf einmal, daß das sagenhafte Shangri La, das wir Abendländer immer in Tibet gesucht haben, nicht in der Landschaft des alten und auch nicht in der des neuen Tibet zu finden ist. Die Tibeter tragen es im Kopf, in der Seele, im Herzen. Die Arbeiterin, die Tashi heißt, lädt uns in ihr Zelt zu einer Tasse Chang ein, zu selbstgemachtem Gerstenbier. Im Zelt liegen Decken, Kochgeschirr, ein alter, abgetretener Teppich. Vor einer Buddhafigur, die von einer fettigen Rußschicht überzogen ist, brennt eine winzige Lampe.

Das Tal, das zum Rongbuk-Kloster führt, liegt tief unter uns. Hügel in gedämpften Farben und ohne Pflanzenwuchs rahmen es ein. Nur das kleine Dorf Tschödsong leuchtet als grüner Fleck in der Ödnis. Wir fahren weiter. Als wir eine Höhe von etwa 4600 Meter erreicht haben, überrascht mich der Anblick von Holzträgern. Holz ist in Tibet selten und zudem heilig. Auch Bäume schlagen ist für den Buddhisten gleichbedeutend mit töten. Geheizt hat man immer mit getrocknetem Yakmist, der im Sommer eingesammelt und als runde Fladen an den Hauswänden getrocknet worden ist.

Tschödsong am Rande der Hochgebirgswüste ist ein armes Dorf. Selbst der Fluß sieht trostlos aus in seiner Spärlichkeit, wenn man bedenkt, welchen riesigen Gletschern er entspringt. Eingefaßt ist das Dorf von braunen Kalksteinbuckeln und Altmoränen, dic wic Eisenbahndämme wirken. Die Häuser, aus Lehm- oder Grasziegeln aufgeschichtet, sind fensterlos; nur durch die offene Tür oder das Rauchloch in der Decke des Raumes fällt Licht.

Am Dorfrand bleibt unser Lastwagen im Morast hängen. Hier muß es vor kurzem geregnet haben. Im Nu sind wir von etwa 100 Leuten umringt, die uns helfen. Wie die Bauern und Hirten hier oben überleben können, ist mir ein Rätsel. Die Gerste kann frühestens in 60 Tagen erntereif sein. Rüben, Kartoffeln und Senfkraut werden von einem abenteuerlich anmutenden Graben bewässert, der

kaum eine Spanne tief und viele Kilometer lang ist.
Wie ich nach der Gompa, dem Tempel, frage, führen mich ein paar Kinder zu einer Ruine am Dorfrand. Überall entdecke ich schadhafte Stellen. Innen finde ich nicht viel mehr als zerlumpte Liegestätten mit kleinen Tischchen davor und dürftigen Gerätschaften. Wo Steine aus der Mauer gefallen sind, hat man die Stellen einfach mit Wellblech abgedeckt. Die wenigen neuen Häuser sind nicht im traditionellen Stil gebaut. Hier sehe ich den ersten Verlust der Formen, der noch trauriger wirkt als die überall abbröckelnden, häßlichen Farben.
Ich kann nicht herausfinden, was mit diesen Menschen passiert ist. Sie sind in so ungewöhnlichem Maße gestört. Vielleicht hat sie die Armut müde gemacht.
Wir kaufen ein Schaf, um im Basislager etwas frisches Fleisch zu haben. Während es ein junger Mann aus dem Dorf schlachtet, häutet und ausnimmt, lasse ich mir vom Bürgermeister über Tsao, der mein Englisch auf Chinesisch an

Yakmist an der Hauswand

Cheng weitergibt, der es schließlich ins Tibetische übersetzt, die Einkommensverhältnisse in diesem Nest erklären. Hier verdienen die Leute noch weniger als in anderen Teilen Tibets. Pro Jahr und Kopf gibt es 60 Yuan, das sind knapp 80 DM, und 200 Kilogramm Getreide. Alle Entwicklungsmodelle der Chinesen sind von hier weit entfernt. Was wird aus diesem armen Tschödsong, wenn der geplante Everest-Sight-

Auf der Fahrt nach Tschödsong

Ein Schaf wird geschlachtet

Nuptse und Everest-Westschulter

seeing-Tourismus es aus seiner Lethargie reißen wird? Wenn die Einheimischen mit den in ihren Augen unvorstellbar reichen Reisenden aus dem Westen konfrontiert werden, deren Geld doch nur pauschal nach Peking fließt?
Die Tibeter winken nicht, als wir ihr Dorf verlassen. Bald öffnet sich ein Blick ins Becken des Gyachung Kang, und bei der nächsten Wegbiegung zeigt sich eine weiße Schulter, die nur der Westgipfel des Everest sein kann. Noch ein Stückchen weiter, und die vertraute Gestalt des Berges taucht fast gleichzeitig mit dem Rongbuk-Kloster auf. Wir sind da!

Das Kloster des Schnees
Trotz seiner Größe wirkt der Mount Everest im ersten Augenblick merkwürdig bescheiden. Er ist teilweise versteckt hinter anderen Bergrücken, eingehüllt in dünne Wolken. Ich erhasche nur einen Blick auf die Nordflanke, wenn die Nebelschleier sich lichten. Ich habe das Gefühl, daß der Berg sich mit den ziehenden Wolken verschiebt, und ich verfolge ihn auf seiner imaginären Reise. Meist ist der Wolkenvorhang um den Gipfel am schwärzesten. Ich starre in mein Fernglas, als müsse ich diesen Vorhang durchbohren.
Plötzlich löst sich das Grau des Nebels auf, Schneefelder schimmern durch die Trübe, Bruchstücke des Berges finden sich aneinander. Wie ein Puzzle fügt sich der Mount Everest zusammen. Der Berg baut sich aus Wänden, Gletschern, Graten auf. Einen Augenblick lang sind mir seine Umrisse so vertraut, als ob ich immer hier gelebt hätte. Spukhaft wie im Traum erlebe ich jetzt die sichtbare Wirklichkeit. Der Berg scheint zu wachsen, während ich hinstarre. Immer mächtiger türmt er sich vor mir auf. Weit oben erscheint dunkel der Gipfel. Die

Gipfelpyramide des Everest

Gletscher an seinem Fuße kann ich nicht sehen. Sie sind hinter den Hügeln verborgen.
Schauer ziehen durch meinen Körper, obwohl ich den Berg jetzt nicht als Schrecken empfinde. Ich stehe vor einer meiner ehemaligen Geliebten, deren Anziehungskraft mir noch immer ein Rätsel ist. Meine Sinne sind überempfindlich, zermürbt von den langen Strapazen der Anreise und nicht mehr fähig, die Eindrücke so schnell zu verarbeiten, wie sie auf mich einstürmen. Ich schweige und schaue. Auch Nena sagt nichts.
Das Rongbuk-Tal ist wie geschaffen als Rahmen für den Chomolungma. Auf einer Länge von 30 Kilometern verläuft es fast gerade, nur 1200 Meter ansteigend. Am Ende dieser Schlucht steht der Berg wie ein mystischer Koloß – Materie, die nicht greifbar scheint.
Die mehr als 3000 Meter hohe Nordwand ist von zwei mächtigen Flügeln eingefaßt. Links senkt sich der Nordostgrat wie ein Dach vom Gipfel, rechts der steile Nordwestgrat, der mit seiner ungeheuren Länge die Höhe des Berges betont. Nirgends erkennt man gezackte Kämme oder Türme, es sind nur glatte Linien vorhanden.
Hierher haben Mönche vor Jahrhunderten das Kloster Rongbuk gebaut. Jetzt verstehe ich, warum. Das Kloster ist mir von alten Bildern her vertraut, und schon der Name hat immer friedliche und beschauliche Vorstellungen in mir geweckt. »Das Kloster des Schnees«, ein Name wie aus einem alten Märchen.
Zuerst sind Nena und ich uns einig, unsere Zelte bei der Quelle im Osten der Klostermauern aufzuschlagen, damit wir ein geschütztes Standlager haben.

In den Ruinen von Rongbuk

Dann gehen wir durch die Ruinen der ehemaligen Mönchsstadt und wollen nur noch weiter, hinaus in die Berge, weiter hinein in die Wildnis, weg von hier. Das zerstörte Kloster ist nicht nur zum Abfallhaufen für ein halbes Dutzend Everest-Expeditionen geworden,

Kloster Tutuntschuling in Nepal

es ist so leer und trostlos, daß ich in seiner Nähe Depressionen bekomme. Das einzige, was von früher noch steht, ist der Tschorten vor dem Haupteingang, aber auch seine Spitze neigt sich schon bedenklich. Alles Holz der berühmten Schnitzereien des Tempels ist verbrannt oder weggeschleppt worden. Die Reste der feinen Malereien bröckeln von den Wänden. Die vertriebenen Mönche haben auf der anderen Seite des Berges, in Nepal, ein neues Kloster errichtet, das Tutuntschuling heißt.

Das obere Rongbuk-Tal ist früher ein heiliger Bezirk gewesen, in dem kein Tier getötet werden durfte. Die Grenze zu diesem lebensfreundlichen Refugium ist eine riesige Manimauer am Taleingang beim Dorf Tschobuk gewesen. Auch dieser Wall aufgeschichteter Steine mit eingeritzten Gebeten ist verschwunden.

Die Mönche sind von den Pilgern versorgt worden, die ihnen reichlich Gerstenmehl (Tsampa), Tee, Yakbutter, warme Stoffe und andere Geschenke mitgebracht haben.

Mauerreste einer Einsiedelei

Während Nena und ich beraten, wo wir unser Lager aufstellen wollen, höre ich einen Gewehrschuß. Ich fahre herum und sehe Cheng, der einem Hasen nachjagt. Ich bin wütend, denn ich habe beschlossen, daß auch wir hier oben keine Tiere töten.

Am späten Nachmittag brechen wir auf, um mit dem Jeep weitere 5 Kilometer taleinwärts zu fahren. Dort wollen wir unser Lager aufschlagen. Vom Motorenlärm aufgeschreckt trabt auf einer Moräne ein kleiner, erdfarbener Wolf davon. In sicherer Entfernung schaut er sich neugierig nach uns um. Der Everest ist jetzt fast ganz zu sehen. Sein Weiß wirkt gläsern, als wäre er von innen beleuchtet. Ich lasse den Jeep halten, um mich zu orientieren. Links von uns erhebt sich eine Reihe unbesteigbarer Felsriffe, die über 1 000 Meter hoch sind. Ihr mattes Rostrot erinnert mich an Berge in den Dolomiten. Vor uns liegen niedere Moränenbänke, und weit hinten schimmert bläuliches Eis aus öden grauen Gletscherzungen.

Immer wieder müssen wir anhalten, um Steinbrocken aus dem Weg zu räumen. Die holprige Jeepstraße führt an einer Handvoll ausgestorbener Einsiedeleien vorüber. Hier haben die Mönche gelebt, die Maurice Wilson einst so beeindruckt hatten. Körperliches Leben in seiner abstraktesten Form, bewegungsloses Verharren über Jahre, allein mit sich und der Unendlichkeit, das ist ihr Aufenthalt in einem Zwischenreich gewesen.

Ich muß an ein Gedicht denken, das der Eremit Milarepa im 11. Jahrhundert geschrieben hat. Es heißt:

Schneesturm am Chomolungma

Zur Wildnis, zu des Chomolungmas
Gletschermauern,
gelangte ich, der Einsamkeit
begehrend.
Beide, Himmel und Erde, pflogen des
Rats
und sandten den schnaubenden Wind
als Boten;
Wind und Wasser,
die Elemente, gerieten in Wallung,
es ballten sich die
düsteren Wolken des Südens.
Das erhabene Paar,
Sonne und Mond, ward gefangen-
gehalten,
gefesselt die achtundzwanzig
Gestirne der Mondstationen,
die acht Planeten in eiserne Kette
geschlagen,
die falsche Milchstraße gänzlich
verborgen,
die kleinen Sterne restlos vom Dunst
verhüllt.

Als dann die Dunstwolken alles ver-
deckten,
strömte hernieder neun Tage,
neun Nächte der Schnee,
gleichmäßig strömte er achtzehn Tage
und Nächte,
starker Schneefall,
wie von großen, wolligen Büscheln,
den Vögeln gleich schwebend kam er
herab.

Doch die Dicke des Schnees
hat alles Maß übertroffen,
oben der weiße Gipfel
des Schneebergs ragt gegen den
Himmel,
unten die Haine der Bäume
liegen herniedergedrückt.
Die schwarzen Berge umhüllt ein
weißes Gewand,
Eisdecken glätten den wogenspiegeln-
den See,
und in der unterirdischen Höhle
birgt sich ein blauer Strom,
der Boden, ob hoch oder tief,
ebnet zur Fläche sich hin.

Zwischen dem wirbelnden Schnee,
der da von oben fiel,
zwischen dem Wind des
vollendeten Neujahrs im Winter
und dem Baumwollgewand des Milare-
pa als drittem,
da tobte ein Kampf auf dem Gipfel
des ragenden, weißen Schneebergs.
Der niederfallende Schnee,
er zerschmolz in der Weite zu
Wasser,
der Wind, heulte er auch laut,
legte sich dennoch von selbst,
und das Baumwollgewand brannte
gleich Feuer ...
Vollkommen hab' ich besiegt
den schneegesichtigen Dämon.

Genau an der Stelle, wo die frühen britischen Expeditionen gelagert haben, bauen wir unser Standlager auf, am Rongbuk-Gletscher in einer Höhe von 5100 Meter. Wir haben gutes Trinkwasser, ein bißchen Grün und flache Stellen für die Zelte. 500 Meter weiter entdecke ich die Gräber der Japaner, die wenig vorher am Mount Everest verunglückt sind. Inzwischen ist der Chomolungma wieder wolkenverhangen, über uns drohen dunkle Gewitterbänke. Ich vermute, daß der Monsunwind schon in voller Stärke eingesetzt hat.

Der Mount Everest liegt an der schmalsten Stelle der über 2000 Meter langen Himalajakette. Er ist den ersten Stößen des Südwestmonsuns besonders ausgesetzt. Dieser Regenwind aus dem Golf von Bengalen bricht früher im Jahr herein als die westlichen Strömungen aus dem arabischen Meer. So besteht erst für Ende Juli/Anfang August eine Hoffnung auf Unterbrechung des schlechten Wetters. Ich weiß, daß es bei diesem Wind unmöglich ist, in großen Höhen voranzukommen, hoffe aber auf eine Monsunpause, die mir deutsche Meteorologen prophezeit haben.
Gleich am ersten Morgen im Basislager muß ich eine Stunde aufsteigen, um den Berg und seine Welt zu erkunden. Nena hat den höhenkranken Tsao, der die ganze Nacht gejammert hat, mit den Fahrzeugen zurück nach Shigatse geschickt. Nun sortiert sie unsere Nahrungsmittel.
In den Alpen benutzen wir die Hauptgletscher ganz selbstverständlich als mehr oder weniger bequeme Zugänge. Hier ist es anders. Der Rongbuk-Gletscher ist so aufgewühlt, daß ich es gar nicht erst versuche. Wie eine braungraue, sturmgepeitschte See liegen seine schuttbeladenen Eisbuckel unter mir. Ich frage mich, wie wir weiter oben wohl vorankommen werden.
Die erste wirkliche Annäherung an einen großen Berg ist immer aufregend. Es gibt so viele Unbekannte: das Wetter, der mögliche Routenverlauf – ich selbst vor dieser selbstgestellten Aufgabe. Immer, wenn der Mount Everest sichtbar wird, packt mich Hoffnungslosigkeit, ein ganz neues Erlebnis einer an Ohnmacht grenzenden Schwäche.
Nach Höhenunterschieden von 30 oder 40 Metern muß ich rasten. Ich bin noch nicht genug akklimatisiert und kann mir noch nicht recht vorstellen, wie ich die Anstrengungen höher oben bewältigen soll. Die Luft ist dünn, immer wieder versuche ich, tief durchzuatmen.
Auf dem Weg zurück frage ich mich wieder einmal, warum ich nicht unten bleibe, warum ich es nicht mache wie die Eremiten. Warum ich nicht in einer dieser weltabgeschiedenen Gegenden, die mich so anziehen, für den Rest meines Lebens mein Quartier aufschlage. Ich weiß, daß ich es nicht könnte. Ich bin innerlich vom zivilisierten Abendland genauso abhängig wie von meinen Expeditionen.
Ich brauche diese Expeditionen unter vielem anderen, weil ich die wahnsinnige Angst habe, sonst körperlich zu verkümmern. Ich kann den alten Mann nicht vergessen, den ich vor einiger Zeit in einem Hotelgarten mit zittrigen Beinen seine Kreise ziehen sah. Unsicher ist

Im Basislager angekommen

Basislager 1980

er auf dem Gras getappt, eine riesige Badehose hat seinen bleichen Bauch zusammengehalten – ein Wohlstandswrack. Ein Wrack von vielen, die mein Freund Bulle täglich am längst vertanen Leben halten muß. Die Intensivstation seiner Klinik ist gefüllt mit Strandgut einer Überflußgesellschaft – an Schreibtischen verrostet, von Nikotin und Alkohol zerfressen. Das vergebliche Sich-Abmühen an Infarkten und Zirrhosen haben auch in Bulle einen Horror geweckt, der zur Triebfeder geworden ist, die ihn unablässig in Aktion hält. Sie läßt ihn mittags um den Universitätsplatz joggen, treibt ihn abends zum Waldlauf, sonntags zum Klettern und in den Ferien auf Expeditionen.
Das Gegenteil dazu – denn auch das wäre eine Lösung dieses Problems –, einer der kontemplativen Einsiedler von Rongbuk zu werden, ist für einen Westler wie mich nicht möglich. Dazu müßte ich erst viele Wiedergeburten im Osten hinter mich gebracht haben.

Tibetischer Einsiedler

Zu Fuß zum Nangpa La

Noch sind wir nicht akklimatisiert, und das Wetter ist scheußlich. Ich glaube, nicht nur dieser Sommer von 1980, alle Sommer sind im Norden des Mount Everest grau, windig und unangenehm kalt. Wir leiden unter der Ungunst der Witterung. Tiefdruckrinnen, die sich im Nordwesten gebildet haben, ziehen über das Rongbuk-Tal hinweg, es regnet fast jeden Tag. Auch in den Vorbergen ist es feuchtkalt. Jede Wetterstörung äußert sich als endlose Folge von Stürmen mit Regengüssen.

Messner, Cheng, Nena und Tsao im Basislager

Vorläufig können wir hier oben nur herumsitzen und warten. Um nicht außer Form zu kommen und weil wir neugierige Menschen sind, beschließen Nena und ich, talauswärts und nach Westen zu marschieren, zum Lamna La.

Wie wir an Rongbuk vorbeikommen, steigt dort Rauch auf. Große Raubvögel kreisen über dem Kloster, und einige dunkle Gestalten verschwinden hinter den Mauern. Wir sind wie elektrisiert. Findet hier etwa ein sogenanntes Himmelbegräbnis statt, bei dem, wie früher in Tibet üblich, die Leichen zerstückelt den Geiern und Raben vorgeworfen werden? In einem alten Buch habe ich von solchen Riten gelesen, die östlich hinter den Hügeln des Klosters Sera stattgefunden haben.

Wir dürfen nicht näherkommen, die Tibeter vertreiben uns allein mit ihren wilden Blicken. Die Aasgeier drehen enge Runden in der Luft oder warten auf den Mauern einer höhergelegenen Einsiedelei. Wenn meine Vermutung stimmt, dann wird jetzt hier oben ein lebloser Körper mit dem Gesicht nach unten auf einen Felsen gelegt, der Schädel gespalten, Herz und Leber den Geiern gegeben. Die Knochen werden verbrannt. Wir haben zuviel Respekt vor diesem alten Ritual, als daß wir die Leute verärgern wollen. Eine alte Frau hält teekochend Wache. Wir gehen weiter.

Arme Tibeter haben die Leichen ihrer Verstorbenen früher oft in die Flüsse geworfen oder verbrannt. Die Leichen der Lamas hat man unversehrt bestattet

oder ihre Asche in Urnen versiegelt in Tschorten eingemauert. Im oberen Rongbuk-Tal haben wir so viele solcher Tschorten gefunden, daß wir glauben, daß dieser heilige Ort nach wie vor als Begräbnisstätte benützt wird.
Eine trübe Sonne schickt ihr fahles Licht durch die Wolken, während wir den Schotterweg am rechten Ufer des Rongbuk-Flusses hinabsteigen. Nach drei Stunden überqueren wir ihn über eine kleine Brücke und mühen uns die steilen Hänge zu einem Übergang links des Lamna La hinauf. Wir sehen viele Tibethasen und unter uns ein schier unendliches Hügelland.
Langsam wird uns klar, auf was wir uns eingelassen haben. Alle Dörfer auf unserem Weg sind verlassen oder leer. Wir haben damit gerechnet, unterwegs Essen einkaufen zu können. Jetzt gehen wir schon seit sieben Stunden, ohne einer Menschenseele begegnet zu sein. Wir sind todmüde. Wir haben auch nicht genug zu trinken dabei, und es gibt weit und breit kein Wasser. Als wir die Paßhöhe überschreiten, beginnt es zu schneien. Nach einer Stunde ist die Luft wieder klar, und wir können weit, weit nach Norden und Westen sehen. Die hohen Gipfel im Hintergrund scheinen zum Greifen nah, aber das ist eine Täuschung wie immer in der tibetischen Landschaft, wo die Luft durchsichtiger ist als irgendwo auf der Welt.
Unten auf dem matten Grün einer Almwiese entdecke ich etwas, das aussieht wie fünf schwarze Riesenameisen. Beim Näherkommen stellen wir fest, daß es Nomadenzelte sind. Die dicken Seile, an deren Enden die Planen aus teerdunkler Yakwolle angepflockt sind, sind es, die mich an Ameisenbeine erinnert haben. Um die Zelte sind große Steinwälle aufgeschichtet, Pferche, in denen sich Schafe zusammendrängen. Etwas weiter grasen einige Yaks. Ihr zottiges Fell reicht fast bis auf den Boden.
Wir stellen unser Zelt etwa einen Steinwurf entfernt auf, und ich nähere mich vorsichtig dem Camp. Aus einem der Zelte kommt ein Mann, pfeift den beiden mit gesträubtem Rückenfell bedrohlich näherkommenden Riesenhunden. Dann sieht er mich gleichmütig an. Ich bitte gestenreich um Milch.

Brücke über den Rongbuk-Fluß

Yaks oder Grunzochsen

»Dudh«, sage ich, denn das Wort habe ich von den tibetischen Sherpas in Nepal gelernt. Der Mann lacht und lädt mich ins Zelt ein. Ich rufe Nena.
Um ein Feuer aus getrocknetem Yakmist sitzen Männer., Frauen und Kinder, die ich im Halbdunkel kaum erkennen kann. Wir bekommen Buttertee in einer Schale aus Wurzelholz, die mit Silber ausgeschlagen ist. Bevor sie den Tee eingießt, verziert die Hausfrau – wenn man eine Nomadin, die ihr Leben in Zelten verbringt, überhaupt so nennen kann – die Schale mit einem Butterkegelchen.
Inzwischen haben sich meine Augen an die Dunkelheit gewöhnt. Ich erkenne, daß die Männer Sohlen an Stiefel aus Filz nähen oder Wolle spinnen. In einer Ecke ist ein Vorrat von Yakfladen aufgestapelt. Felle, Decken, Wollteppiche vervollständigen die Einrichtung. Auch hier ein kleines Bild des Dalai Lama und die Butterlampe davor.
Zwar wehen auf allen fünf Zelten rote Fahnen, aber für niemanden in Tibet hat sich durch die Annektierung so wenig geändert wie für die Nomaden. Früher hat das Land den Feudalherren gehört, heute gehört es dem Staat. Sie selbst sind immer besitzlos gewesen.
Wir versuchen uns miteinander zu unterhalten, und unsere Zeichensprache wird von viel Gekicher begleitet. Immer wieder sage ich »Lamna La« und deute in die Richtung, aus der wir gekommen sind. Jedesmal heben die Nomaden abwehrend die Hände und lachen. Langsam dämmert uns, daß wir einen falschen Weg gegangen sind. Aber was spielt das schon für eine Rolle?
Mir schmeckt der salzige, ranzige Buttertee. Das Salz kommt aus den Seen im Norden des Landes, die Butter aus einem prallen Lederbalg. Geröstetes Gerstenmehl, steinharter Schafskäse, ab und zu gedörrtes Fleisch, wenn ein Tier verunglückt ist. Selbstgewebtes oder Felle als Kleidung, ein Zelt, das mitsamt Hausrat und Webstuhl auf die Rücken der Yaks gebunden wird, wenn das Land nichts mehr hergibt: So einfach ist das harte Leben.
Als wir zu unserem Zelt zurückgehen, schneit es leicht. Die Yaks sehen merkwürdig aus in ihren dicken Schneemänteln. Gleichmütig liegen sie im flockenstiebenden Wind und kauen vor sich hin.
Nena und ich schlafen tief. Nur einmal schlägt ein Hund an, und ich schaue aus dem Zelteingang. Es hat aufgehört zu schneien, ein heller Mond scheint auf eine Szenerie aus Silber. Ich krieche zurück in meinen Schlafsack und höre noch lange das friedliche Mahlgeräusch der Yaks.
Am nächsten Tag ziehen wir weiter. Zuerst hinab in die Ebene von Tingri und dann talaufwärts in Richtung Nangpa La. Der Mount Everest präsentiert sich in klarer Schönheit. Wir sind etwa vier Stunden unterwegs, da kreuzt eine kleine Yakkarawane unseren Weg. Sieben Yaks, ein Esel, ein Hund und zwei Treiber, die ihre Tiere mit einem leisen, fast zärtlichen Pfeifen antreiben. Yaks haben nur optisch ein dickes Fell. Sie sind hypersensibel, und wenn man sie erschreckt, kann es Stunden dauern, bis man sie wieder eingefangen und beruhigt hat.
Die Yaktreiber halten ihre kleine Kolonne an und laden uns ein, mit ihnen zu gehen. Warum nicht? Ein Yak trägt unser Zelt und unsere Vorräte. Doch schon

nach zwei Stunden ist diese Reise zu Ende. Die beiden Treiber schlagen ihr kleines Zelt auf und schicken die Yaks auf die Weide. Es ist erst 15 Uhr. So machen wir uns einen faulen Nachmittag und baden abseits in einem eisigen Fluß.
Am nächsten Morgen ziehen wir mit der Karawane weiter. Nach einer Weile biegt sie nach rechts in die Berge ab, wir verabschieden uns und gehen weiter in Richtung Nangpa La. Wir gehen über zartgrüne Weideflächen und steigen langsam höher.
Knapp unterhalb des Nangpa La sehen wir einige Sherpas, die uns von der nepalesischen Seite entgegenkommen. Ich kann es kaum fassen, wie ich ihre Gesichter erkenne: Das sind alte Bekannte! Wir sind zusammen am Ama Dablam gewesen. Sie sind unterwegs nach Tingri, wo sie irgendwelche Habseligkeiten gegen Salz eintauschen wollen.
Die Sherpas als tibetischer Volksstamm, der vor Jahrhunderten über die Pässe nach Nepal ausgewandert ist und sich dort in Solo Khumbu niedergelassen hat, dürfen seit Jahren einen kleinen Grenzverkehr zwischen Tibet und Nepal betreiben. Meist bringen sie Getreide und holen Salz. Obwohl auch sie noch immer gläubige Buddhisten sind und die Berge für den Wohnsitz der Götter halten, sind sie längst zu den besten Hochträgern der Welt geworden, ohne deren Hilfe die meisten Expeditionen noch immer undenkbar wären.
Die Sherpas erzählen uns, daß der früher vielbegangene Nangpa La, der über einen Gletscher führt, nur noch schwer begehbar und ziemlich gefährlich geworden ist. Der Flüchtlingsstrom, der sich nach dem Religionsverbot in den

Sherpas unterhalb des Nangpa La

fünfziger Jahren nach Nepal ergossen hat, ist versiegt.
Nachdem wir noch einige Kilometer weitergewandert sind, bleibe ich lange auf einem Moränenrücken sitzen, von dem aus ich den Cho Oyu in seiner ganzen Schönheit sehen kann. Ich lasse meine Gedanken treiben, die sich unbegrenzt ausdehnen, den fernen Horizont im Norden abtasten. Ich lasse sie mit dem Gletscherwasser hervorbrechen, mit dem Wind davonjagen, willenlos herumtreiben auf den gleißenden Firnflächen.
Nach einem Freilager am Gletscherrand kehren wir am nächsten Abend in unser Basislager zurück.

Der Cho Oyu von Norden

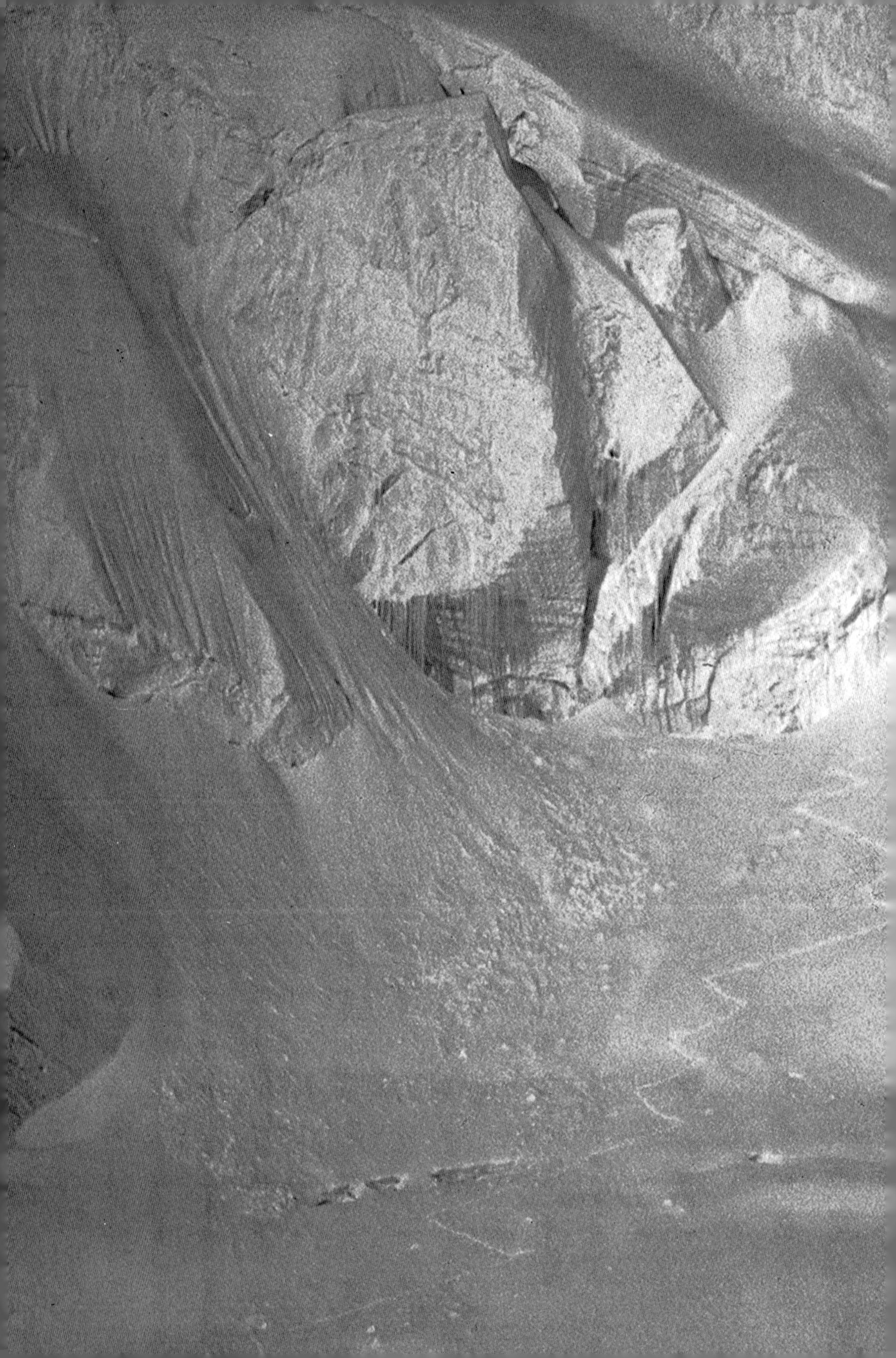

Nordcol – erstickt im Monsunschnee

Den anderen überlasse Sieg und die Beute,
den Verlust und die Niederlage nimm auf dich selbst.

Bsodnams Rgyamtso, dritter Gyalwa Rimpoche

Nordcol – erstickt im Monsunschnee

Ostrongbuk-Gletscher

Die Sonne ist schon am Mittag hinter einer dicken Wolkenschicht untergegangen. Ein starker Wind kommt auf, der immer lauter heult. Cheng befürchtet einen Sturm und fixiert mit zusätzlichen Reepschnüren sein Zelt. Ich will mich in den Einsiedeleien in der Nähe des Basislagers umsehen. Da Nena keine Lust hat mitzukommen, gehe ich allein. Währenddessen sitzt sie im Zelt und schreibt in ihr Tagebuch:

Wenn meine Emotionen aufgewühlt sind und ich das Gefühl habe, etwas sagen zu müssen, hat Reinhold entweder keine Zeit oder es fehlt ihm die entsprechende Einstellung. Wieder einmal bin ich mit meinem Ego allein. Der alte Verfolgungswahn ist wieder da. Manchmal fühle ich mich erdrückt von diesem Mann! Aber ich weiß, daß es gerade das ist, was ich will: Einen starken Mann, eine eigenständige Identität. Es kann sein, daß ich in meiner Unsicherheit nach einer Idee suche, an der ich mich festhalten kann. Aber zuweilen wird mein Ego so angegriffen, daß ich es kaum noch aushalte. Verdammt! Ich vertraue seinem Urteil, aber wenn er sagt ›du kannst das nicht‹ oder ›du wirst niemals da hinaufklettern‹, denke ich, verdammt sei dieser Mann! Was weiß er schon? Wenn er sich in das Innerste meines Herzens versetzen könnte, würde er vielleicht sehen, wie harmlos es ist, wenn ich sage: ›Oh, es kann sein, daß ich eines Tages das Matterhorn durch die Nordwand besteige.‹ Sicher schätze ich mich zu hoch ein. Ich habe immer mein Herz auf der Zunge getragen und weiß, daß es schwer ist, in die Tat umzusetzen, wovon ich träume. Aber dennoch mag ich nicht, daß man mir das sagt, bevor ich es überhaupt versucht habe.

Zuzeiten bin ich völlig irrational. Reinhold macht mich verrückt. Ich werde ihm gegenüber beleidigend und beschuldige ihn, mich zu beleidigen. In meinem Innern weiß ich, daß ich unrecht habe, aber es hält mich nicht davon ab, ihm gegenüber unerträglich zu sein. In seiner Art ist Reinhold der geduldigste und nachsichtigste Mann, den ich je gekannt habe. Vielleicht, weil er erkennt, wie ekelhaft er selbst sein kann. Während ich jetzt hier im Lager sitze und schreibe, erlebe ich mehr als eine kleine Krise. Frauen sind im allgemeinen in Haushaltsangelegenheiten geschickter, und so haben wir noch daheim unsere Pflichten verteilt: Ich kümmere mich um die Küche, das Lager, die Apotheke; er ist für die Organisation, den Berg, die Erkundung und das Schreiben zuständig.

Wir haben das Basislager so ordentlich aufgebaut, wie das bei dem ständigen Wind nur möglich gewesen ist. Tsao hat mich schon in der ersten Nacht mit hohem Fieber geweckt, und ich habe ihn nach Shigatse fahren lassen. Ich koche, wasche, räume auf. Es bleibt mir keine freie Zeit, mich hinauszusetzen und zu lesen oder zu schreiben. Es macht mir nichts aus, diese Arbeiten zu erledigen. Aber wenn ich einmal um Hilfe bitte und zur Antwort bekomme: ›Laß mich in Ruhe, siehst du nicht, daß ich lese?‹, drehe ich durch.

Gestern sind wir von einer fünftägigen Tour zurückgekommen. Wir sind mindestens 150 Kilometer marschiert. Am Schluß haben wir nichts mehr zu essen gehabt, und jetzt brauchen wir beide eine Ruhepause. Seit wir gestern hier angekommen sind, hat Reinhold pausenlos gelesen. ›Begreifst du nicht, daß ich arbeiten muß?‹ sagt er, während er über Leute liest, die eine Bootsreise machen oder sich mit Marcel Proust beschäftigt. Wenn er Karten und Everestmaterial studiert, kann ich das einsehen. Ich möchte daran teilnehmen, aber er schließt mich aus.

11. Juli 1980: Ich bereue, daß ich meine heutige Tour nicht allein unternommen habe, wie ich das ursprünglich vorhatte. Man lernt nie aus! Wie ich heute mittag unser Essen zubereitete, war ich so guter Laune, voll Energie. Da schlug ich beim Verspeisen des Dosenhühnchens vor, eine Tour zu machen. Keine Antworf. Also sage ich nach dem Aufräumen: ›Dann geh' ich eben allein.‹ ›Nein‹, sagt er. Dabei macht es mir viel Spaß, allein herumzuziehen. Ich betrachte die Natur, hänge mei-

›Nicht wirklich‹, entgegne ich, ›es sind nur ein paar Tropfen.‹ Die Zeit verstreicht. Plötzlich setzt Reinhold sich auf: ›Okay, ich gehe jetzt. Aber denk daran, daß ich in meiner eigenen Geschwindigkeit laufen muß.‹ Ich antworte, daß ich meine geplante Meditationswanderung nicht in einen Sprint verwandeln möchte, denn das bedeutet Reinholds Gehgeschwindigkeit. Wir bereiten uns vor. Dann steht Reinhold plötzlich fix und fertig vor dem Zelt und sagt: ›Ich gehe los!‹

Der Platz des Basislagers

nen Gedanken nach, komme mit mir selbst ins reine. Reinhold hat sich gemütlich im Schlafsack eingekuschelt und sagt: ›Warte, bis ich fertiggelesen habe, dann gehen wir gemeinsam.‹ Ich frage, wie lange das dauern wird. Eineinhalb Stunden, meint er. So schlage ich ihm vor, nach dem Spaziergang fertigzulesen. Keine Antwort. Wie ich schon denke, daß aus dem Ganzen nichts rechtes mehr wird, sagt er: ›Ich gehe mit, und zwar in ungefähr zwanzig Minuten.‹ So mache ich Kaffee.

Die zwanzig Minuten sind längst schon vergangen. Reinhold sagt: ›Es regnet.‹

An sich ist das eine harmlose Bemerkung. Aber sie macht mich wahnsinnig und ich schreie: ›In Ordnung, du Bastard, dann geh! Aber nachdem ich nun eineinhalb Stunden auf dich gewartet habe, könntest du wenigstens warten, bis ich andere Socken angezogen habe.‹ ›Warum?‹ ›Weil diese Socken zu dünn für meine Wanderschuhe sind.‹ Ich wechsle innerhalb einer Minute die Socken und sehe, daß Reinhold fortgegangen ist. Ich renne ihm nach und versuche, ihn einzuholen. Er geht am Fluß entlang, ich nehme die Bergseite, die vom Basislager zur Straße führt. Ich gehe über den Hügel und versuche, ihn vorne

an der Straße zu treffen. Aber er geht schnell. Wie ich auf dem Hügel angekommen bin und in die Ferne blicke, ist er bereits auf dem nächsten Hügel. Ich bleibe stehen und starre ihn an. Er dreht sich um und schaut zu mir her. Dann geht er weiter. Ich kann es nicht glauben.
Es scheint ihm egal zu sein, ob wir zusammen wandern. Und ich habe keine Lust mehr, hinter diesem Mann herzurennen. Wie oft habe ich versucht, ihn einzuholen, aber irgendwie war ich immer hinter ihm. Ich kann verstehen, daß man beim Spurensuchen oder in schwierigem Gelände Abstand hält. Aber wenn man zusammen einen Spaziergang machen will?
Ich bin traurig und gehe allein zum Fluß hinunter. Nach einer Weile kann ich Reinhold nicht mehr sehen. Im großen, weiten Flußbett springe ich von Stein zu Stein. Warum nur liegt mir so viel an dieser Beziehung? Warum habe ich ihn immer vor Augen? Schnell laufe ich weiter und versuche, ihn aus meinen Gedanken zu verbannen.
An einem warmen, windgeschützten Platz vor einem Felsklotz am Moränenhang bleibe ich. Es ist ein Platz, den ich mag. Von hier aus kann ich, wie eine Löwin auf dem Fels ausgestreckt, alles um mich herum überblicken. Ich denke an den Wolf, der neulich über die Moränen beim Rongbuk-Kloster gelaufen ist. Plötzlich scheint sich alles zu bewegen, Steine verwandeln sich in Yaks, und der Mann, den wir aus dem letzten Dorf erwarten, taucht einmal da und einmal dort auf. Es ist wie ein Spuk. Ich suche mit den Augen den Geröllabhang über mir ab und wünsche, daß der Wolf zu mir kommt. Ich weiß, daß ich Angst haben werde und überlege, wie ich mich verteidigen kann.
Jetzt, beim Schreiben, sehe ich die Augen des Wolfs wieder deutlich vor mir, und ich weiß jetzt, daß es die Augen von Reinhold sind, wenn er rasend und wütend ist. Seine Augen werden stechend, zu kalten, blauen Strahlen. Sie sind wie ein Messer. Wolken ziehen sich zusammen, kreisen

Yaks in der Nähe des Basislagers

mich ein. Ich gehe zum Zelt zurück und fühle mich wohl. Ich denke darüber nach, wie ich argumentieren kann, als wüßte ich, daß Reinhold mich ausfragen wird. Aber ich bin nicht mehr traurig, weil er ohne mich fortgegangen ist.

Ich habe an diesem Nachmittag den Everest besucht. Immer wieder beschäftige ich mich mit seinen ästhetischen, klaren Linien. Mit seinem weißen Monsunschneekleid auf den Schultern, auf denen der immer noch dunkle Felskopf der Gipfelpyramide thront, schaut er aus wie ein wunderschöner Vogel mit ausgebreiteten Schwingen. Jetzt verstehe ich die alte Weisheit der Lamaisten: »Der Everest ist ein Vogel, den kein anderer Vogel überfliegen kann.«
Aber auch echte Tiere sind mir heute begegnet, ein paar Hasen und weiter oben Wildschafe. Alle Tiere haben hier ein Fell in der Farbe der Moränen. Wenn sie sich nicht bewegen, kann man sie von den Steinen nicht unterscheiden. Unser Dolmetscher ist erholt aus Shigatse zurückgekehrt und hat im Tal Yaks für den Weitermarsch ins vorgeschobene Basislager bestellt.
Am 13. Juli endlich können wir mit drei Tieren und zwei Treibern aufbrechen.

Am Beginn des Ostrongbuk-Tales

Wir überqueren das Flußbett und steigen die orographisch rechte Talseite aufwärts. Über dem Hauptgletscher sehen wir an den Moränenhängen bis zu 10 Meter hohe Erdpyramiden, die mich an die Kathedrale von Gaudí in Barcelona erinnern.
Es ist ein schöner Tag. Der Chomolungma steht wie ein riesengroßer Wandschirm im Talhintergrund. Es belustigt mich noch immer, daß ich ihn nicht als einen, sondern als zwei Berge empfinde. Die nepalesische Südseite, die ich bestiegen habe, eine dunkle Pyramide, die optisch meist durch die Lhotse-Nuptse-Mauer abgeriegelt ist, hat nicht die geringste Ähnlichkeit und eine völlig andere Ausstrahlung als die freie, geflügelte Nordseite.

Cheng und Tsao im Basislager

Obwohl das Rongbuk-Tal eng ist, fühle ich mich nicht eingeengt. Immer wieder kann ich durch Seitentäler über Firne hinweg den fernen Horizont wahrnehmen. Einmal kann ich im Süden sogar über die Barriere des Himalaja hinweg weit nach Nepal hineinsehen. Nirgends sonst habe ich aus dem Grund der Täler je eine so weite Sicht gehabt.
Diese fernen Horizontstreifen, durchscheinend wie Milchglas, haben mich schon bei meinen ersten Bergtouren als Kind magisch angezogen. Helle, durchsichtige Streifen gehören zu meinen stärksten Kindheitserinnerungen. Jetzt

weiß ich, daß es der Horizont ist, an dem ich in den Bergen hängengeblieben bin. Mir fällt ein, daß ich während einer Führungstour in den Dolomiten wenige Wochen nach meiner Scheidung beim Anblick dieser Horizontstreifen in einen Weinkrampf ausgebrochen bin. Der Horizont ist mein stärkstes Erlebnis beim Bergsteigen. Das habe ich erst jetzt, in Tibet, erkannt.
Die gewaltigen Moränenwälle nehmen kein Ende. Es ist kaum zu begreifen, welche Stein- und Eismassen dieser wilde Gletscher bewegt.
In einer Mulde am Beginn des Ostrongbuk-Gletschers bauen wir unser Biwak auf. Die Yaks bekommen Heu, das sie mit sich getragen haben, unsere Träger Tee, Suppe und ein paar Konserven. Nena und ich waschen uns in einem winzigen tiefblauen Gletschersee. Während ich im yakwollenen Zelt unserer Begleiter sitze, schreibt Nena:

Als wir dem Ostrongbuk-Fluß folgend höher kletterten, wußten wir, daß wir die Lagerstätten der vorangegangenen chinesischen und japanischen Expeditionen finden würden. Die Yaks waren langsam und legten öfters Rastpausen ein. Wir bewegten uns unbeschwert am Gletscherfluß entlang. Vereinzelt sahen wir noch grüne, buschige Pflanzen, die stark dufteten, überall zwischen den Felsblöcken winzige Kräuter. Wildhühner flatterten schreiend davon. Ich war bester Laune. Der Fluß, obwohl schnell und braun, sah aus wie ein eisiger Geysir. Er sprudelte aus dem moränenbedeckten Gletscher hervor, bildete einen großen Teich und lief in Kaskaden talwärts. Wir gingen um diesen Teich herum, kletterten über eine Moränenbank und standen im größten Dreckhaufen, den man sich vorstellen kann. Wie können Menschen, die in ein so unberührtes Land kommen, ihren Abfall liegenlassen? Sogar der kleine blaue Teich war verschmutzt. Wieder einmal bin ich von der Menschheit enttäuscht.

Die Yaks werden entladen

Gemsen gleich klettern unsere Yaks anderntags am Rand des Gletschers weiter. Wer kein Bergsteiger ist, kann diesen flinken Tieren mit ihrer Intelligenz und Sicherheit da oben nicht folgen. An einer Stelle, wo eine Mure abgegangen war – die Yaks haben es poltern gehört – schütteln sie den Kopf und gehen keinen Schritt mehr voran. Unsere Treiber – Bauern, denen die Yaks gehören –

Tsering, einer der beiden Yaktreiber

wollen die Tiere weiterführen. Da werfen sie die Lasten ab und laufen davon. Wir verlieren viel Zeit, schleppen die Kisten selber hinauf und haben alle Mühe, die ängstlichen Tiere über diese gefährliche Passage zu bringen. Es ist einmalig in den Bergen der Welt, daß die Yaks hier bis auf 6 500 Meter hinaufsteigen können. Das ist nur möglich, weil sich ein Wall aus Schutt zwischen zwei mächtigen Eisströmen bis unter die Eiswand am Nordsattel windet.

Wir haben geplant, unser Zwischenlager auf 6 000 Meter als Depot für den Abstieg stehenzulassen. Wir nehmen uns Zeit, den Boden sorgfältig einzuebnen, bevor wir das Zelt aufbauen. Um uns bauen sich schmutzig-weiße Eistürme vor senkrechten Wänden aus Eis auf, die unser Zelt haushoch überragen. Bizarrer kann die Welt nicht sein!

Am dritten Tag nach Verlassen des Basislagers ziehen wir auf der Mittelmoräne weiter, die wie eine Rinne zwischen den Wänden des Gletschers eingeschmolzen ist. So gehen wir zwischen Eisbergen, Eistürmen, Eiswänden. In Tibet verändern sich nicht nur die Wolken im Wind, auch die Berge, die Hügel, das Eis. Ich kann förmlich sehen, daß diese Hochfläche lebt wie das Meer, daß sie riecht wie Haut, daß sie schwingt wie ein Lavasee. Ich weiß nichts von Meteorologie, wenig von Geologie, und ich bin auch kein Geograph. Aber was ich hier sehe, rieche, spüre, gehört zu den wichtigsten Dingen, die mir Kraft und Lebensfreude geben.

So nähern wir uns auf dem Schotterstrom dem vorgeschobenen Basislager unter der Nordostwand des Mount Everest. Der Gipfel liegt noch weit im Hintergrund und sieht aus wie aufgesetzt. Die Yaks sind müde, auch sie spüren die Höhe. Nena und ich bauen unser winziges Zelt auf. Am gleichen Tag noch gehen die Yaks ein Stück zurück.

Was mich an diesem ersten Tag hier bereits erschreckt, sind die Lawinen, die von überall heruntergedonnert kommen, über die Nordostwand, über den Nordsattel. So schlimm habe ich es mir

Im Gletschertrog

Die Yaks am Ostrongbuk-Gletscher

nicht ausgemalt. Ich habe gewußt, daß die Wand zum Nordsattel mit ihren tiefen Spalten und ihren Lawinenhängen viele Gefahren birgt – sie ist die gefährlichste Passage meines Aufstiegs –, aber so viele Lawinen habe ich doch nicht erwartet.

Keiner der Alleingänger vor mir ist über diesen Nordsattel hinausgekommen, der religiöse Fanatiker Wilson hat ihn nicht einmal erreicht. Aber vielleicht bin ich noch verrückter als Wilson. Sind meine Chancen jetzt im Monsun nicht gleich Null? Jede Lawine ist gleichzeitig Frage, Zweifel, Verlust an Selbstverständnis. Die Tibeter sagen, daß es Unheil bringt, wenn man sich den Thronen der Götter nähert. Sogar der Abbau von Erzen gilt als verderblich, weil dabei das Gleichgewicht der stofflichen und geistigen Welt gestört wird. Wer an den Steinen herumklopft, befreit den Teufel, der sich dann in die Welt flüchten kann. Und ich, ich werde nicht nur herumhämmern, ich werde auch die Götter stören.

Stundenlang schaue ich in den folgenden Tagen mit dem Fernglas hinauf zum Nordsattel. Das 7000 Meter hohe Joch ist mein nächstes Ziel.

Die abgespaltenen Riesenblöcke aus Eis an seinem Fuße sehen allerdings wenig vertrauenerweckend aus. Die Eishänge unter dem Sattelrücken sind zerfurcht von Lawinenkegeln.

Der Schnee ist so weich, daß ich bis zum Bauch einsinke. Haben mich meine Phantasie, mein Ehrgeiz in eine Falle gelockt?

Das vorgeschobene Basislager mit dem Everest

Die Hänge zum Nordsattel

Zehn lange Tage

Cheng und Tsao, die unten im Basislager warten, bis wir zurückkommen, vermissen wir nicht. Tsao würde in dieser Höhe erneut zusammenbrechen, und Cheng kann sich ohne ihn nicht mit uns unterhalten.

Ich konzentriere mich auf das Wetter und die bergsteigerischen Hindernisse. Wenn die indischen Witterungsstatistiken stimmen, so folgt das Wetter einem sechzehnjährigen Zyklus, und wir befinden uns in einem trockenen Abschnitt. Der Statistik zum Trotz schneit es täglich, dazu kommen plötzliche Wetterstürze.

Vier aufeinanderfolgende schöne Tage brauche ich wenigstens, um vom vorgeschobenen Lager den Gipfel zu erreichen. Im Moment sieht es hoffnungslos aus. An den Hängen zum Nordsattel liegt dann immer noch dieser hüfthohe, weiche Schnee. Er ist äußerst lawinengefährlich. Auch das gelbe Band unter der ersten Felsstufe scheint wegen des vielen Pulverschnees nicht kletterbar zu sein. Ich beginne zu erwägen, ob ich die Gipfelpyramide unterhalb der Gratkante angehen könnte. Das Gelände gleich unter dem Gipfel scheint nicht besonders schwierig zu sein. Auf der von mir bevorzugten Anstiegslinie, 300 Meter unterhalb des Grates und in der großen Rinne liegt gefährlicher Schnee auf den abschüssigen Platten. Ob der wochenalte Monsunschnee eine trittsichere Unterlage bietet? Was mich bei dieser Idee aber am meisten stört, ist, daß ich so weit wegkomme von Mallorys Route. Die Hoffnung, etwas von ihm zu finden, ist immer noch in mir lebendig.

Wie ich eines schönen Morgens mit

Nena auf dem Paß am Fuße des Nordostgrates sitze und die von Riffelschnee zerfurchte Ostwand des Mount Everest hinaufschaue, weiß ich, daß Mallory und Irvine nur an der Nordseite liegen können. Es ist dies keine rationale Erkenntnis, es ist, als ob Mallory es selbst zu mir sagte. Die Ostseite fällt unter dem Grat, den Mallory und Irvine 1924 entlanggeklettert sind, so jäh ab, daß die beiden auf jeden Fall an der Nordseite geblieben sein müssen. Sogar an der Gratschneide selbst wären sie Gefahr gelaufen, durch einen plötzlichen Windstoß in die haltlose Ostwand geworfen zu werden.

An der Stelle, wo wir jetzt sitzen und schauen, hat Oberst Bury bei einer Erkundung 1921 einige seltsame Fußabdrücke im Schnee gesehen, die einer alten Legende neue Nahrung gegeben haben. Schon um die Jahrhundertwende hat ein Himalajafahrer von einem wilden Menschen hoch in den Bergen erzählt. Er hat ihn für den Yeti, den sagenhaften Schneemenschen, gehalten, von dem Tibeter und Sherpas seit Jahrhunderten die merkwürdigsten Geschichten erzählen. Mich amüsiert das Gerede über den Yeti. Auch jetzt sehen wir im Schnee Spuren, die wie riesige Fußabdrücke aussehen. Es sind von der Sonne ausgefressene Plätze, an denen Vögel gehockt oder wo vom Sturm heraufgetragene Staubkörner gelegen haben. Die Möglichkeit, daß hier oben große Säugetiere leben, ist absurd.

Inzwischen sind Nena und ich schon recht gut akklimatisiert. Ich habe mich seit Jahren mit physiologischen Untersuchungen beschäftigt, weiß aber konkret über die Höhenanpassung nur subjektiv Bescheid. Genaue Messungen

Blick vom Rapiu La zum Makalu

Der Riffelfirn am Lhotse

Mount Everest von Osten

Die undurchstiegene Ostwand des Everest

fehlen. Je nachdem, wie schnell ich in der Höhe steigen kann, ob ich dabei Kopfschmerzen habe oder nicht, weiß ich, ob ich gut akklimatisiert bin oder noch einige Zeit dazu brauche. Ich begnüge mich mit diesen handgreiflichen Ergebnissen, beobachte die Schnelligkeit und Wirkung der Gewöhnung, ohne mich zu fragen, wie sie zustande kommt.
Eines ist sicher: Die Höhe macht reizbar und nervös. Meinen Willen aber hat sie nicht beeinflußt.
Am ersten klaren Tag steige ich bis zum Fuß der Chang-La-Wand, um die Schneeverhältnisse zu prüfen. Ich kann weit nach Osten, bis zur Kangchendzönga-Gruppe sehen. Die fernen, schimmernden Bergketten wirken wie Wolkenlinien. Der Horizont löst sich auf.
An diesem Tag habe ich Lust weiterzumachen. Aber ich weiß, daß ich noch zu verkrampft, zu unsicher bin. Mit der Angst ist es wie mit der geballten Faust. Nur die offene Hand braucht keine Energie. Noch fehlt mir die innere Harmonie. Ich brauche zuviel Kraft, all das zu verdrängen, was mir an möglichen Gefahren bei einem Soloaufstieg in den Sinn kommt.
Nur wenn der Strom dieser Ängste versiegt, kann ich losgehen! Natürlich ist es leicht, sich vorzunehmen, diese Ängste zu beherrschen und sich nicht von ihnen beherrschen zu lassen. Aber ganz abschalten, alle Gedanken ausschalten, ist so schwierig! Sich gehenlassen und gleichzeitig wie eine Katze auf dem Sprung sein, das ist die Kunst. Vielleicht hätte ich nur den Gang auf den Gipfel von vornherein ausschalten müssen, um in Harmonie weiterleben zu können? Liegt das nicht schon hinter mir – Beweise, Anerkennung, Selbstüberwindung? Nicht die Fahne am Gipfel, das Dokument – diese Beweise meine ich nicht. Die sind nur äußerlich. Was mich lähmt, nicht genießen läßt, nicht leben, ist der Zwang, es mir, allen zu beweisen, daß der Mount Everest allein zu besteigen ist.

Angebliche Yeti-Fußspur

Zwischen Rapiu La und Nordcol

Ich bin ein Narr, der mit seiner Sehnsucht nach Liebe und Zärtlichkeit auf die kalten Berge läuft.
Aber noch habe ich die Ausrede, daß es zu warm ist, das Wetter zu schlecht!
Während Nena schreibt oder kocht, starre ich unentwegt auf die Spitze des Everest.

Wer war der erste?
Mit der Möglichkeit, über die Nordseite auf den höchsten Berg der Welt zu klettern, lebt ein Rätsel auf. Vor ein paar Tagen habe ich hier oben im Zelt etwas gelesen, was meinen Everest-Plan beflügelt. Auf dem Weg zum Gipfel ist im Jahre 1974 von einem chinesischen

Monsun über dem vorgeschobenen Basislager

Bergsteiger ein toter Körper gesichtet worden. Erst im Herbst 1979 hat man davon im Westen erfahren. Es ist gut möglich, daß es sich dabei um Mallory oder Irvine handelte.
Das Verschwinden der beiden ist damals – ähnlich wie zwölf Jahre vorher der Tod von Captain Scott am Südpol – ein harter Schlag für die viktorianisch denkenden britischen Expeditionsheldentümler gewesen. Seit einem halben Jahrhundert rätselt man, ob die zwei den Gipfel nicht vielleicht doch erreicht haben, bevor sie umgekommen sind.

Nena fühlt, was in mir vorgeht:

Die vergangenen Tage auf 6500 Meter waren hart für mich. Ich hatte Kopfschmerzen, und ich bin reizbar wie eine schlechtgelaunte Hexe. Ich weiß, daß die Höhe Depressionen und Agressionen hervorruft. Zeitweise fühlte ich mich so schwach und ekelhaft, daß ich dachte, Reinhold würde mich nie wieder mitnehmen. Er ist voll Verständnis. Aber auch er hat seine Probleme. Ihn quält sein eigener Wille. Seine unglaublichen Fähigkeiten, sein schöpferischer Wille, sein Wunsch nach Selbstäußerung sind so groß, daß sie ihn umbringen können.

Der Eispickel der beiden, der 1933 unterm Nordostgrat gefunden worden ist – vielleicht der Ort ihres tödlichen Sturzes –, wurde viele Jahre auch als Indiz für einen Erfolg gehalten. Die beiden könnten den Gipfel erreicht und in ihrer Müdigkeit beim Abstieg den Halt verloren haben. Und nun weiß ich zusätzlich, daß der Chinese Wang Hung-boa in über 8000 Meter einen ausgetrockneten Körper gefunden hat, und zwar direkt unter dem Fundort des Eispickels.
Wang hat berichtet, daß die Kleidung »in Teile zerbrochen und vom Wind fortgeblasen«, daß der Tote »Engländer« gewesen ist. Wang hat das alles erst 1979 auf einer japanischen Everest-Expedition erzählt, bei der er als Träger fungiert hat. Am folgenden Tag, noch ehe die Japaner sich nähere Einzelheiten haben erzählen lassen, ist Wang von einer Lawine gepackt, in eine Gletscherspalte geschleudert und dabei getötet worden. Früher hätte man gesagt, auf dieser Geschichte lastet ein Fluch.
Umso mehr reizt es mich, der Sache weiter auf die Spur zu kommen.
Die Antwort auf die Frage, ob der Mount Everest 1924 schon bestiegen worden ist, ist wahrscheinlich bei dem Toten zu finden. Mallory hat nämlich eine Kodak-Faltkamera dabei gehabt und Irvine ein sogenanntes »Taschenkino«, eine Art tragbare Filmkamera.
Haben die beiden Männer den Gipfel erreicht, so haben sie ihn wohl auch fotografiert. Selbst wenn sie kurz vor ihrem Ziel umgekehrt sind, haben sie bestimmt den höchsten von ihnen erreichten Punkt aufgenommen. Bei Eastman/Kodak in Rochester ist man der Meinung – vorausgesetzt die Kameragehäuse sind dicht geblieben –, daß der Film

Die geheimnisumwitterte Gipfelpyramide des Everest von Osten

durch die extreme Kälte dort oben nicht kaputtgegangen ist. Wer also eine der beiden Kameras findet, kann beweisen, ob Mallory und Irvine vor Hillary und Tenzing am Gipfel gewesen sind.
Die Frage, wer zuerst auf dem Gipfel war, ist so alt wie das Bergsteigen und hat schon zu den wahnwitzigsten Auseinandersetzungen geführt. Und das weniger unter Bergsteigern als vielmehr in der Öffentlichkeit, weil es da eine Art olympiadehaftes Nationendenken gibt.
Als Hillary und Tenzing nach ihrer nicht bezweifelbaren Gipfelbesteigung 1953 nach Kathmandu zurückgekehrt sind, haben sie das besonders kraß zu spüren bekommen. Denn inzwischen stritt sich die Welt um die Frage: Wer von den beiden ist zuerst oben gewesen? Hillary, sagten die einen. Tenzing, protestierten sogleich Inder und Nepalesen. Mallory und Irvine, meinten die Veteranen.
Die Diskussion dauerte viele Tage und Nächte. Tenzing hat bei seiner Ankunft in der Stadt ein Dokument unterzeichnet, in dem steht, daß er fünf Minuten vor Hillary auf dem Gipfel gewesen sei.

Sir Edmund Hillary 1974

Als ihn ein Journalist fragte, wie er so etwas tun konnte, hob er nur die Hände. *»Von allen Seiten redeten Leute auf mich ein. Ich war vollkommen verwirrt. Ich wußte überhaupt nicht, was ich unterschrieb ... Wir waren fast gleichzeitig oben.«*
Nun wurde Hillary ausgequetscht. Er meinte nur:
»Ich führte die letzten Meter. Tenzing sicherte. Ich finde, es ist verdammt gleichgültig, wer zuerst oben war. Keiner hätte es ohne den anderen geschafft.«
Als daraufhin ein indischer Journalist schrieb, Hillary sei der erste gewesen, wurde er von nepalesischen Kollegen als »Schmierant und Agent des angloamerikanischen Blocks« geschmäht. Ich weiß schon, warum ich Heldentum zum Ruhme der Nationen idiotisch finde, alle »Siege« am Berg verabscheue.

Lawinenschnee
Das winzige vorgeschobene Basislager, in dem Nena und ich uns seit Tagen aufhalten, ist das Lager III der Expeditionen der zwanziger Jahre. Gewöhnlich kriechen wir etwa um 9 Uhr aus dem auf wacklige Steinplatten in den Hang gebaute Zelt. Nena kocht, ich fülle immer wieder die Aluminiumtöpfe mit Schnee. Es ist unglaublich, wieviel Schnee man für ein bißchen Wasser braucht. Erst am späten Vormittag taut das kleine Bächlein zwischen Gletscher und Moräne. Dann legen wir uns wieder ins Zelt und warten, bis wir heißes Wasser haben. Das klingt alles ganz gemütlich, ist aber in einer Höhe von 6500 Meter sehr anstrengend. Auch das Essen erfordert hier oben Willenskraft. Die feste Nahrung widert mich oft an, nur trinken kann ich viel. Es ist nun an der Zeit, entweder zum Nordsattel aufzusteigen oder wieder zum eigentlichen Basislager zurückzukehren.
Die Nacht senkt sich auf diese Welt aus Stein und Eis. Hoch über uns sehe ich die Spitze des Mount Everest im kalten Schatten. Seit drei Tagen warte ich jetzt auf einen klaren Morgen, immer bereit, einen Erkundungsaufstieg zum Nordsattel zu wagen. Ich will oben ein kleines Depot errichten und die endgültige Aufstiegsroute festlegen. Wie wird das Wetter morgen sein?
Ich schlafe unruhig, schaue öfters hinaus in die Nacht. Um 2 Uhr ist es sternenklar. Um 8 Uhr bin ich startbereit. Zu spät? In der Höhe fällt frühes Aufstehen viel schwerer als unten. Eine halbe Stunde später stehe ich am Fuße der Nordsattelwand. Trotz der weichen Schneemassen gehe ich weiter. Ich bin ganz erfüllt von der Wirklichkeit. Kein

Zögern mehr. Wieder einmal ein Beweis, daß das eigene Leben in Tätigkeit Antwort auf alle Zweifel der Welt ist. Die Aktivität tut mir gut nach dem Herumsitzen im Lager. Der Monsun macht mir auf einmal keine Sorgen mehr. Zwar sehe ich erneut seine Vorboten am Himmel, aber ich werde schon bis zum Nordsattel kommen.

Am Gletscherboden sinken meine Schuhe nur einige Zentimeter tief ein, und ich hoffe, daß die Wand festgefrorenen Schnee aufweist. Dieser 22. Juli muß ein guter Tag für mich werden. Der Wandfuß liegt auf 6600 Meter. Ich komme unaufhaltsam höher, wenn auch etwas langsam. Nachdem ich die Randspalte überklettert habe, bleibe ich bis zur Hüfte im Schnee stecken. Mein Gott, das hat mir noch gefehlt! Ich will jetzt nicht umkehren. So wühle ich mich langsam, ganz langsam, Meter für Meter höher, immer darauf bedacht, keinen Schneerutsch auszulösen. Der feuchte Schnee dringt durch die Gamaschen, in die Plastikstiefel, die bald vor Nässe schmatzende Geräusche von sich geben. Trotz meiner Vorsicht gehen öfters kleine Schneerutsche unter mir ab. Etwa 200 Höhenmeter unterm Sattel bleibe ich stecken. Mühsam gelingt es mir, mich aus der beengenden Umklammerung dieses geradezu bösartigen Naßschnees zu befreien. Unter solchen Bedingungen zum Gipfel zu gelangen, ist ganz und gar aussichtslos. Warum will ich bei diesen Verhältnissen um jeden Preis auf den Nordsattel? Aber jedesmal, wenn ich mich ein Stückchen weitergewurstelt habe, raste, atme, bin ich wieder voll neuer Energie. Ich will heute da hinauf!

In der letzten, flachen Mulde biege ich scharf nach links. Hier hoffe ich, eine

Aufstieg in der Chang-La-Wand

Teleaufnahme vom Aufstieg über den Nordsattel

Stelle zu finden, die die riesige Querspalte in der Wand über mir überschreitbar macht. Aber wie ich dort ankomme, sehe ich, daß ich keine Chance habe. Verbissen stapfe ich auf und ab, bis ich viel weiter rechts eine Schneebrücke finde. Ich weiß nicht, ob ich ihr trauen kann. Mit einem langen Spreizschritt kann ich vielleicht die Wand auf der anderen Seite erklimmen. Ich suche an ihr mit dem Pickel Halt – geschafft! Zu meiner Enttäuschung ist der Schnee auch hier gleich weich und schwer. Die Wand ist sehr steil. Aber jetzt will ich nicht mehr aufgeben. Ich muß endlich einmal auf diesem von mir ewig angestarrten Nordsattel stehen, denn sonst, das weiß ich, gebe ich auf.

Ich erreiche eine Rampe, die schräg nach rechts zum Sattel zieht. Während ich sie studiere, merke ich, wie müde ich bin. Schritt für Schritt quere ich auf der Rampe aufwärts. Sie will kein Ende nehmen. Weil ich von allen meinen Expeditionen dieses täuschende Gefühl kenne, gleich oben zu sein, um dann nur den nächsten Aufschwung vor mir zu haben, schaue ich gar nicht mehr aufwärts, sondern arbeite mich schon fast gefühllos weiter. Und dann, plötzlich, bin ich da!

Wie ich mich umsehe, stelle ich fest, daß ich nicht nur auf dem Sattel bin, sondern sogar ein Stück höher, denn links von mir fällt der Grat in Richtung Nordwand ab. Ich bin vom Licht wie geblendet. Während ich in die Nordwand hinaufschaue, scheint sie vor meinen Augen zu wachsen. Nicht ihre Steilheit beeindruckt mich, es ist ihre riesige weiße Fläche.

Ich hocke mich hin und blicke eine Weile nach Westen, wo ich viele bekannte Gipfel entdecke: Pumori, Cho Oyu, Gyachung Kang. Auch in die Westseite des Everest schaue ich hinab. Sie ist ausgestorben, nicht das geringste Zeichen einer anderen Expedition. Der blaue Himmel liegt wie ein unendlich großes Zeltdach über die Berge gebreitet. Und wieder ruft dieser Fernblick Erinnerungen an die Kindheit wach …

Wenn ein Kind zehn Jahre lang wie ich im Grunde eines engen Tales gelebt hat und rings von steilen Wäldern und schroffen Kalkriffen eng umdrängt ist, muß der Tag, an dem es einen weiten Himmel über sich sieht, bestimmend für sein Leben werden. Noch lange bevor ich das enge Tal nach unten verlassen konnte, habe ich diesen unbegrenzten Horizont von oben erlebt. Der überwältigende Eindruck beim Aufstieg – die Felswände waren viel größer als ich sie vom Dorfplatz aus in Erinnerung hatte –

ist übertroffen worden von der ungeheuren Weite, die am Gipfel über mich hereingebrochen ist, die sich aufgetan hat wie eine Traumlandschaft. Damals habe ich mir zum erstenmal vorstellen können, daß hinter der fernsten Bergkette noch eine Bergkette ist und dahinter abermals eine. Die Welt ist gewachsen.
Es berührt mich sehr, daß diese Expedition immer wieder eine Reise in die Kindheit für mich wird. Das passiert mir hier zum erstenmal. Ich sitze da und bestehe nur noch aus Erinnerung, Kindheit, Erfahrung. Alles, was ich gehört, gelesen oder gesehen habe, gehört ebenso zu mir wie meine Hände, meine Augen und dieser Horizont aus Glas, der mein Leben mehr geprägt hat als alles andere. Mein Vater hat ihn mir gezeigt, und meine Mutter hat mich aufbrechen lassen. Bis zu dieser Expedition habe ich nicht gewußt, daß ich dorthin unterwegs bin.
Und der Gipfel? Jetzt ist er unmöglich. Oberhalb des Nordsattels brauche ich mindestens zwei Biwaks. Das Wetter ist zu unsicher und die Lawinengefahr zu groß. Gewiß, ich habe den schwierigsten Teil des Berges jetzt schon hinter mir, ich bin mehr als 7000 Meter hoch. Ich bin stundenlang gestapft, habe gestoßen und gehackt, um eine relativ sichere Spur zu legen. In der Sonne sitzend genieße ich die Aussicht und meine eigene Müdigkeit. Rutschend und stürzend – Zelt und Schlafsack lasse ich zurück, zweimal fahre ich auf dem Hosenboden mit einer ausbrechenden Schneescholle ab – steige ich dann talwärts.

Spalten und Séracs am Fuße der Chang-La-Wand

Das Team im Basislager

Nena erwartet mich im Lager mit heißer Suppe. Wir wollen nicht länger bleiben. Der Platz gefällt mir nicht mehr. Die Steine sind meist mit Schnee bedeckt, das Trinkwasser muß aus Schnee geschmolzen werden, sicher wird es bald erneut schneien. Ich habe den ganzen Tag in tiefem Schnee gewühlt. Es reicht! Nena hat trotz der Entbehrungen noch viel Kraft. Eine Zeitlang würde sie noch hier oben aushalten. Aber wer weiß, ob sie im nächsten Augenblick nicht geistig und körperlich zusammenbricht? In dieser Höhe ist alles möglich. Über eine Woche lang haben wir hier gehaust. Wir steigen ab.

Noch während des Abstiegs beginnt es zu schneien. Über den windverblasenen Gletscher stolpern wir zum Zwischenlager und weiter zum Basislager. Als wir ankommen, ist es Abend. Cheng und Tsao kochen uns ein Essen.

Wir müssen abwarten. Aber weil ich es bis zum Nordsattel geschafft habe, weiß ich, daß ich weitermachen werde. Ich kenne den Everest im Monsun schon ein wenig besser.

Unter der Nordwand

Die Unrast, die in diesem Mann steckt, ist nicht zu beschreiben. Er erinnert mich oft an Elton John's ›Single Man‹: ›I've got everything that a man could need but it still ain't quite enough.‹ (Ich hab' alles, was ein Mann braucht, aber es ist noch immer nicht genug.) Er kommt mir vor wie eine unbeantwortete Frage, ein Rätsel, das darauf wartet, gelöst zu werden. Wo kommt diese treibende Kraft her, dieser Zwang weiterzumachen? Das Phänomen Reinhold Messner liegt auch in dem Umstand, daß er sich selbst herausfordert, immer wieder, obwohl seine Nerven völlig in Ordnung sind. Ich kann die Kraft, die er hat, nur bewundern, aber manchmal, wenn auch ich teilhaben möchte, überfällt mich ein Gefühl des Gelähmtseins neben ihm. Er erwartet von mir, daß ich alles mitmache, und ich mag das. Er zwingt mich, die starke Person zu sein, die ich gern wäre. Aber es ist hart, manchmal unmöglich. Glücklicherweise bin ich eine schnelle Geherin, aber hier in großer Höhe und bei dem schwierigen Gelände ist alles anders. ›Du bist so langsam‹, sagt er. Dabei bin ich nur nicht so schnell wie er. Er scheint es immer eilig zu haben. Er will überallhin, aber wenn wir dann viele Kilo-

meter über Eis und Fels marschiert sind und schließlich auf einem atemberaubenden Gipfel stehen, müssen wir uns schon wieder beeilen herunterzuklettern.
Ich bin kein Anfänger im Bergsteigen, und ich weiß, daß die Geschwindigkeit manchmal über Leben und Tod entscheiden kann. Diesen Aspekt meine ich nicht. Es ist eine treibende Kraft in ihm, die mit den Bergen nichts zu tun hat. Man kann sie sich vereint. Ist er schizophren? Er bewegt sich schnell und gewandt wie kein anderer und wünscht sich zu faulenzen. Er tut viele Dinge zugleich, und alles dringt dabei voll in ihn ein. Er schreit und schimpft, er versteht und akzeptiert. Er ist manchmal von großer Zärtlichkeit zu mir, und manchmal packt ihn wilde Wut. Er vereint so viele Charaktere in sich, daß man daran zerbrechen muß.

Nena beim Aufstieg zum Lho La

nicht von ihm trennen. Sie macht ihn zu dem, was er ist. Sie treibt ihn allein auf 8000 Meter, sie treibt ihn daheim, in Shigatse, in Lhasa, auf dem Weg zurück nach Europa. Sie bestimmt sein Leben. Sie trägt ihn zum Himmel und zerstört ihn zugleich.
Aus dem fragmentarischen Einblick in sein Leben und durch unsere Beziehung habe ich den Eindruck, daß Reinhold zwei völlig verschiedene Persönlichkeiten in

Nach vier Tagen Erholung im Basislager haben wir eine neue Tour gemacht. Die letzte Nacht biwakierten Reinhold und ich knapp unter dem Lho La, einem Paß, der nach Nepal führt und 6000 Meter hoch ist. Es schneite. Wir waren an diesem Tag viele Stunden lang marschiert, manchmal zusammen, manchmal jeder für sich allein. Im frühen Abendlicht räumten wir einige große Steine vom Eis, legten die fingerdikken Matten auf den kalten Untergrund.

Zwischen einigen größeren Felsen gab es einen schmalen Platz zum Schlafen. Die Plastikplane, die Reinhold vom Basislager mitgebracht hat, diente uns als Dach. Sie hielt den Schnee ab, mehr nicht. Die ganze Nacht über tropfte Wasser auf Reinholds Kopf. Er beklagte sich nicht, fluchte nicht, schlief wohl. Ich war am Morgen völlig ausgelaugt, wollte nichts als absteigen. Reinhold stand auf, stieg einige hundert Meter hinauf und studierte von diesem neuen Aussichtspunkt die Nordwand des Mount Everest. Er wußte, daß all seine Biwaks höher oben noch viel härter sein würden. Das störte ihn nicht. Etwas treibt ihn hinauf.

Die große Nordwand erhebt sich als mächtige Pyramide über mir, eine schier unüberwindliche Eis- und Felswand. Ein einzelner Bergsteiger könnte alle Haken und Seile der Welt zur Verfügung haben, er würde während des Monsuns niemals in der Fallinie auch nur bis in die Nähe des Gipfels kommen. Rechts, im langen Schneecouloir, sind die Japaner hinaufgeklettert, die Route erscheint steil und schwierig, aber logisch. Ich habe einmal daran gedacht, links über das große Couloir hochzusteigen, aber so, wie sich der Everest vom zentralen Rongbuk-Gletscher bis zu einer Höhe von 7 500 Meter erhebt, ist auch diese Route im Monsun zu gefährlich. Das Ende des Rongbuk-Gletschers ist mit Neuschnee bedeckt, auch in der Wand selbst gibt es scheußlich viel Schnee. Ich habe gehofft, daß die Nordwand zu steil ist, als daß sich so viel Schnee an ihr halten könnte. Ich habe mich getäuscht.
Jetzt hängt eine dünne weiße Wolkenfahne, die berühmte »Feder« des Everest, am Gipfelgrat. Hoffentlich fegt der Wind den Schnee von den Kanten, vom Gipfel!
Auch der Zustieg vom Hauptrongbuk-Gletscher zum Nordsattel gehört zu meinen geplanten Routen. Immerhin, ich kann einen gegen die Scharte auf-

Die breite Nordwand des Everest

Marsch zum Lho La

steigenden, zerklüfteten Gletscher ausmachen, der sich nach oben in steile und lawinenschwangere Firnhänge unter dem Paß fortsetzt. Dieser Weg aber erscheint mir noch gefährlicher zu sein als der, den ich bereits auf der Gegenseite erkundet habe.

Der Marsch auf die Höhe des Lho La durch hüfthohen Schnee läßt mich diesen Gedanken endgültig vergessen. Wir drehen um und gehen zurück ins Basislager.

Ein hochsommerlich sulziger Gletscher füllt die Talsohle. Die Eisriffe weiter un-

Auf der Moräne des zentralen Rongbuk-Gletschers

Der Nordgipfel vom Ostrongbuk-Gletscher aus

ten, gestern noch matt und grau, leuchten im Widerschein eines blauen, lebendigen Himmels. Es ist nicht der blasse, zarte Schönwetterhimmel, es ist ein starker, gläserner Monsunhimmel, wie von einem Gewitter erschüttert. Weiße, zerschlissene Wolkenstreifen gleiten über den grundlosen Azur.
Alle Müdigkeit und alle Melancholie ist von mir weggenommen. So, wie die Landschaft aufgelöst erscheint, bin auch ich offen. Ich bin zuversichtlich und dies, obwohl alles gegen einen Erfolg spricht.
Es ist empfindlich kalt. Ein eisiger Wind bläst uns ins Gesicht, als wir durch die enge Klause zwischen den Pfeilern des Nordgipfels und einigen Sechstausendern im Westen talwärts marschieren. Jetzt, aus der Eiswelt in das Braungrau der Vorberge absteigend, erlebe ich die andere Seite des Himalaja, Tibet, als eine Welt aus anderen Stimmungen. Die Farben haben hier, so scheint es, ein anderes Spektrum. Alles ist erdfarben, patiniert, sogar der Regenbogen. Nur durch feine Schattierungen heben sich die einzelnen Töne voneinander ab. Der Talboden im Nordwesten muß Rongbuk sein, die schwarzen Schatten haben dort etwas Bläuliches; die Hügelketten noch weiter im Norden schimmern rötlich.
Oft sind Talmulden von Höhenrücken nur durch eine zarte Abstufung von Hell und Dunkel zu unterscheiden, ähnlich wie Gletscherspalten auf flachen Schneehängen. Als ein Sonnenstrahl die graugrüne Moränenlandschaft unter uns streift, ahne ich dort einen Bach. Den Gletschergrund kann ich nicht sehen, nur düstere Farben nehme ich wahr.
Nena und ich steigen dorthin ab, wo ich den Bach vermute, und wirklich finden wir in einem Labyrinth von Eistürmen Wasser in einem Moränenstreifen, der geradewegs talauswärts führt. Wir gehen mit belebendem Rückenwind den Sonnenstrahlen entgegen, die zwischen Wolkenstreifen hindurchbrechen wie Scheinwerferlicht. Das Schattengrau

Versuch der Überquerung des Ostrongbuk-Baches

der Nordwand hinter uns, das Wolkengrau der Moränenböschungen neben uns und das Weißgrau des Gletscherstroms unter uns, das sind die bestimmenden Farben. Der Himmel ist jetzt aschgrau.
Zwischendurch springe ich in einigen Sätzen von Felsblock zu Felsblock, balanciere, tänzle von Kante zu Kante, bin voll Vorfreude. Der Aufstieg zum Gipfel beschäftigt mich nicht mehr, ich bin zuversichtlich.
Beim ersten Monsunbreak, wie Meteorologen diese Unterbrechung nennen,

oder am Ende des großen Regenwindes werde ich mit guten Verhältnissen rechnen können.
Der Bach, der aus dem Ostrongbuk-Gletscher kommt, ist so angeschwollen, daß wir ihn nicht überqueren können. Also umgehen wir ihn über den Hauptrongbuk-Gletscher. Es wird spät. Am noch taghellen Himmel geht der Mond

auf. Die tibetische Hochfläche liegt jetzt am Abend wie ein Meer aus brauner Erde weit im Norden. Es riecht nach jahrzehntelangem Schweigen. Alle Moränenrücken sehen aus wie Wege, große Steinklötze stehen als Orientierungshilfen da. Den Mount Everest weit hinten empfinde ich als Symbol meines Entschlusses. Er ist jetzt nicht stofflich, es hat sich etwas zu diesem Berg verdichtet – eine Idee.
In den nächsten Tagen rasten wir im Basislager. Nena schreibt einen Brief an ihre Eltern:

29. Juli 1980

Liebe Eltern,
ich kann mir nicht vorstellen, wie Euch dieser Brief erreichen soll, nachdem es keine Postverbindung gibt, ehe wir nach Peking zurückkehren. So ist dies weniger ein Brief als der Versuch, mit Euch zu sprechen.
Irgendwie ist alles anders dieses Mal – wir sind so weit entfernt von jeder gewohnten Umgebung. Wir haben uns damit abgefunden, daß wir diesmal keine Post bekommen, wir vermissen sie nicht. Es ist jetzt genau ein Monat vergangen, seit wir hierher zum Rongbuk-Gletscher kamen und unser Lager errichteten. Es ist ein wunderschöner, unberührter und freier Fleck. Yaks von den niedriger gelegenen Dörfern und Nomaden ziehen manchmal an den Geröllhalden entlang. Der tobende Gletscherfluß, der am Lager vorbeistürmt, wächst Tag für Tag. Am oberen Ende des Tals steht der Chomolungma. So nennen die Tibeter den Mount Everest, zu dem die Nepalesen Sagarmatha sagen. Er dominiert dieses Gebiet, er dominiert unser gegenwärtiges Leben.

Wir haben jetzt drei verschiedene Lager aufgestellt. Das, wo wir uns ausruhen, ist das tiefste und größte. Wir nennen es Rongbuk-Hauptlager. Hier bleiben Tsao, unser Dolmetscher, den wir herzlos, aber treffend ›brainless‹ nennen, und Cheng, unser Verbindungsoffizier, ein netter Mann. Keiner von den beiden hat uns bislang zu den höheren Lagern begleitet. Tsao, weil er das Gehen im Gebirge und auf Gletschern nicht gewohnt ist; Cheng, der ein guter Bergsteiger ist, muß unten bleiben, weil sich Tsao allein im Basislager fürchtet. Es ist verständlich. Er kommt aus der Stadt, und hier laufen Wölfe, wilde Schafe und Yaks frei herum.
Unser nächstes Lager besteht aus einem kleinen Zwei-Mann-Zelt in 6000 Meter Höhe. Es steht an einem Platz auf dem Ostrongbuk-Gletscher, den die chinesi-

schen und japanischen Bergsteiger während der letzten großen Expeditionen für ihr zweites Lager benutzt haben. Wir nennen das Zelt, das mit Proviant, Medikamenten und Kochgeschirr ausgerüstet ist, Mittellager. Es liegt auf dem Weg zum vorgeschobenen Basislager.
Dieses höchste Lager ist genau auf dem gleichen Platz, wo das dritte Lager der letzten Expedition gestanden hat, 6500 Meter hoch, gerade unterhalb des von Gletscherspalten zerrissenen Steilhangs, der zum Nordsattel führt. Auch diese Stelle am Fuße der steilen Nordostwand des Mount Everest ist großartig. Auf drei Yaks brachten wir die Verpflegung für einen Monat dorthin.
Sobald das Wetter aufklart und die Temperatur fällt – hoffentlich bald –, werden Reinhold und ich zu unserem Hochlager auf 6500 Meter zurückkehren. Was wir brauchen, das sind heiße Tage und kalte Nächte, damit die Schneeoberfläche hart wird. Reinhold muß sehr vorsichtig klettern, denn er ist allein, und der Hang unterhalb des Nordsattels ist ziemlich gefährlich. Lawinen, große Spalten, senkrechte Passagen.
Es erschreckt mich immer wieder, wenn ich unten sitze und ihn höher und höher klettern sehe, winzig klein im tiefen Schnee zwischen den Gletscherspalten. Trotzdem vertraue ich seinem Urteilsvermögen und seiner Kletterkunst. Seit ich sah, mit welcher Geschwindigkeit er jene 500 Meter zum Nordsattel überwand, bin ich beruhigter.
Reinhold möchte den Gipfel in drei, maximal vier Tagen vom vorgeschobenen Basislager aus erreichen. Das ist die einzige Taktik, mit der er Erfolg haben kann. Er soll ja nicht für einen langen Zeitraum in gro-

Nena im Rongbuk-Lager

ßer Höhe bleiben, besonders nicht ohne Sauerstoffmaske, weil der Körper sonst rapide verfällt.

Wie dem auch sei, er ist jetzt fit und ausgeglichen wie ein Guru. Wir hoffen nur auf die richtigen Voraussetzungen und eine mehrtägige Unterbrechung des Monsunwetters.

Es ist jetzt 21.30 Uhr, und wir gehen schlafen. Ich bin sehr müde. Jetzt, wo wir jeglichen materiellen Komfort entbehren, zeigt sich unsere menschliche Beziehung nackt und klar. Nichts fehlt. Ich fühle mich reich, sicher und entspannt an Reinholds Seite.

Ich liebe euch von ganzem Herzen, Nena

Bizarre Eistürme am Rongbuk-Gletscher

Rongbuk – auf den Spuren der Kulturrevolution

Die spontane Gegenwart des eigenen Bewußtseins ist es.
Welchen Nutzen bringt mir da ein Heimatland,
das gefüllt ist mit den Täuschungen von Leidenschaft
und Haß?

Tulshig Dharmamati, Tulshig Rimpoche

Rongbuk – auf den Spuren der Kulturrevolution

Westwärts

An Stille und Einsamkeit bin ich inzwischen gewöhnt. Seit ich mit Nena in den Bergen Tibets lebe, beginnt mich die Geborgenheit, die aus der Stille wächst, zu beruhigen. Auch Nena hat gelernt, ihre Emotionen nicht ständig hervorsprudeln zu lassen, die Stille zu genießen.

Zu Beginn der Expedition bin ich wie ein aufgezogenes Uhrwerk herumgelaufen. Die hektische Zeit der Planung – Unterlagen beschaffen, Ausrüstung zusammenstellen, ein 80000-Mark-Budget auftreiben, und zwar aus eigener Kraft – liegt weit hinter mir, ist vergessen. Jene totgeborene Frage: »Lohnt es sich?« gibt es für mich nicht mehr. Hier, angesichts des Berges, stellt sie sich mir nicht mehr.

Das öde Rongbuk-Tal zeigt seine Frühlingsfarben, ein schwaches Leuchten. Die Julisonne ist heiß. Ich warte auf meine Chance, wie die Eremiten in den umliegenden Höhlen auf Erleuchtung gewartet haben.

Die Idee, noch einmal das Basislager zu verlassen und nach Westen zu fahren, kommt plötzlich. An einem Morgen wache ich mit diesem Entschluß auf. Wir haben die Genehmigung, den Shisha Pangma für eine spätere Expedition zu erkunden, und weil am Everest im Moment nichts zu machen ist, können wir dort die nötigen Beobachtungen anstellen.

Wir schicken Tsao ins Tal, um einen Jeep zu bestellen und warten drei Tage im Kloster von Rongbuk. Die Ruinen sind traurig und öde, aber bei der Idee, daß der CMA hier ein Bergsteigerhotel bauen will, wird mir übel. Wir Europäer haben zugelassen, daß bei uns die schönsten Gegenden durch den Tourismus restlos verschandelt werden, aber wenn an einem unserer exotischen Fluchtpunkte die Leute auf die gleiche Idee kommen, sind wir empört. Das gehört zur Schizophrenie unseres Weltbilds, ich weiß es, und ich weiß auch, daß letztlich auch ich mit meinen Expeditionen zu dieser Entwicklung beitrage. Jeder Tourismus beginnt mit Berichten von begeisterten Traumland-Pfadfindern.

Endlich kommt der Jeep. Wir fahren zuerst nach Tingri, wo sich das Tal zu einer weiten Ebene verbreitert. Hier ist früher jahraus, jahrein Handel getrieben worden. Hier haben die Karawanen nach Nepal gelagert und Salz gekauft, das aus dem tibetischen Hochland hierhergebracht worden ist. Jetzt wirkt Tingri leer. Neben den 100 Häusern, die am Hang ein pittoreskes Nest bilden, liegen neue chinesische Blechdachkasernen mit Mauern und Stacheldraht. Mehr als anderswo sehen wir Mauerreste und andere Zeugen wiederholter Zerstörung. Am Gegenhang sind mit Steinen kommunistische Parolen in die Landschaft geschrieben. »Wir werden nicht ruhen, bis die Emporkömmlinge vernichtet sind«, steht da, oder: »Wer für den Dalai Lama ist, der ist gegen den Vorsitzenden Mao.« Überall auf unserer Reise nach Westen wird auf den Feldern gearbeitet. Die Tibeter bewässern das Erdreich, pflügen mit ihren zottigen Yakgespan-

Tingri

nen oder zupfen Unkraut aus. Ab und zu entdecke ich an einem Ackerrand einen kleinen Altar aus Lehm. Die Feuchtigkeit des Monsuns hat die Erde aus dem Schlaf gerissen. Hundertköpfige Yakherden verlassen ihr Winterquartier an den Dorfrändern und ziehen zu höhergelegenen Weidegründen.
Unser Begleitoffizier will, daß wir den Shisha Pangma noch am gleichen Tag erreichen. Unser Weg liegt auf der Schattenseite, trotzdem ist es heiß. Nach etwa 100 Kilometern Fahrt biegen wir westlich ab, überqueren einige Bäche und erreichen eine weite Hochfläche. Sie erstreckt sich in die Unendlichkeit. Rechts und links erheben sich Hügelketten, ihr bläuliches Braun setzt sich scharf ab vom Oliv der Ebene. Kleine Flüsse durchziehen die Ebene wie silberne Blitze. Ihre klare geometrische Form, ein Zickzack, das weit entfernt ist von jedem romantischen Geschlängel, fasziniert mich. Immer wieder wird die weite Ebene von den schwarzen Tupfen weidender Yakherden unterbrochen. Am hohen blauen Himmel ziehen Wolken, wie es sie nur in Tibet gibt. Unten sind sie breit und glatt wie die Ebene, darüber türmen sich die wunderbarsten Tiergestalten. Drachen, Tiger, Karpfen und Lotosblumen segeln über die Unendlichkeit des Hochlands. Ihre dichten, weißen Wolkenfiguren werfen wie überdimensionale Sonnenschirme Schatteninseln auf das Steppengras.
Am Horizont taucht ein einzelner Reiter auf, zieht über die Ebene und verliert sich. Hier hat die Einsamkeit eine Würde, wie ich sie niemals zuvor gesehen habe. Schlagartig begreife ich die Metapher »geborgen im Kosmos«.
Einige schwarze Zelte da und dort verstreut, unantastbar. Zwischen den Steinen kleine gelbe Blumenbüschel, blaue Zwergvergißmeinnicht, scharlachrote Primeln.
Links, an die Hügel gedrängt, das »Vierdrachendorf«, schöne tibetische Häuser, ebenerdig und flach, weißgestri-

Tibetische Yakkarawane

chen, auf den Dächern Reisig für den Winter. Über den dunklen hölzernen Türen Yakhörner, Malereien in Blau und Rot. Gegenüber, kilometerweit entfernt, wie eine Fata Morgana ein türkisblauer See. Dahinter ragt ein Berg mit seiner steilen Eiswand in den Himmel. Am Boden eine weiße Wolke aus Schafen. Gläserne Luft, eine Landschaft, in der man tagereisenweit sehen kann. Ich begreife, daß ein Tibeter, der diese Landschaft im Herzen trägt, niemals verloren sein kann. Ich weiß auf einmal, daß Ideologien an Landschaften abprallen können, daß es uneinnehmbare Menschen und Kräfte gibt.

Wolkenformation über einer zerfallenen Karawanserei

Nomaden in Tibet

Shisha Pangma

Die Sonne steht schon tief und wirft lange Schatten, die Luft ist weich. Unser Jeep fährt an Kalkklippen entlang, an deren Fuße Nomaden lagern. Wacholder, Waldrebe, Ginster. Wir biegen nach links, überqueren einen Fluß. Da steht er plötzlich vor uns – über riesigen Moränenwällen der Shisha Pangma. »Grat über den Weiden« heißt sein Name; das Bild ist vollkommen. In weißer Klarheit ist er der Schlußpunkt einer ästhetischen Harmonie, wie ich sie nie zuvor gesehen habe.

Hier auf der Nordseite der Wasserscheide genießen wir jetzt prachtvolles Wetter. Die hinter der Himalajakette aufbrodelnden Wolken beleben die abendliche Landschaft. Nena und ich sind nach der langen Fahrt süchtig nach Bewegung. Wir steigen das seichte Tal hinauf. Dann geht es über meilenweite Schuttflächen, die von Gletscherströmen der Urzeit über die Ebene geschüttet worden sind. Mächtige Ufermoränen winden sich wie ungeheure Schlangen dem Shisha Pangma entgegen. Vor uns liegen Gletscherbrüche, darüber eine eindrucksvolle Steilwand, die Nordwand des Shisha Pangma. Häufig vernehmen wir den Ruf der Schneehühner, die zwischen den Steinen fast unsichtbar bleiben und schreiend davonlaufen, wenn wir zu nahe kommen. Das grauweiße Gestein, der berühmte helle Granit des Shisha Pangma, scheint im Licht der untergehenden Sonne zu leuchten. Rundherum Gletscher, Eiswände, Felsberge, Firngrate aus einem Wolkenmeer aufragend, das sich in unendliche Ferne bis nach Indien erstreckt.

Es wird langsam Nacht, der Mond zeigt einen auffälligen Hof, und es herrscht eine vollkommene Stille, die nur unterbrochen oder betont wird durch das ferne Rauschen des Windes. Weit im Süden sehen wir Blitze.

Es sind Stunden vergangen, seit wir den Jeep auf 5 300 Meter zurückgelassen ha-

ben. Der nach allen Richtungen wachsende Himmel wird fahl, gleichzeitig treibt er ein paar blasse Sterne hervor. Während der Nacht stolpern wir zurück ins Zelt. Nena hat viel Kondition und vor allem einen zähen Willen.
In dieser Nacht scheint das Wetter beständiger zu werden. Stundenlang höre ich, halb aufgewacht, dem Morgen zu. Als ich die Augen aufschlage, färbt sich der Himmel violett. Wir bauen das Zelt ab, beladen unser Fahrzeug und beginnen die Rückreise. Ich bin jetzt froh, daß ich nicht allein bin, daß ich alles mit Nena bereden kann.
»Du bist allein auf den Nanga Parbat gestiegen und hast gesagt, das war dein alpinistischer Traum schlechthin. Willst du auch den Shisha Pangma allein machen? Reicht der Everest nicht?« fragt sie mich.
»Nach dem Alleingang auf den Nanga Parbat habe ich die Möglichkeit gespürt, daß auch der Everest allein bezwingbar ist. Und er ist nun einmal der größte Berg der Welt. So ist der Gedanke ganz logisch. Daß ich schon einmal oben war, zählt dabei nicht, denn ich will es ja allein versuchen. Früher habe ich mir immer gesagt, ein Achttausender im Alleingang reicht. Ich habe das als i-Pünktchen auf meine Bergsteigerei gebraucht und habe dann abtreten wollen. Ich kann es nicht. Nachdem ich den Nanga Parbat geschafft hatte, ist der Everest-Plan gereift. Ich bin nicht nur ein Alleingeher, ich bin eine Art Sisyphus, der niemals wirklich zum Gipfel kommt. Ich bin Sisyphus, und der Stein, den ich auf den Berg rolle, ist meine eigene Psyche.«
»Und der Shisha Pangma?«

Der Shisha Pangma von Norden

Am Fuße des Shisha Pangma

»Das ist ein Berg, den ich mir eingeprägt habe, nicht mehr und nicht weniger. Auf welche Art ich ihn besteigen werde, mit Freunden oder allein, das interessiert mich im Augenblick nicht.«
»Wenn du allein gehst, vermißt du da nicht einen Freund, mit dem du deine Erlebnisse und auch die Entbehrungen teilen kannst?«
»Wenn ich nicht allein bin, sehe ich auch in den Augen des Partners die Müdigkeit. Der andere wird mein Spiegel.«
»Kann die Natur dir Trost geben?«
»Ja, sehr viel sogar. Das erste Licht am Morgen, zum Beispiel, hat mir oft eine große innere Ruhe gegeben. Ich möchte nicht Glück zu dieser Empfindung sagen. Es ist Ruhe.«
»Warum scheust du dich in diesem Zusammenhang vor dem Wort Glück? Ich glaube, daß der Mensch nichts Beglükkenderes erleben kann, als sich als einen Teil der Welt zu empfinden und Kraft zu schöpfen aus diesem Wissen.«
»Das Wort Glück, finde ich, ist so fürchterlich abgegriffen.«
Inzwischen hat unser Jeep gut 100 Kilometer zurückgelegt. Früher sind Reisen in dieser Gegend nicht nur gefährlich, sondern auch abenteuerlich gewesen. Allein der Wind hat ganze Karawanen in den Tod gefegt, wie ich gelesen habe. Es konnte damals Tage, selbst Wochen dauern, um von einem sicheren Rastplatz zum anderen zu gelangen. Wir aber fahren sicher – und viel zu schnell – mit unseren Betreuern auf relativ guten Straßen. Alles Unbehagen ist reduziert. Wir erleben ein erschlossenes Tibet. Dafür haben wir uns eine andere Art von Unbehagen eingehandelt. Das andere, das alte Tibet bleibt uns weitgehend verschlossen. Dieses andere Land ist es, das ich sehen wollte, und es gibt Augenblikke, in denen ich dieses alte Tibet sehe, rieche und fühle.
Nach Ausbruch der Kulturrevolution und während der Zerstörung der »Vier Alten« – der alten Kultur, der alten Bräuche, der alten Gewohnheiten und der alten Einstellung – ist das alte Tibet nicht gestorben. Es hat sich damals in eine Art Dornröschenschlaf zurückgezogen, um auf Zeiten zu warten, in denen es wieder leben kann. Und mir scheint, diese Zeiten haben sich bereits angekündigt.
Das Tibet, das wir sehen dürfen, liegt an den neuen Straßen, und unsere chinesischen Begleiter versäumen es nie, uns auf die Verbesserungen seit der »Befreiung« durch die Chinesen hinzuweisen: Bewässerungsgräben, Schulen, Krankenhäuser und nicht zuletzt die Straße, auf der wir fahren. Sicher, die Bauern werden jetzt nicht mehr von den Klö-

stern und Großgrundbesitzern ausgebeutet, heute darben sie für die Volksrepublik. Um beurteilen zu können, ob es einem Volk »besser« geht, muß man zuerst herausfinden, worauf es diesem Volk im »wesentlichen« ankommt, was seine eigenständige Lebensqualität ausmacht.
In einem Land, in dem Menschen aufgrund ihres Glaubens davon überzeugt sind, daß sie ihr Karma selbst beeinflussen, darf nicht Ratio allein regieren. In einem vorhergegangenen Leben haben die Tibeter durch ihr gutes oder schlechtes Verhalten ihr Schicksal selbst bestimmt. Sie müssen Schläge des Lebens mit Gleichmut ertragen, um der Erleuchtung näherzukommen, die sie aus dem Rad ewiger Wiedergeburt erlösen kann. In einem solchen Land sind Fünfjahrespläne und ideologische Gleichschaltung nicht »wesentlich«. Wesentlich ist hier eine unantastbare innere Welt. In einem Land, in dem jahrhundertelang gebetet und meditiert worden ist, kann durch technokratischen Verstand nur eine oberflächliche Veränderung herbeigeführt werden, und diese Veränderungen werden uns nun präsentiert.
Dieser 1 500 Jahre alte Buddhismus der Tibeter, der Lamaismus, weckt in mir die Sehnsucht, daran teilzuhaben. Er ist vermischt mit pantheistischen Vorstellungen und der alttibetischen Bönreligion, in der die vier Elemente voll guter und schrecklicher Dämonen sind. Nie ist mir die schäbige Lächerlichkeit des technischen Fortschritts, der unsere Kultur ausmacht, klarer bewußt geworden als hier. Gleichzeitig weiß ich aber, daß ich als Kind des Westens gar nicht fähig bin, im Geheimnis des Ostens aufzugehen.

Spärliche Vegetation auf der kargen tibetischen Hochfläche

Zerstörte Tempelanlage

Draußen läuft die Landschaft vorbei. Die weiten Räume atmen Freiheit. In der Ferne wechselt das Spiel der Farben. Das Wetter ist freundlich, und selbst auf dürren Sandflächen leben Pflanzen. Nie ist die Landschaft ohne Leben. Wie wir in einem Tal anhalten, das ein riesiges U bildet, ist es ganz still. Und diese Stille ist Musik.

Zwei Stunden vor Kathmandu

Schon auf dem Hinweg zum Shisha Pangma ist mir die intakte Schönheit des »Vierdrachendorfes« aufgefallen. Jetzt auf dem Rückweg sehen wir es uns näher an. Auf der Mauer eines der Häuser sitzt ein junger Mann und kämmt seine schwarzen Haare, die ihm bis weit über die Schulter reichen. In den Ohren trägt er an Schnüren kleine Korallen und Türkise, bekleidet ist er mit einem speckigen Wollhemd und einer Hose aus Schaffell. Seine dunkle Haut ist von Sonne und Ruß fast schokoladebraun. Aus der Holztür in der Mauer tritt ein alter Mann mit kurzen weißen Haarstoppeln. »Tashi delek«, sagen wir, denn das ist der schönste tibetische Gruß, den wir gelernt haben. »Das Glück sei mit dir.«

Der Alte lacht und lädt uns ins Haus ein. Hinter der Mauer ist ein Vorhof mit mehreren niedrig gemauerten Abteilungen für die Tiere. In einem der Gevierte steht ein schmalbrüstiges Pferdchen, dessen Mähne und Schwanz mit Bändern zu Zöpfchen verflochen sind. Ein uralter, zottig verfilzter Hund stößt ein paar heisere Beller aus und zieht sich dann in seine Ecke zurück. Wir treten in einen Innenhof, in dem eine alte Frau am hölzernen Webstuhl sitzt. Sie webt gestreiften Stoff für eine wollene Schürze. Sie hat lange graue Zöpfe und um den Hals eine lange Kette aus riesigen Bernsteinkugeln, Korallen und Silber. Auf einem überdachten Holzboden liegen Teppiche und Felle zum Lüften. Die Alte nimmt uns mit in den geschlossenen Teil des Wohnhauses. Es ist dunkel, nur durch das Feuerloch scheint Licht. Unter dem Feuerloch steht ein zwergenkleiner Herd aus Eisen, der kein Ofenrohr hat. Der Fußboden ist aus gestampftem Lehm. Teile der Wand sind mit Zeitungen tapeziert. An den Wänden stehen hölzerne Schlafstellen mit Teppichen, Decken und Kissen. Wir dürfen uns setzen. Dann bekommen wir in silbergetriebenen Holzschalen Chang, Gerstenbier. Eine junge Frau tritt aus einem Nebenraum. Alle schauen uns freundlich an, unser Gespräch besteht aus Lächeln und Neugier. Kaum haben wir ein paar Schlucke getrunken, wird aus einem schmutzigweißen Plastikkanister nachgegossen. Mit ein paar Wortbrocken, »Shisha Pangma«, »Chomolungma« und Zeichen erzählen wir von unserer Reise. Freundliches Nicken. Ich lasse mein Taschenmesser als Gastgeschenk zurück. Später erzählt mir Tsao, daß diese Leute Halbnomaden sind, die mit ihren Yak- und Schafherden über das Hochland vor den Gletschern des Shisha Pangma ziehen, auf die Sommerweiden auch gelegentlich Zelte mitnehmen, aber immer wieder in ihre Häuser zurückkehren.

Bei der Abzweigung, dort, wo wir in die Straße von Lhasa nach Kathmandu einbiegen, frage ich Cheng, ob es verboten ist, bis an die Grenze zu reisen. »Nein«, sagt er. »So fahren wir hin!« rufe ich, und wir biegen nach rechts ab. Wir überqueren einen Paß und fahren in ein tie-

Tibetische Halbnomaden

fes Tal hinab. Von hierher sind die bambusgeschmückten Lastwagen gekommen, denen wir immer wieder begegnet sind. Die Schlucht wird immer enger und tiefer. Oft steigt der Fels 100 Meter senkrecht über uns empor, darüber eine neue Flucht, die in den Wolken verschwindet. Allmählich kommen wir in den halbtropischen Wald. Es regnet. Am Wegrand Baumriesen, Bambus und Farnkräuter. In den Wipfeln tummeln sich Vögel. Wir sehen farbenprächtige Schmetterlinge. Üppig rauschen Wasserfälle.
Wir übernachten in Nilarmu. Am nächsten Tag brechen wir auf zur nepalesischen Grenze, die nur noch zwei Fahrstunden von Kathmandu entfernt ist.
Plötzlich stehen wir mitten in der reichen Fülle der südlichen Himalajatäler. Meine Augen, die sich bereits an die weichen, weiten Horizonte und brüchigen Farben der tibetischen Hochebene gewöhnt haben, werden mit einemmal hungrig nach diesem wollüstigen Grün. Meine Haut ist feucht, mein Ohr gefüllt vom Rauschen der Wasserfälle, vom Gesang der Vögel. Die Luft ist schwer, die Farben sind so satt, daß sie mich fast erdrücken. Wir sind in eine völlig neue Welt eingetaucht und sehen jetzt den Himalaja mit anderen Augen.
Vor Millionen von Jahren hat Tibet an der Küste eines Meeres gelegen, nimmt man an. Die Himalajakette ist entstanden, als die Landmassen von Indien und China gegeneinander gedriftet sind. Dahinter ist das tibetische Plateau aufgeworfen worden. Jetzt noch kann man

auf den hohen Gipfeln versteinerte Muscheln finden. Die Seen Tibets sind Rückstände aus dem Meer und deshalb noch salzig. Der Zusammenstoß der beiden Kontinente ist nicht beendet, und der Himalaja wächst noch immer. Vielleicht wird der Mount Everest eines Tages ein Neuntausender. Überwältigt von der überquellenden

verstehen und die sich nicht mögen. Auch in Südtirol sollte eine ethnische Minderheit durch gewaltsame Überfremdung aufgelöst werden.
Das Wetter ist einigermaßen gut. Regen fällt nur nachts. Die Wolken aber füllen die Schlucht fast ganz. Wir sind in einem verbotenen Tal und wundern uns, daß uns niemand den Weg versperrt.

Am Südabfall des Himalaja

und farbenprächtigen Treibhausfülle an den Berghängen und der wilden Schlucht, fahren wir talauswärts. In ganz Tibet sieht man chinesische Soldaten, Techniker, Verwaltungsbeamte. Hier in den grenznahen Dörfern sind es besonders viele. Ich muß an Südtirol denken: an Menschen, die nur nebeneinander und nicht miteinander leben, an Italiener und Deutsche, die sich nicht

Nach dieser Fahrt durch die Wälder nördlich von Kathmandu treten wir nach zwei Tagen wieder die Rückfahrt an. Aus dem Himalaja geht es in die offene Weite Tibets hinaus. Während die Sonne sinkt, wechseln Landschaft und Farben; aus dem satten Grün der tropischen Wälder wird ein schattiges Grau.
Bei einer Rast auf der Hauptstraße nach

Lhasa kommen ehemalige Flüchtlinge vorbei. Sie erzählen schreckliche Geschichten über das Treiben der Kommunisten, die Zerstörung. Unser Begleitoffizier übersetzt nur stockend und sicher bei weitem nicht alles, was sie sagen. Trotzdem kehren sie jetzt aus Nepal in die Heimat zurück. Sie haben gehört, daß die Unterdrückungsmechanismen abgebaut werden, daß man wieder tibetisch sein darf und Buddhist. Sie haben Angehörige in Tibet – und sie sind in der Fremde halb umgekommen vor Heimweh. Nun haben sie sich auf den Weg gemacht, zur Rückkehr nach Lhasa entschlossen.

Um die Mittagszeit sind wir in Tingri. Nach einer Rast in der Kaserne fahren wir in Richtung Shegar, um dort zu tanken, bevor wir die Rückfahrt ins Basislager antreten.

Zwischen Tingri und Shegar fällt uns auf, daß die Berge klarer zu sehen sind als eine Woche vorher. Die Wolken stehen jetzt einzeln und wie verloren am Himmel. Es muß kälter geworden sein dort oben. Ist das der Anfang des von mir so sehnlich erwarteten Monsunbreaks?

In Shegar dränge ich zur Eile. Wir kaufen ein paar Obstkonserven, suchen den Markt nach Gemüse ab, finden ein paar Zwiebeln und fahren zurück.

Es ist schon später Nachmittag, als wir zum Rongbuk-Fluß kommen. Das Wasser steht so hoch, daß wir ihn erst am nächsten Morgen überqueren können, denn während der Nacht geht das Schmelzwasser aufgrund der Kälte zurück. Also bereiten wir unser Nachtlager. Am Abend ein kurzes Gewitter. Es ist im Norden entstanden und von dort aus gegen Süden gewandert.

Im Grenzdorf zwischen Tibet und Nepal

Die Dorfbewohner sind gekommen und stehen in Trauben vor dem Zelt. Links von mir hockt eine Frau und beobachtet jede meiner Bewegungen voll Interesse. Sie trägt ein einteiliges, mantelartiges Kleid, das bis zu den Knöcheln reicht und unbeschreiblich dreckig ist. Im rußigen Gesicht kleben auf den Wangenknochen und Schläfen verschmutzte weiße Leukoplaststreifen. Sie sind symmetrisch angeordnet. Man sieht das hier bei vielen Frauen und Mädchen, und ich habe lange gebraucht, bis ich begriffen habe, daß dies beliebte Schönheitspflästerchen sind. Die Frau ist sehr freundlich und schenkt mir eine Handvoll Tsampamehl. Dann geht sie, um ein paar winzige Eier zu bringen. Ich kaufe sie ihr ab. Jeder versucht nun, einen Blick auf uns zu erhaschen. Lachend drängen sich Männer, Frauen und Kinder um das Zelt, bis ich denke, es stürzt

Zurückkehrende Tibet-Flüchtlinge

ein. Während ich versuche, die Leute abzuwehren, schreibt Nena:

8. August 1980. Das ist etwas, was man sich kaum vorstellen kann. Ich fühle mich wie ein Affe im Zoo. Cheng, der Jeepfahrer, Reinhold und ich sitzen in einem Zelt am Dorfrand gegenüber dem Fluß. Als ich das Abendessen zubereiten wollte, ging es zu wie in einem Zirkus. Jedesmal wenn ich eine Dose öffnete, stürzten sich alle über mich und wollten sehen, was drin ist. Ich habe dann einen Riesenfehler gemacht, nämlich ein paar Schokoladenbonbons verschenkt. Daraufhin mußten wir befürchten, im Zelt zerquetscht zu werden. Von jetzt an betteln die Leute. Kaum öffne ich eine Tüte, umdrängen mich hundert Arme. Rundum schreien alle gleichzeitig.

Als wir angekommen sind, hat ein betrunkener junger Mann vor dem Zelt ziemlich ungestüm um etwas Brot gebeten. Cheng hat sehr barsch irgendwas zu ihm gesagt, was ich nicht verstehen konnte. Der Mann ist wutschnaubend davongelaufen. Keiner der anderen Dorfbewohner hat gebettelt, bis ich auf die dumme Idee mit diesen Bonbons gekommen bin. Nun kommen alle Leute und fragen nach Eßbarem. Wir sind in ihren Augen unvorstellbar reich, und sie können sich nicht vorstellen, daß wir mit unseren bescheidenen Rationen planen und haushalten müssen. Nach diesem turbulenten und letztlich äußerst unbehaglichen Zwischenspiel freue ich mich auf die Friedlichkeit des Rongbuk-Lagers, auf das Geräusch des Flusses, der uns nachts einschläfert, und auf die kahlen Moränenhänge.

10. August 1980. Wir sind wieder im Rongbuk-Lager. Heute ist Neumond. Das Wetter scheint sich nicht zu ändern. Reinholds Höhenmesser, den wir als Barometer benützen, steigt und fällt abwechselnd. Wir haben beide verdorbene Mägen. Ich habe vorgeschlagen, wie Maurice Wilson einen Tag lang zu fasten, aber als wir aufgewacht sind, sind wir so hungrig gewesen, daß wir diese Idee schnell vergessen haben. Diarrhoe haben wir auch. Vielleicht geht es uns morgen wieder besser.

11. August 1980. Es ist für mich ein aufregendes Spiel, auf den großen Felsbrokken herumzuklettern, die in der Nähe des Klosters stehen. Ich kann mich daran begeistern wie ein Kind. Einige dieser Bouldersteine sind so schwierig, daß ich nur hinaufkäme, wenn Reinhold mich mit einem Seil von oben sichern würde. Wenn ich eine schwierige Stelle geschafft habe und auf dem Klotz stehe, bin ich ganz aus dem Häuschen. Ich gebe nicht auf und trainiere immer wieder. Wenn es mir dabei gelingt, einen guten Bewegungsrhythmus zu finden, freue ich mich. Für Reinhold bedeuten diese Klötze keine Schwierigkeiten, seine Handgriffe erscheinen leicht und selbstverständlich. Mit fünf Jahren hat er mit dem Klettern begonnen und die Angst während ungezählter Klettertouren langsam vergessen.

12. August 1980. Mir geht es gesundheitlich besser, aber Reinhold fühlt sich schwach; der Durchfall setzt ihm zu. Ich wollte, ich könnte etwas für ihn tun. Seine Stimmung ist gedrückt, er ist empfindlich und reizbar. Er weiß, daß es Zeit für den Gipfelsturm ist, und deshalb kann er keine Antibiotica einnehmen. Der Körper würde dadurch zusätzlich geschwächt. Reinhold ist davon überzeugt, daß der leichteste Durchfall oder ein kleines Magenproblem genügen, die Solobesteigung des Everest zu einem tödlichen Risiko zu machen. Das ist keine fixe Idee. Er weiß, wie stark Durchfall einen Menschen entwässert. Die Höhe kompliziert das Problem des menschlichen Wasserhaushalts, so daß ein zusätzliches Risiko nicht eingegangen werden kann.

Neugieriger Tibeter

Knapp unterhalb des Rongbuk-Lagers

13. August 1980. Daß die Murmeltiere nicht mehr da sind, macht mich ganz traurig. Früher hatte ich Spaß daran, sie zu beobachten, wenn sie aus ihren Löchern herauskrochen, auf die Felsen kletterten und in der Sonne lagen. Zwischendurch stellten sie sich aufrecht hin und schauten rundherum. Es war so friedlich, sie in unserer Nähe zu haben. Tsao aber machte all dem ein Ende. Er verscheuchte die Murmeltiere mit seinem verdammten Gewehr. Er verbrachte ganze Tage damit, wieder und wieder in jede einzelne Höhle hineinzuschießen. Ich glaube, daß nur ein kranker Mensch mit kranken Gedanken so handeln kann.

Unmerklich ist Nachtwind aufgekommen. Mit jedem Stoß wird es kälter. Endlich! Bei diesem Gedanken tut Nena neben mir einen tiefen Seufzer. Sie starrt auf einen einsamen Stern am Himmel, der starr auf uns herabscheint. Mein Durchfall hat im Lauf des Tages nachgelassen; ich fühle mich besser.

Wir sitzen eine Zeitlang auf dem Moränenhügel oberhalb der Zelte und besprechen den Plan für den nächsten Aufstieg.
Es scheint, daß der Monsunstrom aus dem Golf von Bengalen endlich auf den Monsun vom Arabischen Meer geprallt ist, diese berühmte Unterbrechung, in der sich zwei Wolkenfronten sozusagen abwartend gegenüberstehen. Der vorausgesagte Break, meine Chance!
Es ist ein klarer Abend, und der sonst unruhige Fallwind aus dem Rongbuk-Gletscher ist wie aufgehoben. Keine Schauer, keine Böen, ein frischer, hochhimmeliger Sommerabend.
Morgen oder übermorgen muß ich aufbrechen. Jetzt gibt es oben die besten Verhältnisse. Wer weiß, wie lange diese Unterbrechung im Monsun noch währt! Am schönsten wäre es, wenn ich all diese Eindrücke und Stimmungen genießen könnte, ohne dabei an meinen Auf-

stieg denken zu müssen. Aber mit dem Entschluß kommen auch wieder die alten Ängste und Zweifel. Die Nordwand des Everest erhebt sich in strengem Weiß über dem Rongbuk-Lager, als wir in unser kleines Schlafzelt kriechen. Eine lange Nacht durch ist mir bang. Ein seit zwei Jahren gehegter, tausendmal geträumter Wunsch soll sich mir jetzt erfüllen. Wie im Fieber laufen Hänge und Lager durch meinen Kopf. Alte Bilder tauchen vor meinem inneren Auge auf, so, als stünde der Chomolungma hinter meiner Stirn, zwischen den Augen. Gleichzeitig aber auch Hoffnung und Furcht, es könnte nichts daraus werden.

Die Hochsteppe lebt

Chomolungma – Aufstieg für den Abstieg

So also denke ich über diese dahinfließende Welt:
Ein Stern in der Dämmerung, ein Strudel im Strom;
Der Blitz eines Gewitters aus der Sommerwolke,
eine flackernde Lampe, ein Phantom,
ein Traum.

aus »The Diamond Sutra:
Vajrachchedikaprajnaparamita Sutra«

Chomolungma – Aufstieg für den Abstieg

Monsunbreak

Es ist, als sei der Himmel stofflich. Das Azurblau über dem Everest ist so intensiv, daß es schwer wirkt. Aber nicht drückend. Die langgezogenen Schlieren winden sich wie Schlacken in einer zähflüssigen Masse. Die Entfernung zum Mount Everest schrumpft.

Stundenlang kann ich dem Ringen, Schieben und Stillstehen der Lüfte überm Rongbuk-Tal zusehen. Das sind keine Stürme, keine Nebel, der Monsun ist wie aufgehoben. Aber dieser bedrängte Raum ist voller Energie; es ist, als träfen zwei Urkräfte aufeinander, einen weißblauen Wolkenstreifen zwischen sich. Mit den Farben des Firmaments ist auch das Land lebendiger geworden. Ein Schatten von Grün an den Hängen und sogar die Steine strahlen Energie aus. Ich kann sie sehen, spüre sie beim Anfassen. Ich will losgehen. Ich muß.

Ich bin nun blendend akklimatisiert. Nicht mehr dieses Gefühl der Kurzatmigkeit, wenn ich mich anstrenge. Nach sieben Wochen in einer Höhe von mehr als 5000 Meter laufe ich im Basislager herum wie daheim. Wieder einmal habe ich festgestellt, daß man sich rascher an die sauerstoffarme Luft gewöhnt, wenn man schon öfters in großen Höhen war. Neulinge haben es schwerer. Bei meinen späteren Expeditionen hatte ich geringere Beschwerden als bei meinen ersten. Damals, 1969 bis 1970, war da ein Gefühl des Gelähmtseins, der Unsicherheit. Diese tiefe Verzweiflung, wenn man plötzlich keine Kraft mehr hat. Der Körper scheint durch häufige Wiederholungen nicht nur geübt zu werden; er entwickelt auch eine Art Erinnerungsvermögen, stellt sich leichter um. Aber das dauert drei bis vier Wochen, ist ein stabiler Prozeß. Ohne jede Anpassung, auf Anhieb, wäre das Erreichen des Everestgipfels undenkbar, auch dann, wenn man vorher alle Achttausender bestiegen hätte. Diese Anpassung an die Höhe ist eine Grundvoraussetzung für den Aufstieg. Ich aber empfinde sie nicht als eine Vorbereitung. So wie ich gutes Wetter abgewartet habe, warte ich die beste körperliche Verfassung ab. Die menschliche Natur und der Kosmos sind es, die mir den Lebensrhythmus vorschreiben. Im übrigen kann ich nichts und alles vorausahnen. Mein geplanter Alleingang ist wie das Leben ein Geheimnis – unvorhersehbar, riskant, oft vom Zufall abhängig und daher unlogisch. Ein Versuch, ihn zu schematisieren, wäre Dummheit. Ein Everest-Alleingang ist keine Rechenaufgabe.

Blick vom Basislager in Richtung Everest

Zum Glück glaube ich an die menschlichen Instinkte. Wenn ein Mann in der Natur nur noch zwei Möglichkeiten gegenübersteht – Tod oder Überleben – tut er schon das Richtige. Nur, proben kann ich das nicht. Es gibt nur das Spiel. Auch Nena veranstaltet keine Generalprobe für den entscheidenden Versuch. Ihr Vertrauen ist groß. Oder versteckt sie ihre Sorgen auch vor sich selbst? Ist ihr Tagebuch wie ein Beruhigungsmittel?

15. August 1980. Wir sind dabei aufzubrechen. Wie ich darauf gewartet habe! Wir wollen zum Ostrongbuk-Gletscher hinaufsteigen, weiter, höher hinauf. Das ist nicht nur kitschiges Gerede, ich genieße es wirklich, den Gipfeln noch näher zu sein, dem Himmel. In dem Maß wie die Luft da oben klarer wird, wird es auch mein Verstand. Man ist sich selbst näher in den Bergen. Und alles scheint sich zusammenzuziehen – da innen drin. Vielleicht verdichten sich wirklich manche Erkenntnisse, vielleicht gibt es nur weniger Ablenkung. Jedenfalls ist dort oben Intensität, so etwas wie dichteres Sehen. Diese Auswirkungen fühlt jeder. Besonders fällt mir dies in meiner persönlichen Beziehung zu Reinhold auf. Hier offenbart sich ein Mann, dessen Südtiroler Erziehung sich immer klarer herauskristallisiert. Ich beginne zu verstehen, warum er manchmal so abweisend wirkt. Er ist nicht gehemmt, auch ist seine Art zu denken frei. Der Konservativismus des kleinen Dorfes in den Dolomiten aber, in dem Reinhold aufgewachsen ist, hat ihn geprägt, läßt ihn nicht los. Auch wenn er wollte, es gibt kein Entkommen. Manchmal ist er reserviert, manchmal grob, meist mißtrauisch. Seit Wochen sehe ich Reinhold wie durch Glas, unverschleiert. Es ist schön, mit ihm in die Berge zu gehen. Hier oben zeigt er mehr von sich selbst, er hat neben seinen Zwängen viele Freiheiten in sich. Er ist so empfindsam hinter der rauhen Schale, die 30 Jahre Bergsteigen, seine Neider, Südtirol zu einem Panzer haben werden lassen. Seit wann ist dieser Panzer durchsichtig, aus Glas?

Nena, Cheng und Tsao beim Basislager

Heute geht es mir nicht besonders gut. Der Weg ist lang, aber er wird leicht sein, nachdem ich diesmal nichts tragen muß. Die Kopfschmerzen, die ich am Beginn unserer Reise hatte, sind nicht mehr da; auch ich habe mich gut akklimatisiert. Und ich liebe es, mit Reinhold zu steigen, mit ihm unterwegs zu sein. Jeder geht seinen eigenen Schritt, und doch sind wir nie weit voneinander entfernt. Wir haben Raum, unsere eigenen Gedanken zu denken.

Der Ritus des Packens dauert diesmal nicht lange. Im vorgeschobenen Basislager liegt alles: Proviant für vier Wochen, Brennstoff, die Ausrüstung für den Aufstieg zum Gipfel. Es sind die Kleinigkeiten, die nicht vergessen werden dürfen: Filme, Taschenmesser, eine Reservebrille. Im Geiste gehe ich eine endlose Liste durch. Ich stelle mir die Besteigung vor und überlege Schritt für Schritt, Biwak für Biwak, was ich alles brauchen werde oberhalb vom Lager in 6500 Meter. So wenig wie möglich, aber Lebenswichtiges doppelt, das ist meine Devise.

Als ich den Höhenmesser in die Deckeltasche des Rucksacks stecke, fällt mir auf, daß er weiter gestiegen ist. Also doch ein Monsunbreak! Ich wiederhole wie zur eigenen Beruhigung die Aussagen der Bauern unten im Tal und die Erkenntnisse der modernen Meteorologie: »Im Monsun-Sommer gibt es ein oder zwei Schönwetterperioden von vier bis zehn Tagen.« Wie oft sich die Wetterregeln der Einheimischen, bis zum Instinkt verdichtet, mit den Beobachtungen der Wetterforscher decken, ist frappierend.

In einer wissenschaftlichen Arbeit über das Wetter im Himalaja von Helmut Kraus habe ich vor der Abreise einiges über den Monsun gelesen.

Nena beim Aufstieg zum vorgeschobenen Basislager

Diese Information, die Aussagen der Tibeter und meine eigenen Beobachtungen sagen mir, daß ich jetzt los muß.

»Der Sommermonsun mit großen Niederschlagssummen von Juni bis September beginnt nicht plötzlich. Durch die vormonsunalen, konvektiven, häufig mit Gewittern verbundenen Niederschläge ergibt sich ein allmählicher Übergang von der trockenen Jahreszeit im Winter zum Sommermonsun.«

Dieser Übergang ist seit sechs Wochen vorbei. Nur in den ersten Tagen, im Basislager, war die volle Stärke des Monsuns noch nicht zu spüren gewesen.

Aber was ist nun ganz genau dieser Monsun? Bei Kraus lese ich:

»Monsun nennt man ein Windsystem mit einem markanten jahreszeitlichen Wechsel der vorherrschenden Windrichtung. Die physikalischen Ursachen

der Monsunwinde sind die jahreszeitliche Wanderung der planetarischen Druck- und Windgürtel und die unterschiedliche Erwärmung von Land und Meer. Auch Gebirge und Hochländer haben einen Einfluß, da sich über ihnen die Luft im Sommer stärker erwärmt und im Winter stärker abkühlt als in vergleichbaren Höhen in der benachbarten Athmosphäre. Im weiteren Sinne wird mit Monsun nicht nur das Windsystem bezeichnet. Man schließt vielmehr auch die Wetter- und Witterungserscheinungen mit ein, die mit einer bestimmten vorherrschenden Windrichtung verbunden sind. So ist der indische SW-Monsun (Juni bis September) durch zurückgehende Lufttemperatur und häufige Niederschläge gekennzeichnet, der indische NE-Monsun (im Winter) durch trockenes, wolkenarmes Wetter.« Mich interessiert in erster Linie das Wetter im Juli und August: *»Im Juli liegt in 1,5 km Höhe über NW-Indien ein Hitzetief, an dessen Südseite Westwinde vorherrschen, die zur äquatorialen Westwindzone gehören. Im NE des tiefen Druckes findet man SE-Winde über der Gangesebene. In 3 km Höhe liegt die ITC bei 20° N, in 6 km Höhe ist sie noch weiter äquatorwärts verlagert, und man findet durchwegs Ostwinde zwischen ihr und zwei Hochdruckzellen, von denen eine über Tibet (Quasipermanente warme Antizyklone, verursacht durch die Erwärmung der Luft über der hochgelegenen Aufheizfläche) und die andere über dem Iran und Afghanistan liegt. Diese Ostwinde sind Bestandteil der tropischen Ostströmung des Urpassats. In 9 km Höhe wird der gesamte vorderindische Raum südlich von 30° N von Ostwinden überweht, deren Geschwindigkeit im Nepal-Himalaja im Mittel etwa 20 km/h beträgt. Diese Darstellung kennzeichnet die mittlere Zirkulation während des Sommermonsuns.«* Das alles ist für mich als Laien reichlich kompliziert, und ich suche Informationen zu den Unterbrechungen im Monsun: *»Der Sommermonsun ist als Regenspender für die Landwirtschaft von außerordentlicher Bedeutung für Indien und Nepal. Von seiner Dauer und von der Intensität der Niederschläge hängt die Ernährung der Bevölkerung ab. So tritt die praktische Bedeutung des Wintermonsuns stark hinter der des Sommermonsuns zurück. Daher kommt es, daß man in diesen Ländern häufig nur vom Monsun spricht und dabei den Sommermonsun mit seinem gesamten Wetter- und Witterungscharakter meint. Wegen der großen praktischen Bedeutung für die Ernährung des Landes befassen sich vor allem indische Meteorologen seit langem intensiv mit allen Monsunproblemen. Dabei spielen die Fragen des Monsunbeginns, der Unterbrechungen des Monsuns, des Rückzugs des Monsuns und der Niederschlagsbildung, -verteilung und -intensität eine besondere Rolle.«*

Was ich hier lese, deckt sich mit meinen eigenen Beobachtungen der letzten Jahre.

Diese sachlichen Unterlagen beflügeln meinen Willen. Ich darf keinen Tag mehr zögern. Wenn ich die jetzige Situation nicht nutze, muß ich vielleicht bis Anfang Oktober auf eine nächste Chance warten.

»Monsun-Depressionen bilden sich im Norden des Golfs von Bengalen und ziehen westnordwestwärts entlang der

Monsunwolken in Tibet

ITC (Monsun-Trog), um sich dann entweder mit dem Hitzetief über NW-Indien und Pakistan zu vereinen oder an den Himalajabergen aufzulösen. Nach L. A. Ramdas kommen diese Monsun-Depressionen im Mittel in Intervallen von 7 bis 10 Tagen vor. Ihre Häufigkeit im Jahr (Juni bis September) schwankt etwa zwischen 6 und 14. Wenn sich gelegentlich der Monsun-Trog gegenüber seiner normalen Lage weit nach Norden verlagert, werden die Ostwinde der unteren Atmosphäre über der Gangesebene und über dem Südabhang des Himalajagebirges durch Westwinde ersetzt. Die Nordverlagerung der ITC bedingt eine Unterbrechung der Niederschläge in der Gangesebene und in den zentralen Teilen Indiens. Deshalb spricht man von einer Unterbrechung des Monsuns (break in the monsoon oder interruption of the monsoon), die bis zu zwei Wochen dauern kann. Es ist verständlich, daß es in den gebirgigen Teilen des Landes, selbst wenn sie weit vom Monsun-Trog entfernt liegen, auch in der Break-Situation täglich zu Niederschlägen kommen kann.«

»Es gibt keinen Zweifel,« sage ich zu Nena, als wir den ersten Moränenrükken gleich hinter dem Basislager erreicht haben, »wir sind in einem Monsunbreak.« Noch nie habe ich den großen Berg so überwältigend gesehen. Doch Angst habe ich nicht. Der Mount Everest mit seinen weißen Schneeflächen blendet im Hintergrund wie ein ferner Spiegel. Nur am linken Grat hängt eine Schneefahne. Der Himmel ist wie aus Milchglas. Es ist frisch, ein wenig windig, und alles erscheint mir unheimlich. Trotzdem ist mir warm. Der Weg verläuft zuerst in Wellen und Kurven, immer leicht bergan, an der orographisch rechten Talseite. Ich kenne jeden Stein, und das steigert die Erwartung. Wir müssen doch gleich da oder da sein. Die Entfernung von uns zum Berg ist mit dem Auge nicht abschätzbar. Seit dem Beginn des Monsunbreaks ist sie Tag für Tag kleiner geworden. Sie wird erst spürbar, als sich im Tunnel zwischen Berg und mir einige Nebel bilden. Der Gipfel entrückt, die Wand darunter nimmt Gestalt an. Die weiße, formlose Fläche im Hintergrund beginnt zu leben.

Von so großer Entfernung ist es immer schwierig, die Steilheit einer Wand abzuschätzen. Ich nehme aber mit Sicherheit an, daß die Nordflanke des Mount Everest flacher ist, als sie mir jetzt erscheint. Will ich mich selbst beruhigen oder sind es die geschichtlichen Fakten, die mich den Berg verharmlosen lassen? Vor bald 60 Jahren haben die englischen Pioniere den Aufstieg bis über 8 000 Meter geschafft, mit einer Ausrüstung, die heute geradezu vorsintflutlich anmutet. Also kann der Nordgrat nicht steil sein. Ich habe zwar nur einen Bruchteil von dem dabei, was die Engländer geschleppt haben, aber meine Kletterhilfen sind leicht, hundertfach getestet, das Beste vom Besten: Pickel und zwölfzakkige Steigeisen aus Titan, Gore-Tex-Tonnenzelt; Matte und Schlafsack. Ein bubenhaftes Gefühl von »nichts kann mich aufhalten« beherrscht mich, während ich in die Sonne blinzle.

Jetzt oder nie

Wie schnell man ein Stück Land in Besitz nehmen kann! Es ist nun das vierte Mal, daß ich diese ersten 6 Kilometer

Aufstieg zum Zwischenlager

des Anmarschweges zurücklege, Schritt für Schritt erwandere. Schon gehören sie irgendwie zu mir. Dabei habe ich nur drei Steinmänner aufgebaut, an einem dünnen Rinnsal aus zwei Steinplatten einen Brunnen gebastelt und mich jedesmal bei den violett-gelben Glockenblumen auf einen Stein gesetzt, um zuzusehen, wie sie im Wind nicken. In einer Mulde zwischen der alten und der jungen Moräne liegen sie eingebettet wie in einer riesigen hohlen Hand. Es riecht hier nach Gras und feuchten Steinen.

Vielleicht lieben die Nomaden ihre Heimat deshalb mehr als seßhafte Bürger, weil sie sie immer wieder neu entdecken müssen. Oder verstehen die meisten Bürger unter Heimat in erster Linie nur Besitz, Freunde, Ideologien – etwas, was der Wind und die Zeit mitnehmen, als sei es buntes Herbstlaub? Meine Wurzeln liegen tiefer, in den Steinen.

Die Entfernung zwischen dem Standlager und dem Hochlager ist zweigeteilt, aber nicht in gleichmäßige Strecken. Bis auf 6000 Meter Höhe sind es sechs Stunden zu gehen. Dieses Zelt befindet sich unmittelbar im Norden des Chang La, am Fuße des Vorgipfels des Mount Everest. Von dort sind es nochmals vier Stunden bis zum vorgeschobenen Basislager auf einer Moräne.

Wir wollen im Camp auf 6000 Meter Höhe übernachten. Das hört sich an, als hätten wir dort ein Zimmer gebucht. Und in der Tat, ich habe das Gefühl, dort oben mehr als nur Schutz zu finden.

In einem einfachen Zelt, 1,80 Meter mal 1,20 Meter, tonnenförmig, knapp einen Meter hoch, kann man rasten, kochen und schlafen. Das Wissen, in dieser winzigen Halbkugel einen Schneesturm überleben zu können, erfüllt mich mit Urvertrauen. Nicht Stolz – »das kann ich« –, nur ein Gefühl des Zugedecktseins.
Wir queren das Ostrongbuk-Tal an der Stelle, wo der Eisbach entspringt. Zwischen Steinen, Eiswannen und der Gletscherzunge sprudelt hektoliterweise Wasser hervor. Ich bin jetzt gut trainiert, ausgezeichnet akklimatisiert, und doch bleibt das ständige Auf und Ab in diesem Moränenschutt eine Anstrengung. Wenn plötzlich die Steine unter den Füßen wegrutschen, werden meine Schritte hektisch, unregelmäßig, zur Qual. Ich muß stehenbleiben. Atmen. Rasten. 900 Höhenmeter gewinnen wir an diesem Tag. Aber wir steigen viel mehr als das. Jeder Meter abwärts muß wieder ausgeglichen werden mit einem mühsamen Schritt aufwärts.
Eine Strecke lang verfolgen wir das steinige linke Ufer des Gletschers, dann die auffällige Mittelmoräne. Hier ist die Steigung gleichmäßig und der Boden fest. Über einen Abstieg erreichen wir die weite Bucht des kleinen Zwischenlagers. Zu unserer Überraschung steht das Zelt dort noch so, wie wir es drei Wochen vorher verlassen haben. Nena kocht, ich hole Wasser aus einem nahen Eisbach. Aus dem Gletschertunnel, durch den er verschwindet, kommt ein Gurgeln und Rauschen. Zwischendurch knackt es im Eis. All diese Geräusche erinnern mich an Synthesizer-Musik. Der Gletscher stöhnt, schnaubt und piepst.

Rast am Ostrongbuk-Gletscher

Aufbruch vom Zwischenlager

Der Zelteingang steht offen, um die frische Luft einzulassen. Mit dem Kopf gegen die Zelttür liegend schaue ich immer wieder nach dem Wetter. Alle Anzeichen sind günstig, die wenigen Wolken kompakt. Der Himmel steht hoch, mattblau, mit dem Dämmerlicht belebt ihn türkiser Schimmer. Am Abend viele bebende Sterne am schwarzen Firmament. Ich bin endgültig beruhigt. Es ist, als ob der Monsunbreak auch meine innere Unruhe unterbrochen hat.
Nach wie vor ist der Höhenbergsteiger mehr von den herrschenden Bedingungen am Berg als von seinem eigenen Können, seiner Kondition abhängig. Die wichtigste Rolle spielt dabei das Wetter. Ich beurteile es jetzt mehr oder weniger nach meinem Gefühl und bin überzeugt, daß es gut bleibt. Mein Entschluß, ins Rongbuk-Lager abzusteigen, ist richtig gewesen. Die zehn Tage auf 6500 Meter Höhe haben Spuren an uns hinterlassen, aber im Standlager haben wir uns rasch erholt. Eßlust und Schlaf sind zurückgekehrt. Die drei Wochen auf 5000 Meter haben uns wieder vollkommen hergestellt.
Besonders deutlich kann ich das an Nena beobachten. Jetzt steigt sie zügig, hat keinerlei Beschwerden mehr. Sie schläft trotz der Höhe tief. Ich hingegen schlafe in dieser Nacht wenig, packe am Morgen den Rucksack, während Nena ihr Tagebuch nachträgt. Sie hat mehr Energie als ich.

Mein Gott, ist Reinhold schlecht aufgelegt. Dabei hat er heute eine Art Rasttag. Es ist kein weiter Anstieg von diesem Zelt zu unserem Hochlager. Wir warten, bis die Sonne höher am Himmel steht. Es gibt sonst keinerlei Probleme. Nur Reinhold hat eine miserable Nacht verbracht. Wir lagen beide unter einem einzigen Schlafsack. Es war kalt, charakteristische Schwierigkeiten kamen an die Oberfläche: Zerren am Daunensack, Murren, intensives Voneinander-Wegrücken. Die Atmosphäre ist voll unangenehmer Schwingungen. Reinhold ist nervös. Natürlich bin ich daran schuld, daß er so schlecht geschlafen hat. Wessen Fehler könnte es sonst sein?

Ohne daß es mir richtig bewußt wird, breitet sich die Belastung des Soloaufstiegs in mir aus. Alle neugefundene Ausgeglichenheit ist wie weggeblasen. Ich kann niemandem Verantwortung übertragen, bin mir ganz ausgeliefert. Wie ungerecht ich in solchen Stunden sein kann!
Vor einer solchen Zerreißprobe könnte ich auch unter idealen Bedingungen kaum schlafen. Wie hätte ich also auf einer fingerdicken Schaumgummimatte Ruhe finden sollen. Die faustgroßen Steine, auf denen unser Zelt steht, haben gedrückt, ich habe gefroren, den kommenden Tagen in halbwachem Zustand entgegengefiebert. Teils in neugieriger Erwartung, teils in Furcht habe ich das Dämmerlicht am Morgen erwartet. Ich weiß, welche Gefahren da oben auf mich warten: Spalten, Lawinen, Nebel und Sturm. Ich weiß vor allem um meine eigene Schwäche: Erschöpfung, Angst, Einsamkeit. Mit der Untätigkeit schrumpft auch mein Selbstverständnis, mein Selbstvertrauen. Vielleicht ist das der Grund, warum ich die Eremiten so bewundere – weil sie in der Einsamkeit meditierend überleben können. Am schwersten ist es, die Wüste im Nichtstun zu ertragen.
Das Zelt bleibt stehen. Ungeduldig – Nena ist wieder einmal nicht startbereit – nehme ich den Rucksack auf und gehe 100 Meter über die trockene Mittelmoräne aufwärts. Als ob ich etwas versäumte, wenn ich auf Nena warten würde. Mein Bewegungszwang ist animalisch, der Druck des selbstgewollten Alleingangs so groß, die seelische Belastung so tief, daß ich sie nur noch in der Aktivität ertragen kann.
Wir umgehen die Ecke des Nordgipfels. Die steilen Lawinenhänge seiner östlichen Ausläufer sehen zerfurcht aus. Der Schnee hält. Es geht immer nur aufwärts. Wie beruhigend dieses gleichmäßige Stapfen ist! Als ob der Rhythmus meines Atmens nicht nur die Schritte und den Herzschlag bestimmte, sondern auch den Fluß der Gefühle durch meinen Kopf. Die Luft hier ist arm an Sauerstoff, aber umso reicher an anderer Energie. Trotz des geringen Partialdrucks, der Totenstille des Ausgestorbenseins ist hier oben etwas wie Leben um mich. Etwas wie seelische Kraft. Ohne sie hören zu können, ohne sie zu sehen, ohne sie zu messen weiß ich, sie ist da. Manchmal, wenn das Donnern einer Lawine meine Sinne wieder losläßt, werde ich von Energie durchströmt, umspült, getragen, als ob diese aus dem Nichts explodierend plötzlich wie eine Druckwelle den Raum ausfüllt. Ich werde noch verrückt. Woher kommen Explosion und Implosion dieses Lebens, das da pulsiert, ohne physikalisch da zu sein?
In dieser Höhe brauche ich mich nicht selbst zu bremsen. Ich setze den einen Fuß immer nur ein wenig vor den anderen, nütze beim Steigen die festen Steine in den Mulden aus. Ich hätte nicht die Kraft, von Felsblock zu Felsblock zu balancieren. Nena ist irgendwo hinter mir und hält ihren Rhythmus. Ein gemein-

Die letzte Strecke zum vorgeschobenen Basislager

sames Steigen würde uns beide aus dem ganz individuellen Gleichgewicht werfen. Wir würden rascher ermüden. Es gibt nicht zwei Menschen, die auch noch in mehr als 6000 Meter Meereshöhe im selben Gehrhythmus steigen können, ohne sich gegenseitig im Energiefluß zu stören. Also ist der Mensch doch zum Alleingang geboren?! Zum Alleingang ja, aber nicht zum Alleinsein. Wie rasch ich von mir auf andere schließe! Nur weil ich unfähig bin, Erwartung und Erfüllung mit mir selbst zu teilen, aber viel lieber allein steige, ist dieser Schluß nicht allgemein gültig.

Noch kann ich das Zelt auf 6500 Meter nicht sehen. Ein Gletscherbuckel verdeckt es ganz. Je steiler der Weg, desto kürzer werden meine Schritte. Aber was heißt hier Weg! Die Schottermoräne, auf der wir stehen, liegt zwar wie ein dunkler Streifen zwischen den Gletschern, ist aber keine Straße. Spalten und Geröll zwingen mich, im unregelmäßigen Zickzack zu steigen. Jedesmal, wenn der Fuß auf festem Grund steht, sucht mein ganzes Wesen nach dem nächsten stabilen Tritt zwischen Eis, Wasser und Felsblöcken. Dazwischen ein Blick über die Fläche, um die generelle Richtung nicht zu verlieren. Nach vorne und nach hinten löst sich unsere Schuttstraße in der Perspektive auf zu einem schwarzen Faden zwischen gleißendem Eis. Der optische Beweis für unser Vorankommen. Eine Ahnung, wie weit es noch ist. Um die Anstrengung in dieser Höhe erklären zu können, fehlen die Vergleiche. Und der optische Eindruck täuscht. Mit der dünner werdenden Luft scheint die Strecke bis zum nächsten Fixpunkt kürzer zu sein, als sie in Wirklichkeit ist. Deshalb die Gefahr, mit dem Gipfel vor Augen zu verzweifeln. Die wiederholte Einsicht, sich getäuscht zu haben, höhlt den stärksten Willen aus.

Hier unten ist es noch nicht ganz so schlimm. Solange man 200 Höhenmeter in der Stunde schafft, überwiegt das Gefühl des Vorankommens, und auch das gibt Energie. Solange dieser Rückfluß an Energie anhält, ist das Bergsteigen wie Radfahren und Laufen. Erst darüber hinaus wird es zur Quälerei jenseits menschlicher Maßstäbe, wird es zur Sisyphus-Arbeit. Das Spiel der Leiden ist dann nur noch erträglich, weil sich mit dem Verlust des Zeitgefühls auch das Oben und Unten, Jetzt und Dort auflösen. Das Vorwärtskommen wird zum animalischen Zwang. So wie der wahre Sisyphus nicht an der wiederholten Anstrengung, sondern gleichzeitig am Nie-oben-sein-Können sowie am Nie-unten-sein-Können verzweifeln mußte, läuft auch der Höhenbergsteiger Gefahr, an seinem Begrenztsein zu zerbrechen. Der Gipfel als Ende nur wirft ihn für Augenblicke aus der Bahn der Leiden, gibt ihm aber gleichzeitig die Energie, den tragischen Kreislauf von neuem zu beginnen.

Die Sonne hat das Eis zwischen den Steinen gelöst. Ein Rinnen und Gurgeln setzt ein. Intensive Wärme breitet sich aus. Es ist wie im Frühling. Steil steigen wir über das lose Geröll zur flachen Bucht des oberen Rongbuk-Gletschers auf. Der Zeltplatz liegt auf dem Geröll dieser Hänge. Außerhalb der Steinschlagzone trennt uns eine seichte Mulde vom Gletscher.

Bei gutem Wetter haben wir hier viel Sonne. Die ersten Strahlen am Morgen – im Osten liegt ein weites Firnbecken

mit verhältnismäßig niedrigen Bergen im Hintergrund – treffen voll auf das Zelt. Nur am Abend liegt es früh im Schatten. Eine Stunde Sonne reicht aus, daß der Wasserlauf in der Nähe für mehrere Stunden auftaut. Es ist der beste Platz, den ich je in einer Höhe von 6500 Meter gefunden habe. Während wir das Zelt neu verankern, schaue ich immer wieder zum Rapiu La, dem flachen Sattel im Osten des Firnbeckens am Fuße des Everest-Nordostgrates. Solange dort keine Nebel heraufquellen, ist das Wetter beständig.
Im Frühling – Ende April/Mai – ist der Sturm da oben oft so stark, daß die Bergsteiger ihre Zelte tagelang nicht verlassen können. Er ist gefürchtet. Jetzt ist der Wind meine Rettung. Vor allem der Westwind. Es wäre ideal, wenn er anhielte. Sollte er für eine Weile anwachsen, wären für eine kurze Zeitspanne einigermaßen günstige und sichere Verhältnisse am Berg: der Schnee fest, die Grate freigeblasen, kaum Lawinengefahr.
Trotz des schönen Wetters gehen im Gebirge innerhalb weniger Stunden eindrucksvolle Veränderungen vor sich. Es scheint sich oft förmlich aufzulösen. Die Zacken der Eistürme, die den Gletscherrand wie die Riesenzähne eines Krokodils einrahmen, beginnen abzubröckeln, streckenweise sogar einzustürzen. Steine schlittern krachend von der Moräne, und kleine Schneerutsche stürzen lärmend aus der Nordostwand des Mount Everest. Jede Lawine, schmale dunkle Streifen hinterlassend, betrachte ich mit Genugtuung. Ich habe wieder einmal Glück. Mein Gott, diese Schneeverhältnisse!
Die Landschaft ist in klare blaue Luft getaucht: schneeblau der Everest, tiefblau der Himmel, plastisch übertrieben wie Guckkastenbilder. Durch die Tiefe des entfernungslos scheinenden Raumes segeln dicke weiße Wolken. Ab und zu verdichten sie sich zu Nebel, der alles um uns minutenschnell einhüllt, auslöscht, dumpf und grau. Doch bereits eine halbe Stunde später ist er weggefegt und macht erneut der strahlenden Klarheit des Sommertages Platz.
Während ich diesem Entstehen und Vergehen zusehe, begreife ich ein kleines bißchen mehr von der lebendigen Einstellung der Buddhisten zum Tod. Wieder muß ich an Mallory denken, an seinen geheimnisvollen Tod am Mount Everest. Ich fühle auf einmal, daß er dort gestorben ist um weiterzuleben. Nichts im Leben hat mir auch nur annähernd so zu Erkenntnissen verholfen wie Landschaften. Sie haben mich geprägt und sind meine Lehrmeister. Aber erst hier auf diesem Marsch wird mir das so klar, daß ich mit Distanz das Wechselspiel von Eindruck und Reflexion betrachten kann. Für kurze, erlösende Augenblicke bin ich in der Lage, aus mir herauszutreten.
Es heißt, daß ein langer, ununterbrochener Aufenthalt in einer Höhe von 6000 Meter und darüber den Menschen allmählich zugrunde gehen läßt. Ich weiß, daß das stimmt und muß deshalb rasch handeln. Von diesem oberen Basislager aus will ich morgen, am 17. August, meinen Rucksack hinaufschleppen bis knapp unter den Nordsattel. Er wiegt nicht allzuviel, 18 Kilogramm vielleicht, und enthält doch alles Notwendige für den Alleingang: Essen und Brennstoff für eine Woche, ein Biwakzelt, Schlafsack, Matte und Fotoap-

Der Rucksack im Eis

parat. Wenn ich diesen Rucksack 500 Meter höher deponiere, kann ich beim entscheidenden Aufstieg Kraft und Zeit sparen. Ob die Ausrüstung, die ich Wochen zuvor oben zurückgelassen habe, noch zu finden sein wird, weiß ich nicht. Ich habe alles noch einmal dabei. Für alle Fälle.

Der Aufstieg zum Nordsattel ist das gefährlichste Stück meines Alleingangs. Die Chang-La-Wand, fast 500 Meter hoch, ist, ähnlich wie der Eisbruch an der Mount-Everest-Südseite, zerklüftet und von Séracs bedroht. Vor allem aber lawinengefährlich. 1922, beim ersten Angriff auf den Mount Everest, ist dort eine ganze Mannschaft von einer Lawine mitgerissen worden. Sieben Sherpas haben dabei den Tod gefunden. Mallory und seine Kameraden haben sich wie durch ein Wunder retten können. Als Alleingänger muß ich nicht nur auf die Lawinenstriche achten, ich muß ohne Seil heil über die Spalten kommen. Zwischen Eistürmen und Schründen eine sichere Aufstiegsroute zu finden, setzt langjährige Erfahrung voraus, es gehört ein ausgeprägter Instinkt dazu. Ich habe kein Funkgerät dabei, will ganz bewußt keinen Kontakt mit »unten«. Abgesehen davon, daß Nena mir nicht helfen könnte, lehne ich es ab, daß andere Menschen ihr Leben riskieren, weil ich ein selbstgewähltes Risiko eingehe und mich dabei in Gefahr bringe. Der Alleingang zum Everest ist wirklich nur dann ein Alleingang, wenn es keine Brücke gibt zwischen »oben« und »unten«, keine Sicherheitskette durch ein wachsames Bodenpersonal.

Wie schnell ich diesmal steige! In hohen Turnschuhen, wirklich leichtfüßig, klet-

tere ich die 400 Höhenmeter empor. Ich halte mich ganz rechts im stumpfen Winkel, wo sich die Wände des Chang La und des Mount Everest treffen.
Der Firn ist gerade so hart, daß nur die Noppen der Sohlen eindringen, ein zierliches Muster in der Schneeoberfläche hinterlassend. Das ist nicht Klettern mit Händen und Füßen, ich steige gleichmäßig, die Skistöcke als Balancehilfen wie ein zweites Paar Füße einsetzend. Es ist eine Unmenge von Neuschnee gefallen in den vergangenen Wochen. Aber er ist jetzt zusammengesackt und fest. Erst dort, wo nach einer Linksschleife der Hang steiler wird, lege ich nach jeweils 50 Schritten eine Rastpause ein. Ich verschiebe die verstellbaren Skistökke, mache sie etwas kürzer. Wie genau mein Körper programmiert ist! Es ist immer dieselbe Anzahl von Schritten, die ich ohne Rast schaffe. Plus minus eins. Es werden nach oben hin nicht weniger. Ein Beweis, daß ich bestens an die Höhe angepaßt bin. Eine Rastpause reicht aus, das Sauerstoffdefizit im Blut auszugleichen; die frisch getankten Reserven erschöpfen sich in rund 50 Schritten. Dazwischen durchströmt mich ein Gefühl von Spannkraft, Sicherheit, fast Übermut. Beim Rasten wohlige Müdigkeit im Kopf. Nur die Lungen jagen.
Noch brennt die Sonne nicht heiß. Obwohl sie hoch über dem Wolkenstreifen im Osten steht und fast senkrecht auf die 45 Grad geneigte Schneefläche trifft, bleibt die Luft frisch. Wenn es morgen so anhält, schaffe ich es.
Knapp unterhalb des Nordsattels, etwa 80 Meter unter der Gratschneide, deponiere ich in einer winzigen Eishöhle meinen Rucksack. An einer Eisschraube binde ich ihn fest. Einen Blick noch werfe ich zurück, dann drehe ich mich um. Ich merke mir die Stelle. Ich muß sie am frühen Morgen, vielleicht noch in der Dunkelheit, wiederfinden.
Ich will rasch wieder absteigen ins obere Basislager. Ich muß mich erholen, schlafen, viel trinken. Ich muß mich auch seelisch vorbereiten auf die entscheidenden Tage.
Nena hat mich durch das Teleobjektiv ihrer Kamera die ganze Zeit über beobachtet.

17. August 1980. Ich bin überrascht, wie schnell Reinhold in seinen Trekkingschuhen in Richtung Nordsattel steigt. Als er um 8.15 Uhr mit seinem Rucksack losgegangen ist, um den Schnee zu prüfen und die Ausrüstung zu deponieren, habe ich nicht darüber nachgedacht, daß er nicht nur den Aufstieg probt. Er ist im Geiste schon unterwegs zum Gipfel. Ich hatte den Eindruck, er würde nur ein kleines Stück hinaufgehen und gleich wieder zurückkommen. Ich habe mich umgedreht und versucht weiterzuschlafen. Eine Stunde später aber, als ich durch den Zelteingang guckte, sah ich, daß er bereits den halben Weg zum Sattel hinter sich hatte und weiterging. Plötzlich war ich hellwach. Immer, wenn er zu diesem Col hinaufgeht, fühle ich, wie es mir kalt über den Rücken läuft. Es ist jedesmal ein großes Risiko, und ich wundere mich, wie er den Weg zwischen den klaffenden Gletscherspalten findet.

Eine halbe Stunde später bin ich wieder bei Nena im Zelt. Im Geiste schon abwesend bereite ich meinen Körper auf die Tage der äußersten Anstrengung vor. Ich trinke und esse, schlafe zwischendurch. Im Zelt ist die Temperatur angenehm. Entlüftungskanal und Eingang stehen offen.

Rucksackdepot unter dem Nordsattel

Diesmal habe ich mich in der Hand. Angst lasse ich erst gar nicht aufkommen. Das gefährlichste Stück des Weges, den Aufstieg zum Nordsattel, kenne ich schon, und darüber könnte ich nur im Schnee steckenbleiben oder mich im Nebel verirren, aber nicht umkommen. Das Wetter ist schön, es wird keinen Nebel geben! Meine Selbstbeherrschung kostet Energie. Ich spüre, wie gespannt mein ganzes Wesen ist. Sogar während der Nacht zwinge ich mich, ruhig dazuliegen. Zweimal nur schaue ich nach dem Wetter. Es ist schön. Nur die Luft ist zu warm. In seinem Nachtblau steht der Mount Everest wie ein Zauberberg über mir. Kein Grübeln, keine Frage nach dem Warum, ich bereite mich mit jeder Faser meines Wesens auf den großen Sprung vor.

Als es Zeit zum Aufstehen ist, fasse ich traumwandlerisch nach Strümpfen, Schuhen, Hose, Anzug. Jede Bewegung ist schnell und sicher, als hätte ich sie hundertmal geübt. Kein Handgriff zuviel.

Vor dem Zelt strecke ich mich, wittere die Nachtluft. Dann setze ich meinen Aufstieg vom Vortag fort. Bald schon bin ich weit oben. Nena ist weit unten zurückgeblieben. Ich erreiche die Eishöhle und nehme den Rucksack auf.

18. August 1980. Ja, er ist fort! Ein zarter Kuß auf die Lippen war alles. So ist er nun einmal. Wenn Reinhold mich küßt, hat das für mich etwas Bedeutungsvolles. Ich rief ihm noch nach: ›Ich werde an dich denken!‹ Er hörte mich nicht richtig oder wollte mich nicht hören. Seine Stimme klang wie abwesend, als er zurückfragte: ›Was?‹ Er war etwas verstört, weil die Nacht wärmer als gewöhnlich gewesen war. Er befürchtete wohl, daß der Schnee zu weich geworden sei. Was ich da in den stillen Morgen hineinrief, mußte für ihn belanglos sein. Um ihn nicht weiter aufzuhalten, sagte ich einfach: ›Bye, bye.‹ Und zurück kam seine Antwort: ›Bye, bye!‹ Worte der Leere wurden da hinterlassen. Welche Erlebnisse wird er haben? Was für ein Wandel wird in ihm stattfinden, in mir?

1300 Höhenmeter

Plötzlich gibt der Schnee unter mir nach, meine Stirnlampe erlischt. Verzweifelt versuche ich, mich im Schnee festzukrallen. Vergebens. Die erste Schrecksekunde ist vorbei. Obwohl es stockdunkel ist, glaube ich alles zu sehen: zuerst Schneekristalle, dann blaugrünes Eis. Ich habe keine Steigeisen an den Schuhen, fährt es mir durch den Kopf. Ich weiß, was vor sich geht und bleibe trotzdem ganz ruhig. Ich falle in die Tiefe, erlebe den Sturz zeitlupenartig, schlage einmal mit der Brust, einmal mit dem Rücken an den Eiswänden der nach unten hin breiter werdenden Spalte an. Mein Zeitgefühl ist aufgelöst, auch das Empfinden für die Tiefe des Falls. Stürze ich nur Sekundenbruchteile oder sind es Minuten? Ich bin ganz leicht, ein Wärmeschwall durchströmt meinen Körper.

Plötzlich habe ich wieder Halt unter den Füßen. Ich weiß gleichzeitig, daß ich gefangen bin. Vielleicht für immer in dieser Gletscherspalte gefangen. Kalter Schweiß steht mir auf der Stirn. Jetzt habe ich Angst. Wenn ich doch nur ein Funkgerät bei mir hätte, ist mein erster Gedanke. Ich könnte Nena rufen. Vielleicht würde sie mich hören. Aber ob sie die 500 Meter bis zu mir heraufsteigen könnte, um mir ein Seil in die Spalte herabzulassen, ist mehr als fraglich. Ich habe mich ja ganz bewußt zu diesem Alleingang ohne Funkgerät entschlossen,

immer wieder vor dem Aufbruch darüber diskutiert.
Ich fingere an meiner Stirnlampe herum, und plötzlich ist es hell. Sie leuchtet! Ich atme tief durch, wage aber dabei kaum, mich zu rühren. Auch die Schneefläche, auf der ich stehe, ist nicht fest. Wie eine dünne, durchsichtige Brücke hängt sie zerbrechlich zwischen den beiden Spaltenwänden. Ich lege den Kopf in den Nacken und sehe etwa 8 Meter über mir das baumstammdicke Loch, durch das ich herabgefallen bin. Vom schwarzen Himmelsausschnitt darüber blinken ein paar weit, weit entfernte Sterne zu mir herab. Furcht bricht mir aus allen Poren, überzieht meinen Körper mit einem Hauch, der eisig ist wie die blaugrün schillernden Eiswände, zwischen denen ich eingesperrt bin. Da sie über mir schräg zusammenlaufen, habe ich keine Chance, an ihnen hochzuklettern. Mit meiner Stirnlampe versuche ich, den Grund der Spalte auszuleuchten; aber da ist kein Ende abzusehen. Schwarze Löcher links und rechts von mir. Die Schneebrücke, die meinen Sturz beendet hat, ist nur einen Quadratmeter groß.
Ich habe eine Gänsehaut und zittere am ganzen Körper. Die Reaktionen meines Körpers aber stehen in krassem Widerspruch zu der Ruhe in meinem Kopf: Er hat keine Angst vor einem erneuten Sturz in die bodenlose Tiefe, nur eine Ahnung von Sich-Auflösen, von Sich-Verflüchtigen. Gleichzeitig denkt er: Glück gehabt! Zum erstenmal erlebe ich Furcht als Reflex des Körpers, ohne psychischen Druck in der Brust. Mein einziges Problem besteht nun darin, wieder hier herauszukommen. Der Mount Everest ist gegenstandslos geworden. Ich komme mir vor wie ein schuldlos Gefangener. Ich mache mir keine Vorwürfe, fluche nicht. Dieses reine, schuldlose Gefühl ist nicht erklärbar. Was mein Leben in diesem Augenblick bestimmt, weiß ich nicht. Ich nehme mir vor abzusteigen, aufzugeben. wenn ich noch einmal heil davonkomme. Nie mehr einen Achttausender im Alleingang!
Mein Angstschweiß gefriert in Haaren und Bart. Die Angst in meinen Knochen verflüchtigt sich jedoch in dem Augenblick, als ich meinen Körper in Aktion setze, indem ich versuche, meine Steigeisen aus dem Rucksack zu holen. Bei jeder Bewegung aber überkommt mich das Gefühl weiterzufallen, ins Bodenlose zu stürzen, so als ob der Boden langsam nachgibt.
Da entdecke ich eine Rampe, eine an der talseitigen Spaltenwand verlaufende, zwei Fuß breite Leiste im Eis, die schräg nach oben leitet und voll Schnee ist. Das ist der Ausweg! Vorsichtig lasse ich mich, die Arme weit ausgestreckt, vornüber an die gegliederte Spaltenwand fallen. Einen Augenblick lang bildet mein Körper einen Bogen zwischen der eingeklemmten Schneescholle und der leicht überhängenden Wand über mir. Vorsichtig spreize ich mit dem rechten Fuß hinüber, trete eine Stufe in den Schnee, der auf dem Sims an dieser talseitigen Spaltenwand angefroren ist. Ich belaste den Tritt. Er hält. Die unsichere Standfläche ist entlastet. Jede dieser Bewegungen führe ich instinktiv so exakt aus wie in einem einstudierten Ballett. Ich versuche mich leichter zu machen. Tief durchatmen, der ganze Körper identifiziert sich mit der neuen Position, ich bin für einen Augenblick, einen le-

bensentscheidenden Augenblick lang schwerelos. Ich habe mich mit dem linken Fuß von der Schneebrücke abgestoßen, die Arme halten mein Gleichgewicht, das rechte Bein trägt meinen Körper. Der linke Fuß kann Tritt fassen. Erleichtertes Durchatmen. Ganz vorsichtig quere ich – Gesicht zur Wand – nach rechts. Der rechte Fuß sucht tastend neuen Halt im Schnee, der linke Schuh wird millimetergenau in die Fußstapfen gestellt, die der rechte ein paar Sekunden vorher getreten hat. Das Sims wird breiter, führt schräg nach oben, nach draußen. Ich bin gerettet!

In wenigen Minuten bin ich an der Oberfläche – zwar immer noch auf der Talseite, aber in Sicherheit. Ich bin wie verwandelt. Ich stehe da, den Rucksack auf den Schultern, den Pickel in der Hand, als ob nichts gewesen wäre. Einen Augenblick lang nur zögere ich, überlege, was ich falsch gemacht habe. Wie ist es zu diesem Sturz gekommen? Vielleicht ist mein linker Fuß, zwei Zentimeter über den unteren Spaltenrand gesetzt, eingebrochen, als ich mit dem rechten an der gegenüberliegenden Schneewand Halt suchte.

Noch unten in der Spalte habe ich mich entschlossen umzukehren, aufzugeben, wenn ich heil herauskäme. Jetzt, wo ich oben stehe, setze ich meinen Aufstieg fort, ohne zu denken, ohne es bewußt zu wollen, als sei ich wie ein Computer dafür programmiert.

Das erste Dämmerlicht erhellt den Nordsattel des Everest. Ich schaue auf die Uhr: es ist kurz vor sieben. Wie lange bin ich wohl da unten gewesen? Ich weiß es nicht. Der Spaltensturz ist bereits wie ausgelöscht in meinem Bewußtsein. Das Gelübde abzusteigen kann mir im Grunde nicht ernst gewesen sein. Ich frage mich jetzt nicht, wie ich es schaffe, mich so zu betrügen. Ich gehe entschlossen am unteren Rand der Spalte entlang, bin ganz auf den Gipfel fixiert. Als habe dieser lebensgefährliche Zwischenfall nur meinen Körper erschüttert, nicht aber jene Identifikation, die seit Wochen mein Wesen ausmacht, die Identifikation mit dem Everest.

Der Sturz in die Gletscherspalte hat mich in eine Wachheit versetzt, die dieses Gefühl im Normalzustand weit übersteigt. Ich weiß, es gibt nur eine Stelle, wo ich die Spalte, die die 500 Meter hohe Eiswand unterhalb des Nordsattels quer durchreißt, überschreiten kann. Bei meinem Erkundungsaufstieg vor vier Wochen habe ich diese knapp 2 Meter breite Schneebrücke entdeckt, die mir heute beinahe zum Verhängnis geworden ist. Damals hat sie mich getragen. Sie muß auch jetzt noch halten, wenn ich sie nur an den äußersten Rändern belaste.

Ich habe bei meinem Alleingang keine Aluminiumleiter und kein Seil dabei, mit deren Hilfe sich vielköpfige Expeditionen über derartige Hindernisse helfen. Zwei Skistöcke und der Eispickel aus Titan sind meine einzigen Hilfsmittel. Wie in Trance kehre ich zum Einsturzloch zurück. Ich leuchte hinab. Schwarze Nacht. Ich muß diesmal höllisch aufpassen, um keinen Fehler zu machen. Jenseits der Spalte steht eine steile Schneewand. Kurz entschlossen beuge ich mich vornüber und schlage die Skistöcke – Handknauf voraus – bis zu den Tellern in den Schnee. Hoch oben in der Wand über mir bilden sie nun zwei feste Ankerpunkte, künstliche Griffe. Ich muß das Loch mit einem gro-

ßen Spreizschritt überwinden und drüben, auf der anderen Seite der Spalte, mit dem Pickel und an den Skistöcken Halt finden. Wenn ich auch weiß, daß ich im Abstieg einen anderen Weg finden muß, bin ich so in den Aufstieg vertieft, als gäbe es danach nichts mehr. Mit einem Kraftakt schwinge ich mich nach drüben, mache ein paar schnelle Schritte und fühle mich wieder sicher. Alle diese Bewegungen sind schnell, aber nicht hektisch.
Langsam wird es Tag. Weit im Osten steht das mächtige Massiv des Kangchendzönga. Sonst ist nicht viel zu sehen von dieser Welt. Über einem graublauen Nebelmeer breitet sich ein stufenlos von Blau in Rot übergehendes Firmament aus.
Das Wetter ist schön, die Luft schneidend kalt. Wie gut, daß ich den Versuch im Juli abgebrochen habe. Der Schnee, aufgeweicht durch den Monsun, war damals grundlos tief, die Lawinengefahr groß. Es ist auch jetzt nicht ungefährlich – mehr als einmal habe ich in den Hängen zum Nordsattel den Weg verloren – heute aber, am 18. August, ist der Schnee so fest gefroren, daß ich nur eine dünne Spur hinterlasse.
Der oberste Hang ist zwar steil, aber der schlechte Schnee von damals hat sich gefestigt. Worauf ich klettere, ist kein beinharter Firn wie tiefer unten, es herrscht hier seichter Bruchharsch vor. Immer wieder durchstoße ich splitternde Krusten, sinke ich bis an die Knöchel ein. Als ich auf die Jochhöhe trete, spüre ich ganz plötzlich starken Westwind im Gesicht. Mein Atem stockt, Wasser tritt mir in die Augen. Ich bleibe kurz stehen. Schaue, atme rascher und stoßweise. Dann stellt sich wieder ein gleichmäßiger Rhythmus ein. Der Wind dringt nicht durch meine dicken Kleider, bringt mich aber zwischendurch ins Schwanken. Instinktiv gehe ich gebückt, fest auf meine Skistöcke gestützt.

Blick von der Nordrippe zum Nordgipfel

Ich folge genau dem alten Weg längs der Nordrippe, dem Weg der Engländer. Auf den ersten 500 Metern sieht dieser Grat aus wie ein steiler Skihang. Seine Aufschwünge sind leicht gewellt und vielleicht 30 Grad geneigt. Endlose Firnmassen, die ostwärts überhängen. Ein intensives Morgenrot scheint die Wächten zu beleben. Der Schatten färbt

den Schnee blau, im weichen Licht der aufgehenden Sonne wandern Konturen. Dazwischen, an der stumpfen Gratschneide, blitzen Schneekristalle auf wie Diamanten. Die Sonne berührt jetzt die Spitze des Pumori, die breitflächige Flanke des Cho Oyu. Der nahe Nordgipfel steht wie ein gigantischer Keil zwischen Tag und Nacht. Auch über dem Gipfel des Mount Everest liegt eine leichte Morgenröte. Er zeichnet sich so klar gegen den tiefblauen Himmel ab, daß ich jeden freistehenden Felsturm am Nordostgrat erkennen kann.

Dort oben sind George Mallory und Andrew Irvine 1924 bei ihrem kühnen Gipfelvorstoß zum letzten Mal gesehen worden …

Die Sichtentfernung von mir zur »ersten Stufe« beträgt jetzt vielleicht 2 Kilometer – eine Entfernung, bei der man die Glieder an einem Menschen nicht erkennen könnte. Odell, der viel höher gestanden hat, sagte, daß er die beiden Bergsteiger fünf Minuten lang hat sehen können. Er hat sie nicht durch sich bewegende Nebelschwaden erspäht, sondern durch eine plötzlich aufklarende

Teleaufnahme des Nordgrats vom vorgeschobenen Basislager aus

Luft, eine Luft, wie sie jetzt über mir liegt. Er hat sie an der »ersten Stufe« gesehen und hat nicht Felsen mit Menschen verwechselt, wie ihm oft unterstellt worden ist. Die Möglichkeit einer optischen Täuschung schließe ich aus, obwohl ich jetzt selbst, wenn ich lange auf die »erste Stufe« starre, für Augenblicke der Illusion erliege, schwarze Punkte in Bewegung zu sehen. Mallory hat die »zweite Stufe« nicht überklettert, er versuchte den Aufstieg, gab aber auf. Das weiß ich jetzt so sicher, wie ich da stehe und schaue.

Woher kommt die Fähigkeit, mehr als 50 Jahre zurückzuschauen? Oder kann ich zwischen Realität und Phantasie nicht mehr unterscheiden, weil ich zuviel gelesen habe? Spielt sich dieser Versuch vom 8. Juni 1924 immer noch da oben ab, sichtbar nur im überwachen Zustand des Besessenseins? Ich erliege keiner optischen Täuschung, die Empfindung von menschlicher Energie umgibt meinen Körper wie der Wind, wie die Sonnenstrahlen.

Wenn ich steige, verschwinden die winzigen Figuren. Ich stelle jeweils einen Fuß so fest in den Schnee, daß meine ganze Person zu diesem Schritt wird. Auf meine Skistöcke gestützt steige ich so gleichmäßig wie möglich. 50 Schritte, Rastpause, 50 Schritte. Wenn ich gerastet habe, werfe ich einen Blick nach oben zur groben Orientierung. Dabei habe ich immer wieder das Gefühl, in dieser Flanke nicht allein zu sein.

So intensiv wie ich nach oben schaue, werde ich unten von Nena beobachtet:

Ich fahre fort mit den täglichen Aufgaben, die in einem Lager auf 6500 Meter anfallen. Dabei beobachte ich ihn, wie er höher und höher steigt. In vieler Hinsicht beneide ich ihn. Ich würde gern von dort oben hier herabschauen, von dort oben den Gipfel sehen. Aber mehr als alles andere würde ich gerne mit ihm klettern. ›Eines Tages vielleicht‹, sage ich mir ... Er wird kleiner und kleiner in meinem Blickfeld, und je weiter er weg von mir ist, desto stärker wird meine Liebe.

Nena weiß noch nicht, daß der gefährlichste Augenblick meiner Expedition schon hinter mir liegt. Sie hat den Spaltensturz nicht bemerkt. Es war zu jener Zeit noch Nacht. Nun verfolgt sie meinen Weg und fotografiert ihn. Die Sonne überflutet die Hänge zum Nordsattel. Durch das Teleobjektiv kann Nena meine Spur erkennen, die wie eine Perlenkette aussieht. Das Loch, durch das ich eingebrochen bin, fällt ihr nicht auf, die Perlenkette läuft über der Spalte weiter. Ich klettere jetzt zügig und bin auf einer Höhe von mehr als 7200 Meter. Die Luft wird rasch wärmer. Voll trifft die Sonne auf den Cho Oyu im Westen und den Nordgipfel des Mount Everest. Nur sein Schatten sprengt wie ein schwarzes Riesenloch die gleißenden Täler. Ich kann mir Zeit lassen.

700 Höhenmeter habe ich an diesem Morgen schon geschafft. 1000 hatte ich mir vorgenommen. Noch nie in meinem Leben bin ich auf einer Höhe von über 7000 Meter so leicht gestiegen. Es sind nicht nur die idealen Schneeverhältnisse, die mich antreiben. Es ist meine Stimmung.

Trotzdem darf ich mich nicht überanstrengen. Ich lege jeweils eine Rastpause ein, bevor die totale Müdigkeit wie ein lähmender Schmerz in meine Beine fährt. Ich muß mir Zeit lassen, meine Kraft einteilen.

Öfters sitzenbleibend steige ich so den

Nordostgrat entlang, immer weiter hinauf. Ich will bis knapp unter die Schulter und dann über den flachen Grat zur zweiten Stufe. Die Ausblicke, die ich während meiner Rastpausen habe, prägen sich wie Bilder in meinem Kopf ein. Wenn ich mich, den Rücken zum Hang, das Gesicht talwärts gerichtet, auf den prall gefüllten Rucksack setze, um auszuruhen, fotografiere ich sozusagen mit dem Hirn. Nur selten noch hole ich den Fotoapparat aus dem Rucksack, und dann knipse ich mehr, als daß ich bewußt Bilder gestalte. Mich selbst zu fotografieren – Kamera auf den Eispickel geschraubt, mit dem Schaft voraus in den Schnee gestoßen, Selbstauslöser gespannt, ein Dutzend Schritte weggegangen, auf das Klicken gewartet, Rast, zurück und das Ganze abgebaut – finde ich immer komischer und überflüssige Kraftvergeudung. Einmal entdecke ich meinen Schatten im Sucher der Spiegelreflexkamera. Unwillkürlich muß ich lachen, so, wie man lacht, wenn man in seinem Freund den Clown erkennt.
Noch empfinde ich das Steigen als eine Beruhigung. Es ist fast wie der Rhythmus jeder meiner Fasern, tragende Musik. Auf die beiden Skistöcke gestützt kann ich auch im Stehen rasten. Im Gehen, auch im unebenen Schnee helfen sie mir, das Gleichgewicht zu halten.
Mit einer für heutige Begriffe kläglichen Ausrüstung – ich würde damit normalerweise nicht einmal mehr aufs Matterhorn steigen – überschritten an diesem Grat Mallory und seine Freunde Norton und Somervell vor bald 60 Jahren erstmals in der Geschichte des Bergsteigens die 8000-Meter-Grenze. George Leigh Mallory, dieser Feuergeist, erkannte schon damals, daß der Mount Everest nach gründlicher Vorbereitung und einer sechswöchigen Akklimatisationsspanne vom Basislager beim Rongbuk-Kloster in sechs Tagen zu stürmen sein müßte. Diese frühe Erkenntnis erscheint mir wie eine Vision. Seit ich über Lhasa und Shigatse das Basislager erreicht habe, sind mehr als sieben Wochen vergangen. Seit vier Tagen bin ich unterwegs, weitere zwei Tage brauche ich noch bis zum Gipfel, wenn alles gutgeht und das Wetter hält.
Jetzt bin ich 7220 Meter hoch. Wieder hocke ich mich hin, um zu rasten. Eile erzeugt in dieser Höhe Erschöpfung, und ich habe mein Tagespensum schon hinter mir. Ich will aber noch weiter, solange ich die Kraft dazu habe. Tief unten der Talschluß des Rongbuk-Gletschers. Der Ausblick nach Westen ist immer noch frei. Links unter dem Himmel liegt Nepal, davor ein Zipfel der Westschulter des Everest. In der Ferne verschwimmen große Bergketten. Das breite Licht des Vormittags löst Berge und Täler auf. Die jäh zum Rongbuk-Gletscher abfallende Felsbastion des Changtse, wie der Nordgipfel auch genannt wird, ist jetzt das eindrucksvollste Bild für mich. Die schöne Pyramide des Pumori mutet überirdisch und unheimlich an. Hier und nur so kann sich Gott personifizieren. Rechts die tibetische Hochfläche, die sich in unerreichbare Fernen verliert. Die wenigen Wolken dort, wie Spinnweben verteilt, stehen still. Auch hier oben kein Wind. Nur tief unten, am Nordsattel, wirbelt Schnee durch die Luft. Es scheint mir, als sei dieser Col ein Sammeltrichter aller tibetischen Winde.
Orographisch, nach unten schauend, ist links die weite Nordflanke des Mount

Blick nach Nordwesten

Everest leicht eingesenkt und windgeschützt. Auch die Nordostfläche rechts ist vertieft. Das Gelände stürzt nach jeder Seite steil ab.
Da jetzt aber die Felshänge am Nordhang tief verschneit sind, wirkt alles sanft und flacher als es ist. Hier oben mutet alles friedlich an.

ich aus Erfahrung, wird es nur noch der Wille sein, der den Körper für jeweils einen Schritt aus der völligen Lethargie reißt. Diese Art Schneckengang zwingt mich, nun alle 30 Schritte einige Minuten lang auszuruhen, jeweils nach zwei Stunden länger sitzenzubleiben. Da die Luft dort oben nur ein Drittel der gewohnten Sauerstoffmenge enthält, mache ich es wie die Sherpas. Ich steige und raste, raste und steige. Ich weiß, daß ich mich verhältnismäßig wohl fühle, sobald ich mich setze und schiebe dieses tragende Gefühl Minute für Minute vor mir her. Ich muß aufpassen, daß ich jede starke Reizung der Luftwege vermeide. Die Bronchien, der Rachen sind meine schwächsten Punkte. Ich weiß es.

Blick über den Lho La nach Westen

Ich muß jetzt in kürzeren Abständen rasten, aber jedesmal kehrt mein Atem schnell wieder in seinen ursprünglichen Rhythmus zurück, und ich fühle mich erholt. Dieser Wechsel zwischen Gehen und Stehen, Erschöpfung und wiederkehrender Energie bestimmt meine Geschwindigkeit. Mit jedem Meter nach oben wird dieser Rhythmus kurzphasiger, gezwungener. Ganz oben, das weiß

Der Nordgipfel

Und ich spüre bereits Heiserkeit. So bin ich doppelt froh, daß an diesem windigen Berg heute kaum eine Brise weht. Ein Steilaufschwung kostet mich jetzt mehr Energie, als ich gedacht habe. Von unten, beim Darüber-hinweg-Sehen, habe ich noch angenommen, fünf Rastpausen dafür zu brauchen. Inzwischen sind es acht oder neun geworden, und ich stehe immer noch nicht oben. Dort, wo es flacher wird, wartet etwas wie Erlösung auf mich. Ich will mich erst hinsetzen, wenn ich über der stumpfen Kuppe bin.

Ab und zu wirbeln kleine Schneekristalle in der Luft über mir. Ein Gleißen und Glitzern belebt den Raum. Ein Pfeifen und Singen kommt und geht. Noch 80 Schritte?

Beim Steigen sehe ich inzwischen nur auf den jeweils Tritt fassenden Fuß. Sonst gibt es nichts mehr. Die Luft schmeckt leer, nicht schal, leer und rauh. Ich habe Schmerzen in der Kehle. Beim Rasten lasse ich mich hängen. Auf Skistöcken und Beinen liegt mein Oberkörper. Die Lungen pumpen. Eine Zeitlang vergesse ich alles. Das Atmen ist so anstrengend, daß keine Kraft zum Denken bleibt. Geräusche von innen heben alle Laute von außen auf. Langsam, mit dem Pulsschlag im Hals, kommt der Wille zurück.

Weiter. Wieder 30 Schritte. Wie mich dieser Grat narrt! Oder sind es meine Augen? Alles sieht so nah aus. Und ist dann so weit weg. Noch eine Rastpause im Stehen, dann bin ich über der Kuppe. Ich drehe mich um, lasse mich in den Schnee fallen.

Von oben schaue ich wieder und wieder über das Land, die schier endlose Weite. In den Pastellfarben der Hügelkette

Der obere Nordgrat, dahinter der Everestgipfel

liegt etwas Mystisches. Sie verstärkt den Eindruck des Fernen, Unerreichbaren, als ob ich von diesem Tibet nur geträumt hätte, als ob ich nie dort gewesen wäre. Nur wo ich jetzt bin, war ich schon, das ist mir bereits bekannt. Ich fixiere die Hochfläche, glaube ein Dorf zu erkennen. Tingri vielleicht? Im Geiste sehe ich die weißgekalkten Lehmhäuser mit den schwarzen Fensterlöchern vor mir. Neben tibetischen Gebetsfahnen wehen rote Tücher. Ich sehe stumpfe Gesichter. Die Leute in Tibet lachen nicht mehr so lustig wie die Menschen in den Ber-

gen Nepals. Das alles erlebe ich, als stünde ich am Rande dieses Dorfes, es ist keine Erinnerung, es ist Gegenwart. Der Höhenmesser zeigt 7360 Meter. Es ist etwa 9 Uhr. Die Strecke zum Nordsattel habe ich in zwei Stunden geschafft. Mit dieser Taktik habe ich mir ein Biwak gespart. Jetzt steige ich langsam, ganz bewußt langsam.
Ab und zu gibt der Schnee knöcheltief nach, und Schneeverwehungen kosten Kraft. Meist aber kann ich Bruchharschstellen umgehen. Jedes gelungene Ausweichen empfinde ich als ganz persönlichen Triumph. Ich darf mich nicht verausgaben. Dieser Impuls bestimmt mehr und mehr mein Denken, auch meine Gefühle. Morgen und übermorgen wird es viel anstrengender sein. Die zwei verstellbaren Skistöcke sind hier wirklich eine große Hilfe. Ich kann mein Gewicht auf Beine und Arme verteilen. Ich halte das Gleichgewicht von oben her, nicht aus den Beinen.
Die Nordflanke rechts von mir ist eine riesige Schneefläche. Nur einige wenige Felsinseln liegen dunkel verstreut in dieser vertikalen Eiswüste. Deutlich sind

Lawinenstriche zu erkennen. Ich bleibe vorerst auf dem stumpfen Nordgrat. Das ist nicht nur die sicherste Route, der Wind hat auch viel Schnee hier weggeblasen. Trotz alledem keine Spur von meinen Vorgängern. Alles ist unter einem dicken Schneemantel begraben.

eine Kette von Hochlagern eingerichtet. An steilen Passagen haben sie fixe Seile verankert, an denen sie ins Basislager abstiegen, wenn das Wetter schlecht wurde, und an denen sie sich hochhangelten, um die Aufstiegsroute weiter zu präparieren. Stufe um Stufe sind sie mit

Rast am Nordgrat

Nur einmal, auf 7 500 Meter etwa, sehe ich ein rotes Seil im Schnee. Ich gehe hin, fasse es an. Das Seil sieht ziemlich neu aus und ist an einer Felsinsel verankert. Das muß von den Japanern sein, denke ich. Im üblichen Expeditionsstil und in Teamarbeit haben sie im Mai

der Unterstützung chinesischer Hochträger bis unter den Gipfel vorgestoßen. Mit eben dieser Taktik habe ich selbst 1978 den Mount Everest über die Südroute bestiegen. Wir waren damals elf Bergsteiger, beschäftigten zwei Dutzend Sherpas als Hochträger und wechselten

uns beim Aufbau der Lager ab. Erst in den letzten 900 Metern sind Peter Habeler und ich dann ohne Unterstützung weitergestiegen – bis zum Gipfel.
Diesmal ist niemand da, der tragen hilft; niemand, der mir das Biwak vorbereitet; kein Kamerad, der mir im tiefen Schnee spuren hilft und kein Sherpa, der meine Ausrüstung schleppt. Niemand. Um wievieles leichter ist es doch, zu zweit zu steigen. Schon das Wissen, daß jemand hinter mir steht, bedeutet Trost. Nicht nur das Alleinklettern ist ungleich anstrengender und gefährlicher, vor allem die psychische Last ist mehr als verdoppelt. Alles, was vor mir liegt, auch der Abstieg, steckt – beim Rasten oft über die eigene Phantasie zum Angstgespenst aufgeblasen – als Ballast in mir.
Wie eine Schnecke, die ihr Haus auf dem Rücken mitschleppt, trage ich mein Zelt im Rucksack. Ich werde es aufbauen, darin schlafen und es wieder mitnehmen für die nächste Nacht. Ich bin ausgerüstet wie ein Nomade. Eine Woche lang kann ich überleben. Allerdings habe ich kaum Reserven dabei. Nach sieben Tagen muß ich zurück sein, nichts darf kaputtgehen. Ein zweites Zelt wäre zu schwer. Gar nicht erst zu reden von Sauerstoffgeräten, die meine Last nochmals verdoppeln würden.
Meine 18 Kilogramm drücken in dieser Höhe schon so schwer, daß ich jetzt nach jeweils zwei Dutzend Schritten stehenbleibe, nach Atem ringe und alles um mich vergesse.
Die Strecken zwischen den Rastpausen werden kürzer und kürzer. Oft, sehr oft setze ich mich hin, um zu verschnaufen. Jedesmal kostet es mich große Willensanstrengung aufzustehen. Das Wissen, mein selbstgewähltes Tagespensum erfüllt zu haben, hilft mir jetzt. Es ist, als ob der Gedanke daran Energie freimache. »Noch ein Stück, das geht schon«, sage ich zu mir selbst, halblaut, wie eine versteckte Aufmunterung.
»Was du heute hinter dich bringst, brauchst du morgen nicht mehr zu klettern.«
Das Alleinsein empfinde ich jetzt nicht als Isolation. Nur manchmal befällt mich ein Gefühl der Ohnmacht beim Gedanken an die unendlich große Anstrengung, die noch vor mir liegt. Wenn ein Freund, ein Partner da wäre, könnten wir uns im Spuren abwechseln. Physisch trage ich die Anstrengung allein. Psychisch tauchen sporadisch Helfer auf. Da ist wieder jemand hinter mir! Ist es mein geteiltes Ego oder andere menschliche Energie, die mir den Partner ersetzt? So werde ich begleitet bis auf 7800 Meter.
Der erste Platz, den ich auf dem Schnee festtrete, gefällt mir nicht. Ich muß an einem Felsen lagern, das Zelt gut verankern. Der Wind nimmt zu. Wenige Meter über mir sehe ich die ideale Lagerstelle. Noch einmal zögere ich, bevor ich eine Plattform schaffe. Es ist, als ob es nicht nach einem Lagerplatz röche. Einige Meter tiefer vielleicht. Endlich, hier fühle ich mich wohl. Zuerst fehlt mir die Kraft, meinen Rucksack auszupacken und das Zelt aufzustellen. Ich stehe da und schaue zum vorgeschobenen Basislager hinab. Es muß dort unten warm gewesen sein, die Berge sind weiter ausgeapert.
Es ist nach 3 Uhr, ich muß kochen. Unten erkenne ich einen winzigen roten Fleck. Nena hat wohl den Schlafsack aufs Zeltdach gelegt, um sich vor der Hitze zu schützen. Oder soll das ein Si-

gnal für mich sein? Ich hoffe, daß sie mich ebenfalls sieht. Keine Sehnsucht, nur dieses Wissen, da unten ist sie, wartet.
Unten ist die Hitze meist schlimmer als die Kälte zu ertragen. Obwohl das Thermometer dort nachts unter minus 10 Grad sinkt und hier oben vielleicht auf minus 20 Grad. Die Sonne und die trockene Luft dörren mich aus. Ich erinnere mich, daß ich ein winziges Fläschchen mit japanischem Heilpflanzenöl bei mir habe, und gebe zwei Tropfen davon auf die Zunge. Das spendet für eine Weile Erleichterung, öffnet die Atemwege. Neben Aspirin ist dieses Pflanzenmittel das einzige Medikament, das ich am Berg nehme.
Die sauerstoffarme Höhenluft wirkt wie ein Reibeisen auf den Rachen. Jeder Atemzug hinterläßt Schmerzen im Hals und ein Gefühl der Klebrigkeit im Mund. Ich lasse mir Zeit mit dem Aufbau des Biwaks.
Ich bin müde und froh darüber, daß ich mich endlich zum Stehenbleiben entschlossen habe. Schon das Bewußtsein, daß keine weitere Anstrengung verlangt wird, wirkt heilsam. War ich es nicht selbst, war es eine Kraft von außen, die mich weitertrieb? Ich empfinde es so. Mein Wille kehrt in den Normalzustand zurück, und ich beginne wieder klar zu denken. Ich kann wieder schauen, nicht nur sehen. Ich genieße eine prachtvolle Aussicht auf die Gletscher unter mir, auf die Firnwelt im Osten. Weit unten steht die düstere Gestalt des Nordgipfels, der aussieht, als habe er den Kopf gewendet. Hinter ihm verschwimmen weich und wellig Bergketten, dahinter die tibetische Hochfläche, Menschen.

Betende Tibeterinnen

Vorbereitung zum ersten Biwak

Die mehr als 7000 Meter hohe Eispyramide des Pumori suche ich lange Zeit vergebens im Gipfelmeer im Westen. Sie ist zu einem unbedeutenden Schneehöcker am Ufer des Rongbuk-Gletschers zusammengeschrumpft.
Inzwischen habe ich das Zelt ausgepackt. Den Rucksack lege ich oberhalb des Lagerplatzes in den Schnee, so daß er nicht stört und nicht davonrollen kann. Zwischen den einzelnen Handgriffen bleibe ich aufrecht stehen und schaue nach oben. Noch ein kurzer Aufschwung, dann kommt die riesige Mulde vor dem Gratkamm. Die Überzeugung, eine bis zur Gewißheit verdichtete Ahnung, daß ich den Gipfel in weiteren zwei Tagen erreichen werde, macht mich übermütig. Es scheint keine ernstlichen Hindernisse auf dem Weg zu geben. Die »zweite Stufe«, die einzige Passage, die mir jetzt Angst einjagen könnte, ist seit Jahren mit Seilen und Haken gesichert. Wie gut, daß ich das weiß. Über mir ahne ich eine gelbe Gesteinsschicht unter dem Schnee. Einige Felsinseln verraten die waagrechte Schichtung des Berges.
Schon vor dem Start habe ich mir ausgerechnet, daß es keine Probleme geben darf, wenn ich am ersten Tag 1200 Höhenmeter schaffe. Es sind mindestens 1300 Meter geworden. Beim Alleingang auf den Nanga Parbat 1978, der mir den psychischen Rückhalt gibt für diese Solotour auf den Everest, habe ich am ersten Tag zwar 1600 Höhenmeter klettern können, damals aber war ich bei 4800 Meter gestartet, und es ist ein himmelweiter Unterschied, ob man auf 6000 oder auf 7000 Meter Meereshöhe klettert. Hier, knapp unter 8000 Meter Höhe, wird jeder Handgriff zur Überwindung, zur Qual.

Mein winziges Zelt, keine 2 Kilogramm schwer und doch so gebaut, daß es Stürmen bis zu 100 Kilometern Windgeschwindigkeit standhalten kann, braucht nicht viel Platz. Es ist gerade so groß, daß ich mit angewinkelten Knien darin liegen kann. Trotzdem brauche ich lange, einen Platz dafür einzuebnen. Mit den Schuhen schiebe ich den Schnee hin und her, trete ihn fest. Ich habe keine Schaufel. Das Zelt darf nicht schief stehen. Ich habe Mühe, es aufzuspannen. Immer wieder fährt eine Windbö hinein und hebt es hoch. Erst als ich die Zeltwand auf die Leichtmetallrohre spanne, habe ich ein gutes Gefühl. Mit meinen Skistöcken, dem Eispickel und dem einzigen Felshaken, den ich dabeihabe, fixiere ich die Biwakhülle. Ich lege dann eine fingerdicke Schaumgummimatte auf den Boden, schiebe den vollen Rucksack nach und krieche hinein. Eine Zeitlang liege ich nur da. Ich höre dem Wind zu, der die Eiskristalle auf die Zeltwand wirft. Er kommt in Wellen, ebbt auf und ab, und sein Rhythmus hält mich wach. Der Wind bläst von Nordwesten, das ist ein gutes Zeichen.

Ich soll kochen. Ich muß. Wieder ein Befehl, der alles in mir und um mich ausfüllt. Aber von den vielen kleinen Verrichtungen, vom Aufbau des Nachtlagers noch müder als vorher, kann ich mich nicht dazu aufraffen. Ein letztes Mal gehe ich vors Zelt, hole in meinem kleinen Aluminiumtopf Schnee herein und schaue hinab ins Tal. Als könnte ich mich vor der so wichtigen Arbeit des Kochens drücken. Es wird jetzt empfindlich kalt. Eine Zeitlang sitze ich auf dem Felskopf, den ich von unten als »idealen Rastplatz« ausgemacht habe.

Das Biwakzelt auf 7800 Meter

Weit im Norden sehe ich das tibetische Hügelland, noch weiter nördlich die graubraunen Steinkegel von Shegar und ganz hinten eine weiße Gebirgskette. Wolken füllen die Täler im Süden. Der Wind wird heftiger. Wenn Wilson bis hierher gekommen wäre, denke ich plötzlich, hätte er den Gipfel erreicht. Wilson war zäher als ich, unbeugsam und fähig, Einsamkeit zu ertragen.
Das Gelände über mir scheint wirklich leicht zu sein, auch Wilson hätte es klettern können, wenigstens bis zum Nordostgrat. Verstehe ich diesen Verrückten deshalb so gut, weil ich selbst verrückt bin? Oder tröstet mich die Konsequenz dieses Mannes in meinem Wahn, etwas zu beweisen? Ich weiß nicht genau, was es ist, wenigstens nicht rational; noch kann ich in mich hineinsehen, aber ich benehme mich wie ein Besessener, der sein Selbst einsetzt, um sich auszudrükken.
Ich kenne keinen Berg, keine andere Gegend, die den Blick in die Unendlichkeit entrücken wie der Mount Everest über dem tibetischen Hochland. Mit diesem Eindruck krieche ich in die Enge des Zeltes zurück. Der Raum um mich schrumpft auf einen Kubikmeter, und ich vergesse rasch, wo mein Zelt steht. Die Füße im Schlafsack beginne ich, auf meinem kleinen Gasbrenner zu kochen. Den Rucksack abnehmen, den Lagerplatz einebnen, das Zelt fixieren, all das war ein hartes Stück Arbeit nach mehr als zehn Stunden Kletterei. Jetzt folgen sechs Stunden Kleinarbeit, und diese Kleinarbeit ist so anstrengend wie das Steigen vorher. Ich esse Käse in kleinen Krumen und nage an einem Stück Südtiroler Bauernbrot. Zwischendurch schlafe ich ein. Als ich wieder aufwache, ist der erste Topf mit Wasser warm. Die Suppe schmeckt fad. Der Schnee schmilzt unendlich langsam.
Ich bin von soviel Ruhe umgeben und gleichzeitig so heftig aufgewühlt, daß ich jemanden umarmen möchte.
Obwohl ich seit heute morgen nichts mehr gegessen habe, bin ich nicht hungrig. Auch zum Trinken muß ich mich zwingen. Das Durstgefühl ist geringer als das Flüssigkeitsbedürfnis meines Körpers. Ich muß wenigstens vier Liter trinken. Ein Erfahrungswert, den ich übernommen habe wie den Routenverlauf und die Wetterstudien. Wieder denke ich an Maurice Wilson, der in seinem Fanatismus den Alleingang auf den Everest gewagt hat, obwohl er gar kein Bergsteiger gewesen ist. Er wußte wenig über die Höhe. Auch nach den schlimmsten Schneestürmen und mehreren Abstürzen hat Wilson nicht aufgegeben.
Mir fehlt nichts, die noch zu erwartenden Kletterschwierigkeiten liegen weit unterhalb meiner Leistungsgrenze, und doch muß ich mich zwingen, an den Erfolg zu glauben. Ich weiß, daß ich es schaffen kann. Trotzdem versuche ich mich zu überreden, nicht aufzugeben.
Solange Wilson sich auf den Beinen halten konnte, ist er wie ein Besessener weiter aufwärts gestiegen, getragen vom Glauben und von Gott. Ich brauche soviel Energie, nur um gegen Angst und Trägheit anzukämpfen. Dabei verfolge ich ein Ziel, das nicht einmal die Bergsteiger verstehen. Wann werde ich endlich ohne Ziele leben können? Warum stehe ich mir mit meinem Ehrgeiz, mit meinem Fanatismus selbst im Weg?
»Fai la cucina«, sagt jemand neben mir, »Kümmere dich um die Küche.« Ich denke wieder ans Kochen. Halblaut

rede ich vor mich hin. Das starke Gefühl, seit einigen Stunden schon, mit einem unsichtbaren Begleiter beisammen zu sein, hat mich anscheinend hoffen lassen, daß der andere kocht. Ich frage mich auch, wie wir wohl beim Schlafen in diesem winzigen Zelt Platz haben werden. Ich teile das Stück Trockenfleisch, das ich aus dem Rucksack hole, in zwei gleiche Teile. Erst in dem Augenblick, als ich mich umdrehe, weiß ich wieder, daß ich allein bin. Ich rede jetzt Italienisch, obwohl für mich als Südtiroler Deutsch die Muttersprache ist und ich mit meiner amerikanischen Freundin Nena seit drei Monaten nur Englisch spreche.

Wie ich mit Sonnenenergie auf einfache Weise aus Schnee warmes Wasser bereiten kann, weiß ich. Am billigsten geht es nach dem Treibhausprinzip. Ich habe eigens eine flache schwarze Plastiktüte mitgenommen, um sie mit Schnee zu füllen und an einer Schnur in eine durchsichtige Plastiktüte zu hängen. Es ist aber zu windig, und die Sonne ist jetzt, am Nachmittag, verschleiert. Also koche ich im Zelt auf der winzigen Gasflamme. Halb ausgestreckt, von Zeit zu Zeit die Position ändernd, liege ich da. Die Matte ist hart wie ein Stein. Der Wind ist so stark geworden, daß das Zelt flattert, und immer, wenn ich den Eingang zwei Handbreit öffne, um mit dem Deckel des Kochtopfes Schnee hereinzuschaufeln, bläst er die Flamme meines Gasbrenners aus. Das wird eine schlimme Nacht, denke ich. Aber der Wind ist gleichzeitig ein Gutwetterzeichen. Also bedeutet er auch Trost.

Es braucht eine Menge Schnee, bis ich einen Liter Wasser geschmolzen habe. Noch einmal mache ich Tomatensuppe, dann zwei Töpfe mit tibetischem Salztee. Von den Nomaden habe ich gelernt, ihn zuzubereiten. Eine Handfläche voll Kräuter für einen Liter Wasser, dazu zwei Prisen Salz. Ich muß viel trinken, wenn ich nicht austrocknen will. Mein Blut könnte sich zu sehr verdicken, wenn ich nicht genug Flüssigkeit zu mir nähme. Also zwinge ich mich, weiter Schnee zu schmelzen, zu trinken.

Das Kochen dauert einige Stunden. Ich liege nur da, halte den Kochtopf und schiebe zwischendurch ein Stück Trokkenfleisch oder Parmesankäse in den Mund. Ich habe keine Lust, das Zelt zu verlassen. Der Sturm draußen nimmt immer noch zu. Wie Hagel schlagen jetzt Eiskörner an die Zeltwand. Das Gestänge singt. Das ist gut, denn der Wind wirbelt Schnee vom Grat und vertreibt die Monsunwolken, die am Spätnachmittag herandrängten. Nur an Einschlafen ist so nicht zu denken. Fürchterliche Stöße zerren am Zelt. Oder gaukeln mir meine überwachen Sinne dies nur vor? Zeltboden und Schlafsack werden immer wieder hochgehoben. Wenn der Sturm noch stärker wird, wirft er mich mitsamt meiner Behausung in die Tiefe. Ich muß das Zelt festhalten. Schneepuder dringt durch die Ritzen. Das Kochen ist jetzt unmöglich geworden. Ich habe mich hingelegt, die Arme im Schlafsack, und warte. Ich möchte die Augen geschlossen halten, aber immer, wenn ein fester Windstoß kommt, schlage ich sie unwillkürlich wieder auf. Bin ich noch da? Allein schon dieses Daliegen mit gespannten Sinnen kostet Energie. Die Zeltwände flattern, der Sturm pfeift, heult, drückt. Aufgewirbelter Schnee schlägt an die Planen wie Gischt an den Bug eines Schiffes.

Einmal, als ich durch den Zelteingang schaue, schlägt mir ein Schwall Eiskörner entgegen. Trotzdem kommt keine Panik auf. Die Umgebung ist völlig ausgelöscht. Die schwarzen Felsinseln über mir sehen gespenstisch aus. Dieser Sturm droht mich wirklich mitsamt dem Zelt in die Tiefe zu schleudern. Der feine Eisstaub im Zelt, die Finger, die am Metall klebenbleiben, das alles läßt mich immer wieder frösteln. Trotzdem gelingt es mir, einigermaßen warm zu bleiben. Ich stecke immer wieder, wenn der Wind nachläßt, beide Arme tief in den Schlafsack, halte ihn von innen zusammen. Nur das Gesicht bleibt frei. Einmal schlafe ich kurz ein.
Die Nacht ist erträglich. Der Sturm hat nachgelassen. In den schlaflosen Pausen ziehen endlose Gedankenketten ihre Kreise. Ich empfinde dieses Denken als etwas Stoffliches. Da springt im Hinterkopf ein Gedankenfetzen nach dem anderen hin und her, in Punkte verdichtete Energie, findet den Ausgang nicht, hat sein Eigenleben. So, als gebe es eine Energie in meinem Kraftfeld, die frei von mir ist. Sie gehört zwar zu mir, lebt aber ohne mein Dazutun, ohne Antrieb. Sogar im Schlaf.
Sie kommt und vergeht auch gegen meinen Willen. So ist es auch mit dieser fast greifbaren Kraft um mich herum. Da atmet in ständiger Explosion und Implosion ein Geist, der aus dem Nichts entsteht und der sich zu einem Nichts verdichtet. Nur irgendwo zwischen diesen extremen Formen nehme ich ihn wahr, sogar mit meinen Sinnen.
Da ist auch mein morgiger Plan. Ist es nicht möglich, in so und so vielen Stunden so und so hoch zu kommen? Immer wieder dieselbe Frage. Ich beantworte

Die Nordostschulter über dem ersten Biwakplatz

sie nicht rational, ich beantworte sie emotional. Ein Spiel, wie das Abzählen von Blütenblättern – sie liebt mich, sie liebt mich nicht. 600 Höhenmeter vielleicht? 700? Unter die »zweite Stufe«? Dann dringt wieder das Wetter ins halbwache Bewußtsein. Der Wind hat sich nicht ganz gelegt. Trotzdem empfinde ich sein Nachlassen als Ruhe. Die Ruhe vor dem Sturm? Der Mond scheint, aber die Nacht ist trotzdem warm. Ich friere nicht mehr. Ist der Monsunbreak zu Ende? Sind es immer noch Eiskörner, die der Wind aufs Zelt wirft, oder schneit es schon? Wenn es plötzlich und viel schneit, kann ich weder hinauf noch hinunter. Dann bin ich gefangen. In meiner Trägheit weiß ich nicht, was mehr meinem Wunsch entspricht, Schönwetter oder Schnee. Was soll ich im Fall von Lawinengefahr tun? Wie lange könnte ich hier überleben?
Diese Fragen, auf die meine Phantasie keine Antwort weiß, auch keine Antwort geben will, verfolgen mich bis in meine Träume. Wieder Gedankenketten ohne Abschluß, verselbständigte Energieströme im Kopf. Sicher, höher oben ist die Lawinengefahr gering, aber dieser körnige Neuschnee ist wie Sumpf, er bremst nicht nur, er höhlt auch aus. Einmal erschöpft, bin ich für immer verloren.
Im Verlauf des träge anbrechenden Morgens bemerke ich, wie der Wind weiter nachläßt. Das beflügelt mich. Ich fingere den Gasbrenner in den Schlafsack, wärme ihn an. Eine Stunde später trinke ich lauwarmen Kaffee. Dazu kaue ich wieder hartes Südtiroler Bauernbrot. All die kleinen Handgriffe summieren sich in der Enge und Kälte des Zeltes zu einer körperlichen Qual. Ich arbeite mit klammen Fingern, ununterbrochen rieselt Rauhreif von der Plane. Sich ganz ausstrecken können, aufstehen, um die Kleider zu ordnen, ist ein Luxus, den ich mir hier nicht leisten kann. Das entsprechende Zelt wiegt mindestens dreimal soviel wie meine Spezialkonstruktion. Ich zwinge mich abermals zu kochen. Die trockenen Schneeschollen erzeugen ein unangenehmes Geräusch zwischen meinen Fingern. Es dauert ewig, bis mein faustgroßer Topf voll Wasser ist.
Eine Stunde lang liege ich noch mit meinen Kleidern im Schlafsack, trinke und döse vor mich hin. Auf die Uhr sehen will ich nicht. Wenn ich die Augen aufschlage, weiß ich oft nicht, ob es Abend ist oder Morgen.
In meinem Innersten sitzt eine treibende Unruhe. Es ist nicht Schreck, was mich plötzlich packt wie eine große, mein ganzes Wesen umfassende Hand. Es sind all die Erfahrungen meines Bergsteigerlebens, die sich in mir ausbreiten und zur Aktivität drängen. Die Anstrengung von 30 Jahren Kletterei; Lawinen, die ich erlebt habe, Erschöpfungszustände, die sich über Jahrzehnte zu einem Gefühl tiefer Machtlosigkeit verdichtet haben. Du mußt weiter! Zeit gewonnen ist Energie gespart. Ich weiß, was mir in den folgenden Tagen alles zustoßen kann, und ich weiß, wie groß die Schinderei unter dem Gipfel werden wird. Dieses Wissen ist jetzt nur noch in Aktivität zu ertragen.
Ich muß gehen, und trotzdem kostet mich jeder kleinste Handgriff Überwindung. Hier oben ist das Leben bis zur Brutalität eingespannt zwischen Erschöpfung und Willen; die Selbstüberwindung wird zum Zwang. Warum ich

nicht absteige? Es gibt keinen äußeren Anlaß dazu. Ich kann nicht einfach aufgeben ohne Grund. Ich wollte ja da hinauf, ich will es noch immer. Die Neugierde – wo ist Mallory geblieben? –; das Spiel – ein Mann gegen den Mount Everest –; der Ehrgeiz – ich will der erste sein –; alle diese oberflächlichen Antriebe sind verflogen, weg. Das, was mich antreibt, steckt viel tiefer als ich selbst und die Lupe des Psychologen sehen können.
Tag um Tag, Stunde um Stunde, Minute um Minute, Schritt für Schritt zwinge ich mich, etwas zu tun, wogegen sich mein Körper sträubt. Gleichzeitig ist dieser Zustand nur in der Tätigkeit erträglich. Nur ein böses Omen oder die leichteste Krankheit wären als Entschuldigung stark genug vor mir selbst, um abzusteigen.
Als die Sonne auf mein Zelt trifft und langsam den Rauhreif von der Innenwand leckt, packe ich alles wieder ein. Stück für Stück, in der umgekehrten Reihenfolge, in der ich es am Abend wieder auspacken muß. Nur zwei Sardinenbüchsen, eine Gaskartusche sowie die Hälfte der Suppen und des Tees lasse ich in einem winzigen Depot zurück, damit mein Rucksack leichter wird. Ich muß mit dem Rest der Nahrungsmittel auskommen. Es ist bald 9 Uhr.
Das Wetter ist gut. Morgen werde ich auf dem Gipfel sein! Mit dem Augenblick, als ich aus dem Zelt krieche, ist meine Zuversicht wieder da. Als atme ich kosmische Energie. Oder ist es nur der Gipfel, mit dem ich mich identifiziere?
Die Luft über mir scheint dünn zu sein, von jenem weichen Blau, das durchscheinend wirkt. Die Berge unter mir nehme ich nur noch als wellige Fläche wahr, ein Relief in schwarz-weiß. Das Zelt abbauen, zusammenfalten! Ein Befehl, den ich mir selbst gebe. Jetzt aber kommen diese Impulse nicht mehr aus dem Kopf, jetzt kommen sie wieder aus dem Bauch.
Jeder Atemzug füllt meine Lungen mit Luft, mein Wesen mit Selbstverständnis. Es kann keine Zweifel geben. Ich setze meinen Weg fort.
Die ersten 50 Meter gehe ich sehr langsam, dann finde ich meinen Rhythmus wieder. Ich komme gut voran. An einer Lawinenabbruchstelle zögere ich. Ich klettere etwas rechts vom Nordgrat; das Gelände wird steiler. Es liegt hier mehr Schnee als weiter unten.
Plötzlich verschlechtert sich das Wetter. Wie massive Keile schieben sich grauweiße Wolkenformationen von Süden über die Pässe nach Tibet. Schon ist die Talsohle ausgefüllt mit Monsunnebeln. Instinktiv halte ich mich weiter rechts. Das Wetter am Everest ist oft anders, als es aussieht. Ist das der Monsun oder ein Wettersturz? Kommt Sturm auf?
Man muß den Wind in Gipfelnähe erlebt haben, um zu wissen, daß er mit Leichtigkeit Menschen davontragen kann. Jetzt schwimmen auch noch Schlieren am Himmel. Dazu der Kampf mit der Höhenluft, der mich nervt. Die Rastpausen zwischen dem Steigen werden länger. Zögern. Unsicherheit. Die Hänge sind nicht steil, durchschnittlich 40 Grad geneigt vielleicht. Aber über 7900 Meter ist jedes Gelände anstrengend. Um mich herum ist die Morgenluft immer noch klar. Über dem Rongbuk-Tal bilden sich ständig Wolkensträhnen. Sie verschieben sich bis an den östlichen Horizont und lösen sich auf.

Sisyphus am Everest

Wie immer in großer Höhe brauche ich auch heute lange, den Lebens-Energie-Kreislauf wieder in Fluß zu bringen. Es ist, als sei die Harmonie gestört. Durch die Bewegungen – rechter Fuß eingesetzt, belastet, entspannt, nachgezogen, linker Fuß … – entsteht ein Energiefeld in meinem Körper. Nach dem ersten Anstoß öffnen sich Schleusen, lösen sich Verspannungen. Mit dem Schwinden der Angst verdichten sich Strömungen im ganzen Körper, nicht meßbare, ungreifbare Formen der Energie.

Am Vormittag dieses 19. August steige ich lange – viel länger als normal – gegen diese gestaute Kraft an. Es ist, als sei etwas blockiert, als liege es nicht an der Höhe, sondern an mir, wenn ich kaum von der Stelle komme.

Gestern ging es so leicht. Jetzt ist jeder Schritt eine Qual. Warum bin ich so langsam? Der Rucksack drückt, obwohl er leichter geworden ist. Ich fühle mich verloren, ausgesetzt. Trotzdem kann ich mir nicht einreden, daß da ein Gott ist, der diese Welt lenkt, der sich um jeden einzelnen von uns kümmert. Einen Schöpfer außerhalb von mir, außerhalb des Kosmos, gibt es nicht. Ich weiß nicht, wann mir diese Vorstellung abhanden gekommen ist, ich weiß nur, daß es seither schwieriger ist, mich in dieser Welt nicht einsam und verlassen zu fühlen.

Der Schnee liegt hier tiefer. Wenn meine Schuhe einsinken, entsteht ein sonderbares Geräusch. Es ist, als ob jemand hinter mir ginge.

Ich muß endlich akzeptieren, allein zu sein, unausweichlich allein. In den längeren Schnaufpausen kommt etwas wie Heimweh in mir auf. Mein Bedürfnis nach Geborgenheit übermannt mich. Dabei weiß ich: Alle Hoffnungen, daß unten jemand auf mich wartet, sind wie die Angst vor dem Alleinsein – hemmend, lähmend. Nur in der Aktivität des Gehens, Suchens und Schauens wird es für mich möglich, dieses Alleinsein zu bejahen.

Solange ich denke, ist die Energie, die mir zur Verfügung steht, rasch verbraucht. Nur mit dem Willen allein komme ich jetzt nicht mehr weit. Nachdem ich mich gelöst habe, bin ich offen für eine Kraft von außen. Ich bin wie eine hohle Hand, erlebe einen Rückfluß. Die geballte Faust oder gestreckte Finger führen mit der Erschöpfung zur Lähmung. Nur wenn ich wie eine hohle Hand bin, regeneriert ein unsichtbarer Teil meines Wesens nicht nur im Schlaf, auch beim Steigen.

Der Rhythmus Klettern – Rast wird bestimmt von dieser Energie, und diese Energie bestimmt meinen Rhythmus. Die Pausen zwischen dem Steigen sind schon länger als die 15 Schritte, die ich nun jeweils schaffe. Das ist mein Zeitmaß, Schritt für Schritt. Zeit und Raum sind eins.

Es ist so schwer, mit sich selbst zurechtzukommen, alle Verantwortung, nicht nur die für seine Handlungen, auch die für das Nur-da-Sein zu übernehmen. Besonders dann, wenn der ganze Körper Verzweiflung wird vor Anstrengung. Trotz des freiwillig eingegangenen Risikos kann ich es jetzt nicht machen wie Wilson: mich ganz einem Gott anvertrauen. Welchem auch? Während des Steigens bin ich verwandelt, wie tot. Was mich aufrecht hält, ist die Welt um mich: Luft, Himmel, Erde, die Wolken, die von Westen herandrängen. Das Erlebnis des Vorwärtskommens bei den je-

weils ersten Schritten. Das Empfinden des eigenen Willens als etwas Greifbares vor den letzten zwei Schritten.
Das Gelände ist leicht. Trotzdem verlangt es alle meine Aufmerksamkeit. Daß ich stehen kann, daß ich weiterkomme, gibt mir die Energie weiterzudenken, weiterzuwollen. Mindestens ebenso wichtig wie dieses Erfolgserlebnis ist die Freude an der eigenen Geschicklichkeit. Es ist erstaunlich, wie oft ich selbst diesen Teil der Genugtuung beim Klettern übersehen habe und allein vom Trachten nach dem Gipfel berichtet habe. Das Höhenbergsteigen erfordert eine ganze Reihe von Fertigkeiten, Kenntnissen und Erfindungsgaben. Je höher man kommt, desto mehr wird man sich selbst zum Problem. Die Fähigkeit, auch Probleme dieser Art zu lösen ist es, die den guten Bergsteiger ausmacht. Ich sehe den Nutzen des Bergsteigens nicht in der Weiterentwicklung der technischen Grundlagen, sondern darin, daß Instinkte und Fertigkeiten des Menschen sich erweitern. Das Wissen um seine Begrenztheit ist ebenso wichtig wie sein Unendlichkeitsanspruch.
Mit meinem schneckengleichen Vorankommen habe ich das Schätzungsvermögen für die Entfernung verloren. Auch das Empfinden für Zeit. Bin ich im Begriff, mich aufzulösen? Dabei habe ich einmal gesagt, die Entwicklung des Menschen selbst sei Teil meines Motivs. Entwicklung hat in dieser Aussage kein Vorzeichen. Mein Zustand ist wertfrei.
Wenn man mir häufig Erfolgszwang unterstellt, ist dies bezeichnend für den Menschen unserer Zeit, für den das Ergebnis einer Anstrengung und nicht der Lernprozeß selbst zählt. Wer seinen Körper nur noch als Träger für den Erfolg wahrnimmt, kann mich nicht verstehen, kann auch meinen Gedanken nicht folgen. Ich gehe weiter – ohne noch zu rechnen oder zu ahnen, wie weit ich komme. Dieses Steigen, Rasten, Atmen ist ein Zustand geworden, der mich ganz ausfüllt. Es ist nur noch ein Vektor. Diesen vorwärtsdrängenden Impuls des Bergsteigens nennt man oft Aggression; ich sage lieber Neugier oder Leidenschaft. Jetzt ist von all dem nichts mehr vorhanden. Das Weiterkommen hat seine Eigendynamik. 15 Schritte, Atmen, auf die Skistöcke gestützt. Beides nach innen und damit nach oben gerichtet. Mit dem Wissen, daß Gott die Auflösung ist. Ich gebe zu, daß in Momenten ernster Gefahr etwas wächst wie defensive Aggression; sie dient dem Überleben, erlischt aber, sobald die Bedrohung nicht mehr vorhanden ist. Ich bin jetzt nicht bedroht. Es ist alles so friedlich um mich herum. Ich bin nicht einmal in Eile. Schneller geht es nicht. Dieser Erkenntnis unterwerfe ich mich wie einem Naturgesetz.
Mein Höhenmesser zeigt 7900 Meter an. Aber Höhenmesser haben die Eigenschaft, nach oben hin ungenauer zu werden. Meist zeigen sie weniger an als die tatsächliche Höhe. Es ist auch denkbar, daß der Luftdruck während des Biwaks gefallen oder gestiegen ist. Ich nehme den Höhenmesser nicht mehr ernst.
Das Wetter ist immer noch schön, und ich will weitermachen. Der Rückzug kommt in meinem Kopf nicht mehr vor. Etwa 100 Höhenmeter oberhalb des Lagerplatzes stelle ich fest, daß der Aufstieg über den Grat zu gefährlich wird.

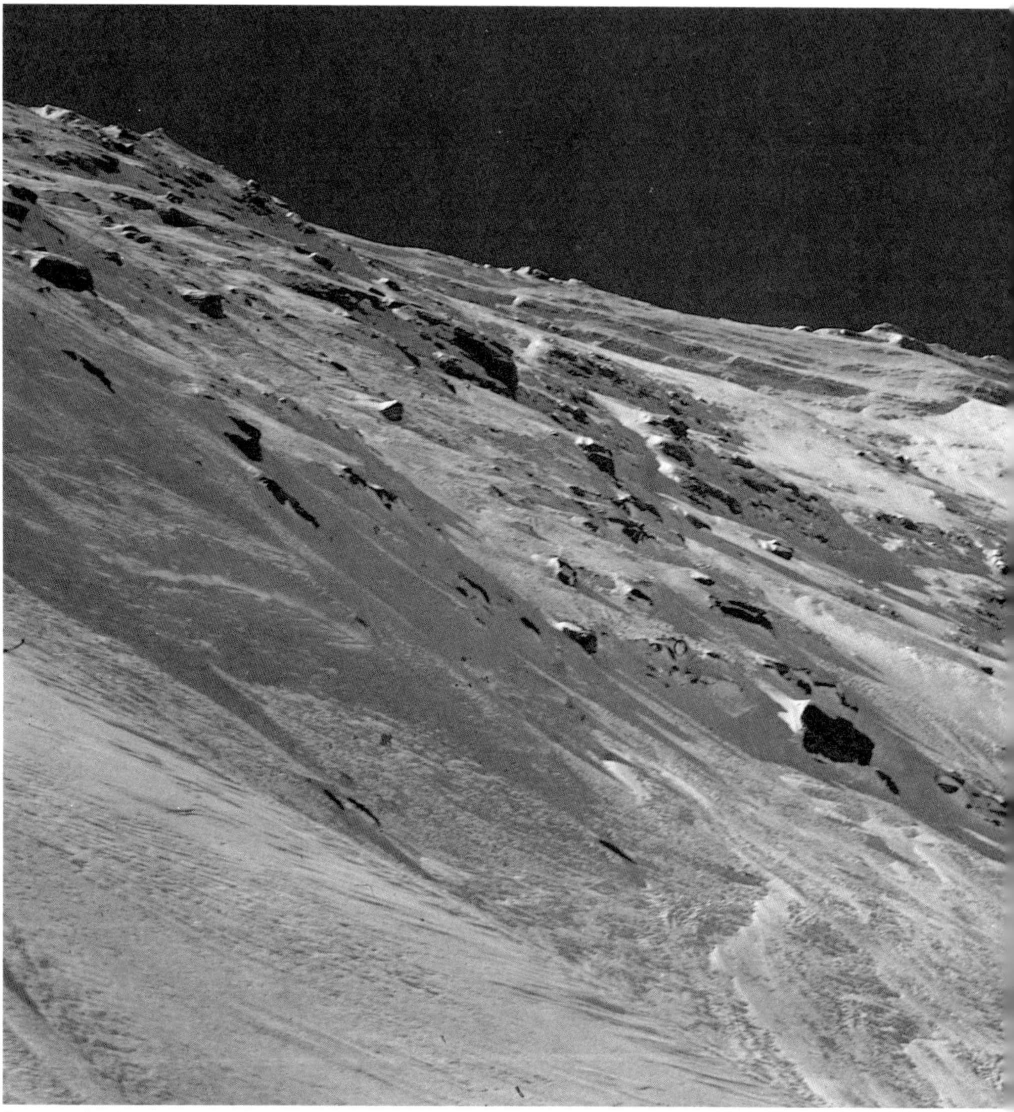

Querung in der Nordwand

Auch zu anstrengend. Da liegt der Schnee teilweise knietief. Alle Mulden sind zugeweht. Und über mir eine einzige Mulde, riesengroß. Nicht nur die Lawinengefahr, vor allem die Anstrengung schreckt mich ab. Hoffnungslosigkeit, als ich mit dem rechten Skistock in der mehligen Masse stochere. Schneebrettgefahr! Die oberste Schicht ist fest, gibt aber knackend nach, wenn ich hineintrete. Drunter körniger Schnee. Allein würde ich mich bei diesen Bedingungen allzu schnell verausgaben. Allein würde ich es nicht schaffen, den Schnee niederzutreten.

Da sehe ich, daß in der Nordwand Schneebretter abgegangen sind. Ein Zufall? Dort ist die Unterlage hart. Ja, dort!

Ohne viel zu denken, beginne ich in die Nordwand zu queren. Instinktiv, als sei dies in mir vorprogrammiert, will ich ins Norton-Couloir und über dieses am nächsten Tag zum Gipfel. Diese Entscheidung treffe ich so plötzlich wie der Schnee schlecht wird. Die Querung in der Nordwand zieht sich lang hin, bringt nicht allzu viele Höhenmeter, ist aber gut gehbar im festen Monsunschnee. Den Pickel brauche ich nicht; auf die Skistöcke gestützt quere ich den Hang. Der Rucksack mit dem Zelt, das ich außen daran aufgebunden habe, damit es trocknen kann, ist immer noch schwer. In einer Höhe von fast 8 000 Meter ist das Rasten, das Halten dieses Rucksacks allein schon eine An-

strengung. Ohne die Skistöcke würde ich schwanken, umfallen. Ich raste wie ein Vierbeiner. So engt das Gewicht des Rucksacks mein Atmen nicht ein.
Wenn ich wieder gehe, tue ich es ebenfalls stark vornübergebeugt. Den Skistock in der linken Hand, den ich bergseitig einsetze, habe ich kürzer verstellt.
Das Zählen meiner Schritte habe ich ganz aufgegeben, zum Fotografieren fehlen mir Ruhe und Kraft. Im gleichmäßigen Rhythmus – Gehen – Rasten – komme ich schneckengleich voran. Und aus dem Weiterkommen fließt mir Energie zu. Sie reicht gerade, um diesen Rhythmus aufrecht zu erhalten.
Das Gelände ist geneigt und wellig. Die Strecke bis zum großen Schneecouloir scheint kurz. Ohne mich zu fragen, wie viele Mulden zwischen mir und meinem geplanten Biwakplatz liegen mögen, steige ich unbeirrbar bergan. Meine Zuversicht wächst. Das Alleinsein empfinde ich nicht mehr als Isolation, vielmehr als Losgelöstsein. Die Brücke von Frau und Freunden, das Eingebettetsein in eine Gemeinschaft – Stützen, die auch ich brauche – erlebe ich jetzt als das, was sie sind: als Hilfen, um das Bewußtwerden des Alleinseins zu ertragen.
Ich bin jetzt direkt unter der »ersten Stufe«. Über mir springt ein stumpfer, flacher Pfeiler vor wie eine Sichel. Auch dieser Vorsprung ist verschneit. Nur rechts davon steht eine abweisende Steilwand. Sie ist dunkel. Schnee lagert nur auf einigen Bändern. Die Felsinseln im Monsunschnee werden mehr. Damit wächst mein Empfinden, hier schon einmal gewesen zu sein. – Diesen Weg kennst du doch?
Was mich beunruhigt, ist das Wetter. Kaum Wind. Die Sonne sticht. Von Süden drängen Wolken heran. Wie Keile schieben sich grauweiße Massen nach Norden. Ja, es gibt keinen Zweifel: Die Monsunstürme senden ihre Boten voraus.
Trotzdem steige ich entschlossen weiter. Immer nach rechts aufwärts. Ich halte mich in gerader Linie zum Gipfel. Dabei macht der Gipfel des Mount Everest oder was ich dafür halte – die letzte Spitze ist dort oben vermutlich unsichtbar – keinen überwältigenden Eindruck auf mich. Ich stehe dicht unterhalb des Nordostgrats, und der Weg wirkt verflacht.
Auch die Aussicht ist beschränkt: auf einer Seite durch die Masse des Berges, auf der anderen durch die höher steigende Wolkendecke. Der Nordgipfel erscheint jetzt flach und klein. Er teilt die vom Tal heraufquellenden Nebel. Nur nach längeren Rastpausen bin ich zu solchen Beobachtungen fähig. Zwischen Nordgrat und Norton-Schlucht stehe ich in einer Bergflanke, die in den Alpen keinen Vergleich findet. Ein schräges Trapez, 2½ Kilometer hoch und fast einen Kilometer breit.
Dabei komme ich so langsam vorwärts! Wie lange meine Verschnaufpausen jeweils sind, weiß ich nicht. Mit den Skistöcken gelingt es mir, bis zu 15 Schritte zu gehen, dann muß ich minutenlang rasten. Alle Kraft scheint von der Lunge abzuhängen. Ist die Lunge ausgepumpt, muß ich stehenbleiben. Ich atme durch den Mund ein und stoße die Luft durch Mund und Nase aus. Und beim Stehen muß ich alle Willenskraft aufwenden, um die Lunge zum Arbeiten zu zwingen. Erst wenn sie gleichmäßig pumpt, verschwindet der Schmerz, erlebe ich et-

was wie Energie. Jetzt haben die Beine Kraft.
Ich habe mich spontan entschlossen, in die Nordhänge des Mount Everest zu gehen, und dies, obwohl ich nach Mallory und Irvine habe Ausschau halten wollen. Nicht nur, weil soviel Schnee liegt, auch weil ich um das Scheitern der beiden weiß, gibt es kein Ressentiment. Ich bin auf dem einzigen richtigen Weg zum Gipfel.
Das Gehen ist mal mühsam, mal eine Qual, es hängt ganz von den Schneeverhältnissen ab. Die abwärts geschichteten Platten liegen zum Glück unter einer Firndecke begraben. Bisher habe ich alle Felsinseln umgehen können. Ich kann den Nordostgrat über mir sehen, weiß aber, daß im Moment dort von den Pionieren nichts zu finden sein kann. An diesem Grat also sind Mallory und Irvine entlanggeklettert, genau an der Kante des Grates. Das ist keine Vermutung. Ich bin überzeugt davon, daß Odell die beiden an der »ersten Stufe« gesehen hat, an jenem Höcker, der über die Gratlinie hinausragt. Ich weiß jetzt, daß sie an der »zweiten Stufe« gescheitert sind. In der tiefen Mulde über mir liegen Mallory und Irvine im Monsunschnee begraben. Diese Ahnung füllt mich aus wie ein altes Märchen. Ohne Angst kann ich daran denken.
Es ist, als sähe ich jetzt den Ursprung jener Legende, als habe ich die Wahrheit wahrgenommen. Die Beobachtungen des chinesischen Bergsteigers Wang von 1974, der dem Japaner Hasegaura fünf Jahre später von seinem Fund erzählt hat, bevor ihn eine Lawine unter dem Nordsattel tötete, scheint jetzt ebenso aus meiner Erinnerung gestrichen wie die widersprüchlichen Beschreibungen der beiden Stufen. »First« und »second step« liegen nun über mir. Dort leben Mallory und Irvine weiter. Das Schicksal der beiden ist jetzt losgelöst von allen Spekulationen und Hoffnungen. Es ist in mir lebendig. Dabei weiß ich nicht, ob es sich außen abspielt wie ein Theater oder ob es sich innen verdichtet. Jedenfalls kommt es in meinem Leben vor. Es ist, als ob es dazugehörte.
Der »second step« sieht von der Nähe aus, als ob er überhängt. Nur wenig Schnee hat sich dort festgesetzt. Nein, ohne Haken und Leitern, wie sie die Chinesen eingesetzt haben, ist es buchstäblich unmöglich, ihn zu überklettern. Auch heute noch. Auch der Japaner Kato hat vor wenigen Monaten die von den Chinesen belassenen Steighilfen benutzt.
Zwischen den beiden Stufen also sind Mallory und Irvine verschollen. Ohne vorher den Gipfel erreicht zu haben. Wie sie gestorben sind, frage ich mich nicht. Ich sehe sie nur umkehren. Irvine und Mallory, seit Jahrzehnten zur Legende geworden, leben für mich immer noch da oben, und zwar nicht nur in Odells Bildern.
Enttäuscht und erschöpft kehren sie unterm »second step« um. Im schwindenden Tageslicht wachsen die Schwierigkeiten. Die beiden zwingen sich, den mühseligen Abstieg fortzusetzen. Sie werden immer langsamer. Es wird Nacht. Energie aus dem Erfolg nur könnte sie retten. Die Vision erlischt. Wie die beiden gestorben sind, kann erst beantwortet werden, wenn jemand Mallorys Körper findet oder die Kamera, die ihm Somervell geliehen hatte. Vielleicht kann es nie endgültig beantwortet werden. Daß die beiden den Gipfel

nicht erreicht haben, steht für mich jedoch außer Zweifel.
Nach einer längeren Rastpause geht mein Atem ruhig und regelmäßig. Redet da jemand in meiner Nähe? Ist da jemand? Wieder höre ich nur mein Herz und meinen Atem. Und doch, da sind sie wieder! In dieser Stille hört sich jeder Laut, jedes die Atmosphäre übertönende Geräusch wie ein gesprochenes Wort an. Ich erschrecke öfters, weil ich Stimmen zu vernehmen glaube. Vielleicht sind es Mallory und Irvine? Auf Grund der Tatsache, daß mich viele Jahre das Verschwinden der beiden beschäftigt hat, wird jetzt jedes Geräusch als Vision in mir lebendig. Jedenfalls glaube ich manchmal, daß es ihre Rufe sind, die ein Windhauch heranträgt oder fortnimmt. Aber ich kenne ihre Stimmen nicht. Nie habe ich versucht, sie mir vorzustellen. Leben Mallory und Irvine also wirklich noch? Ja, ihr Geist ist noch da. Ich spüre ihn deutlich.
Ich schaue auf die »zweite Stufe«, und schon beschäftigen zwei Menschen meine Phantasie, lösen Trugbilder aus. In den treibenden Nebeln erscheint alles so nahe, gespenstisch. Trotz meiner Müdigkeit starre ich immer wieder auf die Gratschneide über mir. Der »second step« rückt näher. Eine relativ leichte Schneerinne führt zu einer steilen Verschneidung. Ganz deutlich erkenne ich eine Sperrstelle am Ende. Ich weiß in diesem Augenblick nicht, daß die Japaner Yasuo Kato und Susumi Makamura im Mai 1980 für die »zweite Stufe« 40 Minuten gebraucht haben. Ich sehe den realen Beweis dafür, daß Mallory und Irvine mit ihrer vergleichsweise primitiven Ausrüstung 1924 dort gescheitert sind.
Weil die quellenden Nebel alles einhüllen und weil ich mich beim Steigen ganz verausgabe, verschwindet alles um mich herum. Mit den Augen einige Meter vorauseilend, suche ich den Weg beim Gehen. Die Helligkeit durchströmt mich selbst, wenn die Sonne durch die Wolken bricht. Blitzende Schneekristalle ziehen unter mir vorbei wie Quellwasser.
Trotz der düsteren Schneewüste um mich, die im pulsierenden Gewölk wächst und schrumpft, empfinde ich keine Panik. Ich kenne den Weg. Und die Spur hinter mir ist noch da. Es schneit zwar leicht, aber es ist warm. Über riesige, zahme Wellen – zwei habe ich schon hinter mir – nähere ich mich der Norton-Schlucht. Ich sehe sie nicht, ahne sie nur. Trotzdem keinen Augenblick lang die Angst, zu hoch zu geraten. Ist es die Müdigkeit, die mich gleichgültig werden läßt, oder ist es dieses Gefühl, den Weg schon zu kennen, das mir eine traumwandlerische Sicherheit gibt? – Ich bin überzeugt, daß alles gutgeht.
Immer, wenn ich eine Rippe quere, liegen mehr Felsbrocken da. In einer Reihe über und unter mir bilden sie eine Art Grenzmarkierung. Weiter oben und weiter unten verschwimmen sie im Nebel. Diese Felsinseln sind es, die mir den Weg weisen. Wie Steinmänner haben sie alle eine bestimmte Form. Und jeder dunkle Fleck hat eine Bedeutung, jeder gibt dem Auge und mir Halt.
Inzwischen sind die Nebel um mich so dicht geworden, daß die Sonne nur ab und zu durchbricht. Die Orientierung wird schwieriger. Manchmal erfüllt mich das atemlose Schweigen nach den Rastpausen für Augenblicke mit

Schrecken. Bin ich schon zu weit gegangen? Wenn die Stille unerträglich wird, muß ich weitersteigen. Immer schräg aufwärts. Das Hämmern in meinem Körper und der jagende Atem nach jeweils zehn Schritten lassen mich dann wieder die Leere rundum vergessen. Für eine schmerzerfüllte Ewigkeit gibt es gar nichts. Ich existiere nur im Daliegen über mir selbst. Beim Rasten lasse ich mich buchstäblich fallen. Den Oberkörper auf die Skistöcke gestützt, den Rucksack zum Genick gekippt, bestehe ich eine Zeitlang nur aus Ausatmen und Einatmen. Dann nehme ich wieder wahr, erlebe mit dem ersten Schritt die Strecke vor mir als Anstrengung. Weiter!

Manchmal ist mir, als bliebe ich im Schnee stecken. Trotzdem lasse ich mich nicht entmutigen. Immer nach rechts die Nordwand aufwärts. Die ganze Flanke ist wie ein einziger Lawinenstrich. Neuschnee rieselt von oben herab. Graupelkörner hüpfen vorbei. Ich rede mir ein, daß das nur eine kurze Störung ist. Der Schnee wird sich verfestigen. »Zwei Tage wird das schon noch halten«, sage ich zu mir selbst.

Endlos lang zieht sich die ansteigende Querung mit vielen, aber gleichmäßigen Pausen hin. Durch die Anstrengung und Konzentration habe ich gar nicht bemerkt, daß das Wetter so schlecht geworden ist, daß ich umkehren sollte. Ringsherum ist alles in Nebel gehüllt. Ich hocke mich hin und raste. Vielleicht sollte ich das Zelt aufbauen. Der Platz erscheint mir zu unsicher. Ich muß auf einem Rücken biwakieren. Wenn es mehr schneit, besteht Lawinengefahr. Alle diese Informationen kommen rational gar nicht zum Tragen, sie leiten mich wie Instinkte, die tief in mir stekken.

Mindestens eine Stunde lang quäle ich mich noch weiter. Auf einer stumpfen Erhebung, die wie eine riesige Rippe über die Wand läuft, hocke ich mich wieder hin. Eine Weile nur Schwere, Gleichgültigkeit, Gelähmtsein. Dann reißen die Wolken auseinander. Das Tal erscheint: grau, leicht verschneit, bald wieder von Nebeln verschleiert.

Nicht nur die Berge wirken verflacht, auch die Hänge unter mir und das Schneeschild im großen Couloir. Ich sehe das alles mit dem Gefühl, nicht mehr zur Welt da unten zu gehören.

Als ich um 3 Uhr nachmittags auf die Uhr sehe, wird es mir bewußt: Noch immer bin ich etwa 200 Meter östlich der Norton-Schlucht. Als ich wie in einem zweiten Akt auf den Höhenmesser schaue, zeigt er 8220 Meter an. Ich bin enttäuscht. Das gibt es nicht! Nicht nur, daß ich gerne bis auf 8400 Meter gekommen wäre; ich habe mich doch mehr angestrengt als gestern. Es ist neblig und schneit leicht. Weiter kann ich heute nicht mehr. Und da ist noch eine Ausrede: Ich weiß nicht, ob es höher oben einen Biwakplatz gibt.

Ich bin todmüde. Mit diesem Bewußtsein schaffe ich es kaum noch bis zum nächsten Felsen. Früher als geplant baue ich mein Zelt auf. Auf einem Felspilz, lawinensicher – Schneerutsche würden links und rechts davon abgehen – finde ich eine 2 mal 2 Meter große, fast ebene Fläche. Während ich den Schnee festtrete, bleibe ich immer wieder stehen. Dabei frage ich mich, wie ich zurückfinden soll, wenn das Wetter so bleibt. Diese Zweifel und das Wissen, was alles passieren kann, verdichten sich zur Furcht. Nur wenn ich arbeite, bin ich innerlich ruhig. Der ganz leichte Schneefall, die stehenden Wolken, die Wärme, all das ist mir unheimlich. Ist es der Monsun oder nur Angst? Ein Wettersturz kündigt sich an, scheint mir. Wenn ich tagelang nicht zurück kann, sind meine Reserven bald verbraucht. Die Lawinengefahr in der Nordwand und unterm Nordsattel wächst mit jeder Stunde.

Auf dem Felsvorsprung steht eine Stunde später mein Zelt. Wieder befestige ich es mit Pickel und Skistöcken. Hier kann ich windgeschützt lagern. Auch wenn es stürmt, gibt es kaum Gefahren. Den offenen Rucksack stelle ich vor den Zelteingang, schiebe die Matte hinein. Schneeschollen zum Kochen liegen griffbereit herum. Es ist alles vorbereitet für die lange Nacht. Ein Gefühl der Erleichterung überkommt mich.

Ich mache nur zwei Bilder, dann gebe ich das Fotografieren wieder auf. Es kostet viel zuviel Anstrengung, die Kamera aus dem Rucksack zu holen, zehn Schritte wegzugehen, zu rasten, den Selbstauslöser zu drücken. Dann muß ich wieder zurück. Wozu auch? Beweisführung, Berichte, das alles ist gegenstandslos geworden. Es erscheint mir viel wichtiger, daß ich mir etwas zu trinken mache.

In dieser Nacht behalte ich neben all meiner Kleidung auch die plumpen, doppelschichtigen Plastikstiefel an; sie dürfen nicht auskühlen. Die Kleider empfinde ich als stumpfe Fremdkörper. Ich spüre die Schichten zwischen Haut und Hülle als unangenehme, stickige Luft. Dazu das Gefühl, in einer Zwangsjacke zu stecken.

Während ich im Zelt liege – zum Schlafen zu müde, zum Kochen zu schwach – versuche ich mir das vorgeschobene Basislager vorzustellen. Nena wird jetzt wohl Tee kochen. Oder schaut sie gerade herauf? Ob es inzwischen aufgeklart hat? Vielleicht wird das Wetter doch noch besser. Die Zeit verrinnt zu schnell und zu langsam. Nur wenn es mir gelingt, ganz abzuschalten, löst sie sich auf.

An diesem Abend des 19. August schreibt Nena in ihr Tagebuch:

Es ist 20 Uhr, und die Dämmerung überfällt das enge Gletschertal. Der Schneefall begann plötzlich und hält immer noch an. Den ganzen Tag über konnte ich Reinhold nicht sehen. Aber ich weiß, daß er dort oben ist, vielleicht irgendwo in der Nähe der ›zweiten Stufe‹. Morgen geht er zum Gipfel. Hoffentlich wird das Wetter wieder besser. Aus dem Nichts kamen die schweren schwarzen Wolken, sie türmten sich auf, Schnee und Graupel spuckend. Was sollen sie bedeuten? Ich kann nicht anders als ununterbrochen an ihn denken. Wenn dieses Gestöber nicht aufhört, ist er verloren. Wieviel Schnee ist gefallen? Wie gefährlich sind Lawinen dort oben? Wie schwierig ist der Abstieg bei Neuschnee? Wie lange braucht er zurück bis zum Nordsattel? Irgendwie bin ich sicher, daß Reinhold nur das Richtige tun wird.

Aber da ist etwas Unberechenbares in diesem Mann. Sein ganzes Wesen ist besessen, ist Energie, Tat. Ich habe Angst, auch meinetwegen. Vor allem ärgere ich mich, weil das Wetter ihm einen bösen Streich spielt. Das ist unfair. Ich sitze im leeren Zelt und zwinge mich, Nahrung und Flüssigkeit zu mir zu nehmen. Ich versuche, über Medizin und Lungenentzündung zu lesen. Meine Gedanken aber sind dort oben im wirbelnden Schnee. Ich bin wahnsinnig aufgeregt und traurig, beides zugleich. Ich bete das in Tibet übliche ›Om mani padme hum‹, wieder und wieder.

Zweites Biwak

Als es dunkel wird, ziehe ich mich warm an und wage mich hinaus. Habe ich es nicht gewußt? Die 7000-Meter-Gipfel werden klar, die Wolken lösen sich auf. Wind kommt auf. Er jagt den Neuschnee über die Grate. Ich rufe und schreie. Er hört mich nicht, kann mich nicht hören. Trotzdem spreche ich mit ihm: ›Ich bin bei Dir!‹

Wie man in dieser Höhe lebt? Ich lebe nicht mehr, ich vegetiere nur noch. Wenn man alles allein machen muß, kostet jeder Handgriff ein Vielfaches an Willenskraft. Bei jeder Arbeit merke ich den Einfluß der dünnen Luft. Die Denkschnelligkeit ist stark gemindert. Nur langsam kann ich klare Entschlüsse fassen. Sie sind beeinflußt von der Müdigkeit und den Schmerzen beim Atmen. Meine Luftröhre ist wie ein holziger Schlund, und ich stelle eine leichte Reizung der Bronchien fest.
Obwohl ich keine wirklich heißen Getränke zuzubereiten vermag, weil das Wasser wegen der Höhe bei geringer Hitze kocht, schmelze ich immer noch Schnee. Topf für Topf. Ich trinke Suppe und Salztee. Immer noch ist es zu wenig. Mein Hunger ist gering. Ich muß mich zum Essen zwingen. Auch weiß ich nicht, was ich essen soll, ohne mich zu erbrechen. Soll ich jetzt diese Sardinenbüchse öffnen oder etwas anderes? Die geringste Kleinigkeit erfordert Zeit, Energie und Aufmerksamkeit. Alle Bewegungen sind langsam und schwerfällig. Ich entschließe mich für Käse und Brot, Hühnchen in Currysoße, ein gefriergetrocknetes Fertiggericht, das ich mit lauwarmem Wasser anrühre. Die leere Hülle stecke ich unter das Kopfende meines Schlafsacks. Ich werde sie nachts brauchen, um hineinzupissen. Mehr als eine halbe Stunde brauche ich, um den faden Essensbrei hinunterzuwürgen. Draußen wird es dunkler. Die vielen kleinen Arbeiten im Biwak kosten mich soviel Energie wie stundenlanges regelmäßiges Steigen. Der Unterschied, ob man in ein vorbereitetes Lager kommt, dort von Sherpas oder Kameraden betreut wird oder ob man Abend für Abend selbst ein Lager aufbauen und kochen muß, ist gewaltig. Vielleicht ist es der wesentliche Unterschied zwischen der klassischen Großexpedition und der modernen Kleinexpedition. Allein schon das Schlafengehen ist eine große Anstrengung. Ich kann hier oben nicht einfach ins Bett gehen, den Kopf unter die Decke stecken und einschlafen.
Noch einmal setze ich mich im Schlafsack auf. Zuerst lockere ich die Stiefel. Ich will am anderen Morgen warme Füße und auch keine steifgefrorenen Schuhe haben. Also wechsle ich zuerst die Socken. Dann ziehe ich die Schuhe wieder an. Erneut schiebe ich die Füße mit den Stiefeln ganz nach unten in den Schlafsack. Die feuchten Strümpfe werfe ich weg. Dann, ausgestreckt, auf die Arme gestützt, stecke ich den Rucksack als Kopfkissen unter die Matte. Das Kochgeschirr ordne ich so, daß ich es am nächsten Morgen vom Schlafsack aus bedienen kann. Nicht um gut zu schlafen, nur um die Nacht ertragen zu können, muß ich den Körper ständig ein bißchen verschieben können und den Kopf hochlegen.
Diese Bewegungen im engen Zelt erzeugen Atemnot. Ich bin zu tiefem Einatmen gezwungen. Dazwischen hechle ich wieder. Stundenlang habe ich frostklamme Finger. Trotz des gelegentlichen Erschöpfungsschlummers – ein

ungewolltes Dösen – kann ich während dieser Nacht nicht richtig einschlafen. Ich bin endlos wie die Nacht.
Am Morgen bin ich ebenso müde wie am Abend, dazu noch steif. Ich frage mich, ob ich wirklich noch weiter will. Ich muß! Dabei verfüge ich über zu wenig Kraft, um meinen Körper zu bewegen. Ich weiß zwar aus Erfahrung, daß ich noch eine Zeitlang weitergehen kann, aber ich versuche, alles zu verdrängen. An nichts denken. Ein gewollter Zustand, der mich die ganze Nacht ertragen ließ, setzt sich fort.
Ich muß mich nur in Gang bringen und in Bewegung halten, um wieder Energie zu haben. Noch fehlt mir der Wille, den ersten, entscheidenden Schritt zu tun.
Als ich an diesem Morgen den Zelteingang öffne, ist es draußen schon Tag. Ein goldroter Schimmer liegt über der Gipfelpyramide. Im Osten Wolkenfelder. Unwillkürlich werde ich an den Monsun erinnert. Es dauert ewig, bis ich den ersten Topf mit warmem Wasser zwischen den Händen halte. Eis liegt im Zelt. Essen kann ich nicht.
Während ich wieder Schneebrocken ins Zeltinnere fische, schaue ich in die Norton-Schlucht hinauf. Ziemlich steil. Rauchgraue Wolken kleben an den Bergflanken. Die Luft ist gläsern. Als ob sie mit Feuchtigkeit überladen sei. Ich bin ziemlich ausgekühlt trotz der günstigen Temperatur. Auch am Rand der Felsen und am Zeltsaum Eis! Die Kälte bedeutet während der Monsunzeit kein Problem am Mount Everest. Ich bin sicher, es taut im Hochsommer, wenn es windstill und neblig ist, sogar auf dem Gipfel. Die drei Kleiderschichten – Seide, Flauschanzug, dünner Daunenanzug – reichen bis ganz oben.
Vor zwei Jahren, im Mai 1978, habe ich nachts bis zu minus 40 Grad ausgehalten. Jetzt hat es maximal minus 15 Grad, vielleicht auch nur 10 Grad. Ich darf dennoch nicht leichtfertig sein. Solange die Sonne nicht scheint, trage ich Handschuhe, die Stiefel schnüre ich locker. In dieser Höhe können schon einige Grade unter Null Erfrierungen verursachen.
Ich denke nur ans Weitermachen. So, als käme ein Rückzug, ein Scheitern nicht vor in meinem Herzen. Aber was ist, wenn die Nebel dichter werden? Soll ich noch abwarten? Nein, das ist sinnlos. Ich bin sowieso schon sehr spät dran. Ich muß raus. Auf dieser Höhe gibt es keine Erholung mehr. Morgen schon könnte ich so geschwächt sein, daß es für einen Gipfelsturm nicht mehr reicht. Entweder heute oder nie. Entweder – oder. Ich muß entweder hinauf oder hinunter. Es gibt keine andere Wahl.
Zweimal zähle ich während des Schneeschmelzens meinen Puls. Weit über 100 Schläge in der Minute. Ich fühle mich wie gerädert. Keine Gedankengänge mehr. Nur Befehle im Kopf. Die Nacht war eine einzige Qual. Schmerzen bis in die Knochen, Schleim im Rachen. Der Morgen ist deprimierend.
An diesem 20. August lasse ich alles zurück: Zelt, Skistöcke, Matte, Schlafsack. Auch der Rucksack bleibt im Zelt. Nur die Kamera nehme ich mit. So wie ich bin krieche ich aus dem Zelt, ziehe die Kapuze über den Kopf. Die Steigeisen schnalle ich mit bloßen Fingern an die Schuhe. Nur den Titanpickel ziehe ich aus dem Schnee. Habe ich alles? Es dürfte jetzt schon nach 8 Uhr sein.
Ohne die Last auf dem Rücken geht es sich leichter. Aber die Skistöcke als Ba-

lancestangen vermisse ich. Mit dem kurzen Pickel in der rechten Hand fühle ich mich zwar sicher, aber beim Queren unbeholfen.
Nur wenn ich gerade aufwärts steige, tappen die linke behandschuhte Hand und der Pickel unter meinem Kopf im Schnee. Ich gehe wie ein Vierbeiner. Beim Rasten verteile ich mein ganzes Gewicht so, daß der Oberkörper frei bleibt. Ich knie im Schnee, lege die Arme über den eingerammten Eispickel und den Kopf auf dieses Polster. Noch kann ich den Steilaufschwung über mir überschauen, mich orientieren, Schwierigkeiten abwägen. Zum Glück durchzieht eine ununterbrochene Schneerinne die Norton-Schlucht. So lange ich sehen und stapfen kann, bin ich zuversichtlich.
Einmal, noch bevor ich den Grund der breiten Mulde erreiche, sehe ich mich nach einer längeren Rastmöglichkeit um. Das Zelt, ein gelber Fleck, erscheint wie durch ein schwaches Vergrößerungsglas. Sind das nur die leichten Nebel oder sind alle meine Sinne genarrt? Ich merke mir die Stelle und steige dann auf den Aufschwung rechts über mir zu. Schritt um Schritt. Stufe für Stufe.
Nach kurzer Zeit schon vermisse ich den Rucksack wie einen treuen Freund. Er fehlt mir. Er ist zwei Tage lang mein Gesprächspartner gewesen, hat mich aufgemuntert weiterzugehen, wenn ich völlig erschöpft gewesen bin. Jetzt rede ich mit dem Pickel. Aber ein Freund ist wenig in diesem Ausgesetztsein. Trotzdem, die Stimmen in der Luft sind wieder da. Ich frage mich nicht, woher sie kommen. Ich nehme sie nur wahr. Sauerstoffmangel und die damit verbundene ungenügende Durchblutung des Gehirns sind wohl die Ursache für diese rational nicht erklärbaren Erlebnisse, die ich vor zwei Jahren bei meinem Alleingang auf den Nanga Parbat kennengelernt habe. Hier oben hat der Engländer Smythe schon 1933 seine Kekse mit einem imaginären Partner geteilt.
Der Rucksack ist zwar mein Begleiter gewesen. Aber ohne ihn geht es sich leichter, viel leichter sogar. Wenn ich jetzt etwas tragen müßte, käme ich nicht von der Stelle. Ich habe mich für den Aufstieg entschieden, weil ich an diesem letzten Tag alles zurücklassen konnte. Im Treiben der Wolken mehr meinem Instinkt als den Augen folgend suche ich Schritt für Schritt die Route. Wieder die ferne Erinnerung an diese Schlucht. Ich lebe in einer Art Halbdunkel von Nebel, Wolken, Schneetreiben und dem Wiedererkennen einzelner Passagen. Da war ich schon einmal! Ein Gefühl, das auch langes Nachdenken nicht verdrängen kann.
Eine Stunde oberhalb des Lagers stoße ich auf eine etwa 100 Meter hohe Steilstufe. Oder sind es 200 Meter, die sich da vor mir auftürmen?
Das Klettern wird durch den Schnee erleichtert. Immer noch findet der ganze Fuß Halt, ohne daß die Steigeisen an die Felsen stoßen. Stundenlanges Weiter-sich-Verausgaben, Totsein, Aufraffen, Willensanstrengung, Sich-fallen-Lassen, Sich-Zusammennehmen. Die Felsinseln links und rechts der großen Rinne sind von gelblicher Farbe, hellere Streifen da und dort. Öfters sehe ich alles doppelt und bin im Ungewissen, wo ich weitergehen soll. Ich halte mich mehr rechts. Der Hang ist jetzt so steil, daß ich in Kletterstellung raste.
Ich schleiche nun förmlich dahin. Nur

selten schaffe ich es, zehn Schritte zu tun, ohne anzuhalten und nach Luft zu schnappen. Die Aussicht enttäuscht mich. Gestern vormittag ist sie noch eindrucksvoll gewesen. Wenn ich jetzt auf die langen Gletscher mit den Moränenrücken hinabblicke, erscheint alles verflacht. Durch den Neuschnee ist die Landschaft stumpf, wie tot. Trotz der ziehenden Nebel verliere ich jedes Gefühl für Entfernungen.

Auch hier liegt leichter Pulverschnee auf einer halbfesten Unterlage. Die Felsplatten darunter, die wie Dachziegel übereinandergeschichtet und ungefähr so steil sind wie ein Kirchendach, sind fast überall schneebedeckt. Ich verlasse die Rinne dort, wo sie breiter wird und eine birnenförmige Bucht bildet. Nach rechts aufwärts peile ich einen stumpfen Grat an. Dort muß es noch leichter gehen.

Es wird steiler. Wenn ich gehe, stampfe ich nicht mehr wie eine Lokomotive, ich taste mich zögernd voran. Ruckartig gewinne ich an Höhe. Diese Kletterei ist nicht schwierig, aber recht unangenehm. Öfters finde ich keinen Halt im Schnee und muß die Tritte ertasten. Ausrutschen darf ich hier nicht! Zum erstenmal bei diesem Alleingang habe ich das Empfinden von Absturzgefahr. Das ist wie erhöhte Schwerkraft. Dieses vorsichtige Klettern mit angespannter Aufmerksamkeit steigert meine Erschöpfung. Außerdem stört der Nebel mehr und mehr. Was ich sehe, ist ein Stück Schneefläche vor mir. Ab und zu ein Ausschnitt blauen Himmels über dem Grat. Alles verläuft sehr langsam, stokkend.

Trotz der gewaltigen Anspannung, die jeder Schritt aufwärts erfordert, bin ich immer noch überzeugt, daß ich bis zum Gipfel komme. Diesen erlebe ich jetzt, in einer Art Vorausahnung, wie eine Erlösung.

Allein schon das Wissen, auf halbem Weg dorthin zu sein, beruhigt, gibt Kraft, treibt weiter an. Oft bin ich nahezu am Ende meiner Kräfte. Nach einem Dutzend Schritten schreit alles in mir nach Halten, Sitzen, Atmen. Aber nach einer kurzen Rast kann ich weiter.

Die Sorge um das schlechte Wetter hat mich zusätzlich Energie gekostet. Immer wieder die Frage nach dem Abstieg. Gleichzeitig aber erlebe ich im dichter werdenden Nebel eine tragende Hoffnung, etwas wie Neugierde über Zeit und Raum hinweg. Nicht jene demoralisierende Verzweiflung, die ein sichtbarer und unendlich ferner Gipfel oft auslöst. Es geht jetzt nur noch um das Ankämpfen gegen meine eigene Begrenztheit. Diese wird mit jedem Schritt deutlicher; mit jedem Atemzug löst sie sich auf. Nicht mehr die Entscheidung, auf- oder abzusteigen beutelt mich. Es ist der unregelmäßige Rhythmus, die Ohnmacht, die mich in die Knie zwingen.

Ich gehe einen programmierten Weg. Allen Widerständen zum Trotz quäle ich mich aufwärts. Es muß sein! Ich denke nicht viel, unterhalte mich mit mir selbst, spreche mir Mut zu. Wo ist mein Rucksack? Mein zweiter Freund, der Eispickel ist noch da. Wir geben uns Halt.

Der Weg durch die Norton-Schlucht ist logisch und nicht so schwierig, wie ich es am Morgen erwartet habe. Ich werde schon zurückfinden. Wenn ich den Grat über mir erreiche, muß ich den Gipfel sehen können. Wenn es aufreißt. Oben scheint es flacher zu sein.

Die Einbildung, hier schon einmal geklettert zu sein, hilft auch immer wieder, den einzig richtigen Weg zu finden. Die mit hellerem Fels durchsetzte Steilstufe liegt unter mir. Immer noch halte ich mich rechts. Vor nicht allzulanger Zeit ist eine Lawine hier abgegangen. Der Schnee trägt. Unter der stumpfen Kante wird er tiefer, mein Tempo dementsprechend langsamer. Auf Händen und Knien klettere ich nach oben, völlig apathisch. Die mit den Steigeisen bewaffneten Schuhe liegen wie Anker im Schnee. Sie geben Halt.

Als ich auf der Kante stehe, höre ich den Wind zwischen den Steinen. Weiter unten setzt sich dieser Felsrücken in einem Pfeiler fort. Für kurze Zeit ist der Nebel so dicht, daß ich mich mit den Augen nicht mehr orientieren kann. Etwa am Grat, dort, wo am wenigsten Schnee liegt, gehe ich weiter. Eine Stunde lang. Bis eine dunkle, senkrechte Felsmauer den Weg über mir abriegelt. Irgend etwas in mir zieht mich nach links. In einer Schleife kann ich das Hindernis umgehen. Immer noch halte ich mich rechts. Wie lange? Ich steige nur noch gegen den Hang an. Zeit existiert nicht mehr. Ich bestehe aus Müdigkeit und Anstrengung.

Ich vermute mich in Gipfelnähe, aber die Gratschneide kommt und kommt nicht.

In den nächsten drei Stunden nehme ich mich nicht mehr wahr. Ich bin ein in Raum und Zeit sich verschiebendes Wesen. Trotzdem bewege ich mich. Immer, wenn der blaue Himmel zwischen den dicken Wolken durchkommt, glaube ich, den Gipfel zu sehen, da zu sein. Aber es gibt noch Schnee und Steine über mir. Die wenigen Felsen, die aus dem Schnee ragen, sind grüngrau, da und dort mit helleren Streifen durchzogen. Gespenstisch bewegen sie sich in den dünnen Wolken. Lange quere ich rechtshaltend aufwärts. Eine steile Felsbarriere versperrt den Weg zum Grat. Erst als ich rechts der Mauer vorbei kann, erreiche ich die Höhe.

Auf dem Gratkamm angekommen, spü-

Der Nordostgrat in Gipfelnähe

re ich die Wächten, bleibe stehen. Dann lege ich mich auf den Schnee. Jetzt bin ich da. Der Grat ist flach. Wo ist der Gipfel? Stöhnend stehe ich wieder auf, stampfe den Schnee nieder. Mit Pickel, Armen und Oberkörper im Schnee wühlend krieche ich weiter. Weiter nach rechts. Immer noch aufwärts.

Wenn ich raste, ist es wie Ohnmacht, nur daß die Kehle brennt, wenn ich Luft hole. Plötzlich wird es heller. Ich drehe mich um und kann bis ins Tal schauen. Bis zum Boden, wo die Gletscher fließen. Atemberaubend! Wie in Trance mache ich ein paar Fotos. Dann ist wieder alles zu. Grau. Schneetreiben. Völlige Windstille.

Noch einmal muß ich mich aufraffen.

Ich kann kaum noch. Keine Verzweiflung, kein Glück, keine Angst. Ich habe die Herrschaft über meine Gefühle nicht verloren, es gibt überhaupt keine Gefühle mehr. Ich bestehe nur noch aus Willen. Nach jeweils wenigen Metern ist auch dieser in mir abgestorben, in einer unendlichen Müdigkeit erstickt. Dann denke ich nichts, fühle ich nichts. Ich lasse mich fallen, liege nur da. Für eine unbestimmte Zeitspanne bleibe ich völlig willenlos. Dann erst mache ich wieder einige Schritte.
Es können höchstens noch 10 Höhenmeter sein! Links unter mir kragen gewaltige Wächten aus. Für wenige Augenblicke sehe ich durch ein Wolkenloch tief unter mir den Nordgipfel. Dann reißt es auch über mir auf. Zum Angreifen nahe schweben im leichten Wind Nebelfetzen vorbei. Ich sehe das Grau der Wolken, das Schwarz des Himmels und das leuchtende Weiß der Schneefläche als Einheit. Sie gehören zusammen wie die Streifen einer Fahne. Ich muß da sein!
Über mir ist nur noch der Himmel. Ich spüre es, obwohl ich ihn jetzt im Nebel so wenig sehe wie die Welt unter mir. Nach rechts hin steigt der Grat immer noch an. Aber vielleicht wirkt das nur so, vielleicht täusche ich mich. Kein Zeichen von den Vorgängern.
Es ist sonderbar, daß ich das chinesische Aluminiumstativ nicht sehen kann, das seit 1975 auf dem Gipfel steht. Plötzlich stehe ich vor ihm. Ich fasse es nur an, greife danach wie nach einem Freund. Es ist, als umarme ich meine Gegenkraft, etwas, das löst und zündet zugleich. In diesem Moment atme ich tief durch.
Im Nebel, im Treiben der Wolken kann ich nicht auf Anhieb sehen, ob ich wirklich am höchsten Punkt stehe. Es scheint sogar, als ob es nach rechts weiter aufwärts ginge. Dieses Stativ, das jetzt kaum kniehoch aus dem Schnee ragt, löst keinerlei Euphorie in mir aus. Es ist nur da. Durch den vielen Schnee auf dem Gipfel ist es viel kleiner als ich es 1978 erlebte, schneeverklebt und unwirklich.
Die Chinesen haben es 1975 auf dem höchsten Punkt verankert, angeblich um genaue Messungen durchzuführen. Seit damals geben sie die Höhe ihres Chomolungma mit 8 848,12 Meter an. An all das denke ich da oben nicht. Dieser künstliche Gipfelaufbau kommt mir nicht einmal irrwitzig vor. Ich bin da! Es ist nach 15 Uhr.
Wie in Trance, einem inneren Programm folgend, mache ich einige Bilder. Dabei fliegt hinten ein Stück blauer Himmel vorbei. Schneewächten türmen sich nach Süden hin, die mir immer noch höher erscheinen als mein Standort. Ich hocke mich hin, fühle mich schwer wie ein Stein. Ich will nur eine Weile rasten, vergesse alles. Zuerst ist da nicht einmal Platz für Erleichterung. Ich bin ausgelaugt, völlig leer. In dieser Leere jedoch verdichtet sich etwas wie Energie. Ich lade mich auf. Seit vielen Stunden habe ich nur hergegeben. Ich habe mich totgeklettert, jetzt erlebe ich eine Wiederbelebung, einen Rückfluß an Energie.
Ein ausgebleichter Stoffetzen, vom Wind um die Stativspitze gewickelt, ist kaum angefroren. Geistesabwesend fingere ich daran herum. Ich löse ihn vom Metall. Eis und Schnee bleiben kleben. Ich müßte noch einige Aufnahmen machen, aber ich kann mich nicht dazu auf-

Die letzten Meter

raffen. Ich muß auch absteigen. Eine halbe Stunde zu spät bedeutet mein Ende. In diesem Augenblick bin ich nicht einmal enttäuscht darüber, daß ich wieder keine Fernsicht habe. Zum zweitenmal stehe ich auf dem höchsten Punkt der Erde, und wieder kann ich nichts sehen.
Dafür ist es jetzt völlig windstill. Die leichten Schneeflocken tanzen. Die Wolken quellen rundum, als ob die Erde darunter pulsierte. Ich weiß noch nicht, wie ich es geschafft habe, aber ich weiß, daß ich mehr nicht kann. In meiner Müdigkeit bin ich nicht nur schwer wie ein Toter, ich bin unfähig, Aufgenommenes zu verarbeiten. Mein Gefühl unterscheidet nicht zwischen oben und unten.
Wieder fährt ein Fetzen blauer Himmel vorbei, mit einzelnen, in der Sonne blitzenden Eiskristallen. Die Berge erscheinen tief unten und ganz flach. Dazwischen das Schwarz-Weiß der Täler. Diesmal komme ich mit der Kamera zu spät. Dann wieder Wolken, Nebel; jetzt ist ihre Grundfarbe Violett.
Wird es schon Nacht? Nein, es ist 16 Uhr. Ich muß weg. Kein Gefühl von Erhabenheit. Ich bin auch dafür zu müde. Und doch eine Vorausahnung, daß dieser Augenblick, ohne ein besonderer oder gar glückhafter zu sein, im Nachhinein beruhigend sein wird, für mich ganz allein, eine Art Abschluß. Vielleicht die Erkenntnis, daß ich den Stein, mich selbst, ein Leben lang wälzen kann, ohne je den Gipfel zu erreichen, wenn ich nicht selbst dieser Gipfel bin. Ich bin Sisyphus.
Nach einer Dreiviertelstunde habe ich die Kraft aufzustehen, aufzustehen für den Abstieg. Es ist ein bißchen heller geworden. Meine Spur sehe ich noch. Das ist beruhigend. Um wie vieles leichter ist doch der Abstieg von diesen großen Bergen! Er kostet nur einen Bruchteil an Kraft und Willensanstrengung verglichen mit dem Aufstieg.
Meine ganze Energie geht jetzt in meine Sinne. Ich empfinde den Geruch des Schnees, die Farbe der Felsen intensiver als in den Tagen vorher, erschrecke beim gelegentlichen Wetterleuchten aus den Wolken fern im Westen. Ich will nur noch hinab. Klettere – einmal mit dem

Letztes Biwak

Der Lhotse von Norden

Gesicht zur Wand, dann wieder umgedreht – so, als sei ich auf der Flucht. Ich frage mich nicht, warum ich all die Strapazen auf mich genommen habe, um bis zum Gipfel zu kommen. Ich wäre lieber schon unten. Dieser lange Weg ist eine Belastung.
Was mich am meisten stört, ist mein Husten. Er macht mir das Leben zur Hölle. Auch leichte Hustenanfälle drehen mir den Magen um. Dabei habe ich seit vielen Stunden nichts mehr gegessen. Ich muß so schnell wie möglich ins Basislager kommen. Gerade noch vor Einbruch der Dunkelheit finde ich zu meinem Zelt und Rucksack zurück.
In dieser Nacht schlafe ich kaum. Auch kann ich mich nicht überwinden, genügend zu kochen. Ich trinke ein bißchen Schneewasser. Wieder esse ich nichts. Die warme Flamme des Gasbrenners, der neben meinem Gesicht surrt, soll mich vielleicht nur beruhigen. Ich mache ihn nicht aus, obwohl ich es nicht schaffe, mich im Schlafsack aufzusetzen und Schnee hereinzuholen. Jede Tätigkeit kostet jetzt soviel Energie! Energie, die ich mir beim Steigen auch aus dem Höherkommen geholt habe. Jetzt fehlt sie. Das Daliegen im Zelt ist wie sterben. Nur der Erfolg hält mich am Leben.
Ich gehorche dem Gesetz der Trägheit. Zwischen Wachen und Schlafen, von lebendigen Toten umgeben, verstreichen die Stunden. Ohne jeden Gedanken. Noch bin ich nicht in Sicherheit. Plötzlich packt mich der Schreck. Ob Nena noch da ist? Noch weiß sie nicht, wo ich bin, daß ich morgen unten sein will. Auch sie kann nicht schlafen. In der Nacht erst schreibt sie in ihr Tagebuch:

20. August 1980. Jetzt habe ich mich daran gewöhnt, daß der Schnee und all die Wolken kommen und gehen; aber ich habe mich nicht daran gewöhnt, allein hier zu schlafen. Ich kann nicht anders als mich um dich sorgen, wissend, daß du irgendwo über 8000 Meter bist. Ich hoffe, daß du in keiner Weise leidest. In 6500 Meter schon ist das Leben eine Qual, wie muß es erst da oben sein?! Es schneit mehr und mehr – 21 Uhr.

Mein Denken webt ununterbrochen weiter, immer an der Grenze des Bewußtseins. In der Frühe rapple ich mich mit dem Gefühl hoch, zu einem Entschluß gekommen zu sein, kann mich aber nicht konzentrieren. Bin ich verrückt geworden? Hat mich diese Leere verrückt gemacht? Bin ich höhenkrank? Auch an diesem Morgen bin ich auf der Flucht. Ohne zu trinken, verlasse ich das Lager. Zelt, Schlafsack, alles außer dem Rucksack bleibt zurück. Nur die Skistöcke reiße ich aus dem Schnee. Ostwärts querend steige ich diagonal ab. Ostwärts blicke ich ins Firnbecken des Rongbuk-Gletschers hinab, als ich wenig über dem Nordsattel den stumpfen Grat erreiche. Kein Zelt steht dort. Oder ist es nur verschneit? Der Neuschnee ist pulvrig und trocken. Er stiebt davon, wenn ich hineintrete. Es ist heute beißend kalt.
Nicht nur beim Aufstieg, auch beim Abstieg stumpft meine Willenskraft ab. Je länger ich steige, desto weniger wichtig erscheint mir das Ziel, desto gleichgültiger werde ich mir selbst. Meine Aufmerksamkeit hat nachgelassen, mein Gedächtnis ist geschwächt. Meine geistige Ermattung ist jetzt noch größer als die körperliche. Es ist so angenehm, tatenlos dazusitzen, und deshalb so gefährlich. Der Tod durch Erschöpfung ist – wie der Tod durch Erfrieren – ein angenehmer. Während ich durch die gewellte Gratlandschaft überm Nordsattel gehe, ist mir, als kehre ich aus einem Schattenreich zurück.
Ich lasse mich treiben. Von meiner Müdigkeit, vom Wissen, daß ich am Gipfel gewesen bin. Ich leiste keinen Widerstand mehr, lasse mich mit jedem Schritt fallen. Nur sitzenbleiben darf ich nicht. Tagelang bin ich durch die Einsamkeit der gewellten Schneefläche in der Nordwand gegangen; stundenlang gegen den Wind, der spitze Eiskörner mit sich wirbelte; eine Ewigkeit lang durch den Nebel, der mir in jedem Felsblock einen Freund vorgaukelte. Jeder Atemzug war da oben eine Qual und doch empfand ich ihn als Geschenk.
Jetzt befällt mich ein Gefühl von »überlebt«, von »gerettet«. Nach und nach laufe ich in etwas, was »Ort der Erfüllung«, »rettender Hafen« heißen könnte. Wie der Pilger vergesse ich im Anblick des Wallfahrtsortes alle Qualen der Reise.
Nena weiß nicht, daß ich schon bald am Nordsattel bin. Auch sie hat in diesen Tagen der Unsicherheit, des Alleinseins mit sich gehadert, auch sie füllt ihr Heft mit Selbstgesprächen:

21. August 1980. Guten Morgen, Fluß. Danke, daß du hier bist und mir Gesellschaft leistet. ›Hi‹, krächzt der große schwarze Rabe. Zum zehntenmal versuche ich, durch mein Teleobjektiv zu schauen. Seit einer Stunde tue ich nichts anderes. Seit Sonnenaufgang schon. Aber meine Augen tun mir schrecklich weh. Ich habe versucht, mir einzureden, eine Weile nicht mehr zu schauen. Ich kann es nicht. Das Tele ist wie eine Manie. Dabei beginnen sich sogar die Felsen zu bewegen. Ich sehe manchmal mehrere Leute, die da über den Nordgrat absteigen. Entweder steigt er gerade ab, oder ... Ich will nicht weiter denken.
Es ist ein herrlicher, warmer Tag. Ich wasche mein Gesicht im eisigen Wasser am Gletscher. Reinhold, bitte, komm herunter. Es geht mir nicht gut, ich muß bald absteigen. Wüßte ich nur, wo du bist! Später hole ich Wasser am Bach zwischen Eis und Moräne. Als ich mich abwende vom Fluß, erhasche ich im hellen Mittagslicht

einen flüchtigen Schimmer von einem Punkt, einem dunklen, sich bewegenden Punkt auf dem Gratkamm des Nordsattels. Ich bin plötzlich ganz aufgelöst vor Aufregung. Offenbar klettert Reinhold nicht in seiner üblichen Standfestigkeit. Es scheint, als stiege ein Betrunkener vom Col herab und nicht derselbe Mann, der vor vier Tagen fortgegangen ist.
Ich breche in Tränen aus. Er ist es, er muß es sein! Ich renne herum wie eine Wahnsinnige. Ich schreie hinauf zu ihm, daß ich komme. Ich weiß, er kann mich nicht hören, aber trotzdem hilft es. Ich muß mit ihm sprechen. Ich ziehe schnell meine Kleider über, bereite mich vor, um Reinhold auf dem Gletscher entgegenzugehen.

Ein hoher Preis

Helle Nebelschwaden jagen über den Nordsattel. Das brodelnde Wolkenmeer über Solo Khumbu ist blendend weiß. Die geschweifte Linie des Nordostgrates steht wie eine Mauer zwischen dem klaren Wetter im Osten und dem Monsun im Süden. Mit schlafwandlerischer Sicherheit steige ich ab. Nur der Schnee gefällt mir nicht. Er ist sulzig und bildet keine feste Verbindung mit der Firnunterlage. Er rutscht von den glatten Eisplatten ab, wenn ich hineintrete. Vermutlich bin ich jetzt auch weniger wach, weil ich beim Abstieg vom Nordsattel keine ernsten Schwierigkeiten erwarte. Ich stehe ihnen also unvorbereitet gegenüber. Als ich – noch in trancehaftem Gehen – das erste Mal ausrutsche, verliere ich sofort den Boden unter den Füßen. Ich versuche zu bremsen, kann den Sturz aber nicht mehr abfangen. Mit der steigenden Geschwindigkeit des Falls erwachen neue Kräfte. Wie immer weckt auch jetzt die wirkliche Gefahr meine Fähigkeiten. Und das in einem Ausmaß, daß ich mich frage, woher ich soviel Geschicklichkeit, Ausdauer und Energie so schnell noch nehme.
Ich stehe rasch wieder auf, packe den Pickel fester und steige mit dem Gesicht zur Wand eine steile Schneewand abwärts. Meine Vorsicht ist eine instinktive: kein reflexhaftes Zusammenzucken, kein plötzlicher Schreck mehr, wenn der Schnee nachgibt; nur eine langsame Nachgiebigkeit in meinem Körper. In meiner bleiernen Müdigkeit steckt keinerlei lähmende Nervosität mehr, vielmehr ein traumwandlerisches Wissen wie es weitergeht. Diese Art Sicherheitsgefühl ist mit der Müdigkeit und der Gefahr direkt verbunden.
Die große Querspalte, in die ich beim Aufstieg vier Tage vorher gefallen bin, umgehe ich rechts und stehe nun am oberen Rand eines gefährlichen Steilhangs. Lawinengefahr! Die Morgensonne hat den Schnee aufgeweicht. Diese Alarmsignale erlebe ich jetzt als Zerrschmerzen in meinem Körper, nicht als Gedanken im Kopf.
400 Meter tief ist der Abgrund unter mir. Unten läuft der Eishang in den Gletscherboden aus wie die Fußstreben des Eiffelturms. Nur Schattierungen ins Hellere oder Dunklere zeigen Spalten, Mulden und Kuppen an.
Ich zögere nicht lange, mache mich an den weiteren Abstieg. Bald habe ich so klamme Finger und so müde Beine, daß ich mich in den Schnee setze und auf dem Hosenboden abrutsche. Ich bin ausgedörrt, will trinken. Sogar der Schnee klebt wie Staub im Mund. Ich bleibe sitzen. Als ich mich für eine letzte Kraftanstrengung hochrapple, quere ich ohne zu denken nach rechts. Eine weit offene Spalte zwingt mich auszu-

weichen. Zu spät erst merke ich, daß ich nach links hätte gehen müssen. Ich komme nicht mehr zurück. Ich kann nur noch absteigen.
Plötzlich rutsche ich wieder unversehens ab, bremse die Fahrt mit dem Pikkel und gleite, als die Arme versagen, mitten über den Lawinenkegel bis zum Wandfuß. Eine Weile liege ich nur da. Erwache dann auf dem flachen Gletscherboden. Ich knie mich hin, lege mich wieder in den Schnee, raffe mich erneut hoch. Stöhnend taumle ich vorwärts, verliere den Boden unter den Füßen, falle erneut. Einmal werfe ich alles von mir, wirble mit dem Gesicht im Schnee, schüttle mich. Ich bin unten. Ich bin selig und zugleich verzweifelt. Da kommt Nena über den Gletscherrücken. Sie steht da, geht weiter. Ja, sie ist es. Ich kann nicht mehr rufen. Mir wird schwarz vor Augen. Nicht plötzlich, langsam löse ich mich auf. Mit jedem weiteren Schritt nach unten, mit den Markierungsstangen vor mir, den ersten Moränen im Blickfeld, steht die ganze Welt offen in mir. Ich sehe mein ganzes Wesen von außen. »Da« ist jetzt woanders. Ich bin durchsichtig, aus Glas, die Welt darunter eine feste, tragende Fläche.
Nena sagt kein Wort. Oder höre ich sie nicht? Unwillkürlich halte ich den Atem an, bleibe stehen. Ich habe Mühe, das Gleichgewicht auszupendeln. Ich will Nena anfassen und allein bleiben, lachen und weinen, mich in ihr ausruhen und auf dem Gletscher liegenbleiben. Ohne Bewegung, ohne ein Wort stehe ich da, zerbrechlich wie eine Glühbirne. Ein einziges Wort würde genügen, um diese gläserne Zartheit zu zerstören, diese sonderbare Hülle, die noch von mir übrig ist. Ich kann durch alle meine Schichten hindurchsehen und weiß, daß ich auch für Nena durchsichtig bin.
Auf die Skistöcke gestützt starre ich sie eine Weile an. Dann breche ich zusammen. Alle meine Verschlossenheit ist weg. Ich weine. Es ist, als seien alle Horizonte, alle Grenzen zerbrochen. Alles ist offen, alle Emotionen sind frei. Wie weit mußte ich gehen, bis ich endlich auseinandergebrochen bin? Ich selbst bin jetzt das Offene. Je mehr ich mich fallenlasse, desto mehr zwingt es mich auf die Knie.
Nena bleibt gefaßt und übernimmt mich in diesem Augenblick für die nächsten Stunden und Tage. Sie macht jetzt die Pläne, sie bringt mich in Sicherheit, sie bestimmt die Expedition und führt Tagebuch.

Männer reden immer über die Eroberung der Berge. Und da kommt er über den Gletscher, schaut nur einmal auf, sehr langsam. Er streift mich mit einem Blick, geht mit gesenktem Kopf weiter, ist nicht mehr bewußt da. Ich sage, neben ihm hergehend: ›Reinhold, wie geht's?‹ Ein paar Schluchzer sind die Antwort. Zugleich kann ich alle seine Gefühle spüren. Diesen Augenblick werde ich für immer festhalten – zweifellos das innigste Gefühl von Vereinigung, das ich jemals geteilt habe. Für einen Moment halte ich ihn ganz fest, dann, als er daliegt, beuge ich mich zu ihm hinunter und sage: ›Alles okay, Reinhold. Du bist in Ordnung. Das Lager ist ja hier.‹ ›Wo sind denn all meine Freunde?‹ ist seine erste Frage. ›Ich bin deine Freundin, ich bin ja da, Reinhold. Hab keine Angst, wir gehen jetzt zum Lager‹, versichere ich ihm. ›Ja, wo ist das Lager überhaupt?‹ Er sieht mich mit Tränen in den Augen an. Sein Gesicht ist gelb, seine Lippen sind aufgesprungen und zerfranst. Wahrscheinlich leidet er unter einem Hitzschlag. Ich frage mich, ob das wirklich er ist, der da zurückgekommen ist, oder nur ein Teil von ihm. Oder mehr? Ich habe zu kämpfen, meine Tränen zurückzuhalten. Als er wieder aufstehen kann, nehme ich seinen Rucksack, gebe ihm einen Ski-

auf dem Gipfel, und die Leute werden wieder sagen, daß er den gewaltigsten Berg der Erde erobert hat. Er ist erfolgreich gewesen, hat sein Ziel erreicht – aber noch erfolgreicher war der Berg. Er hat seinen Preis von diesem Mann gefordert.

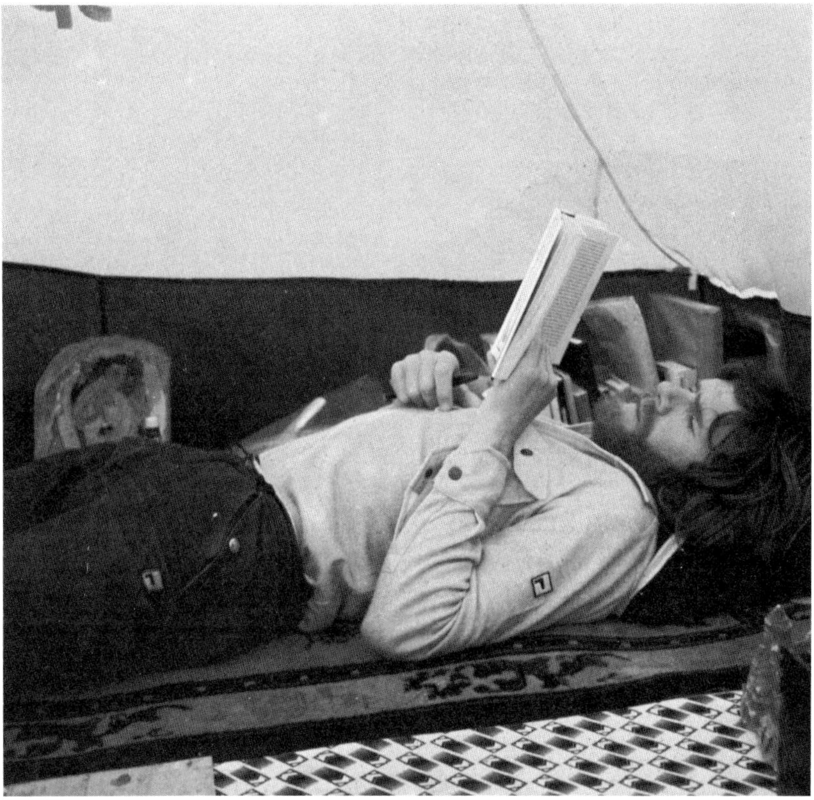

Zurück im Basislager

stock. Er stolpert voraus über den Gletscher. Ich habe Erbarmen mit diesem Mann. Er hat sich so verausgabt, daß ihm nur der Gipfel die Kraft geben konnte zu überleben, zurückzukommen. Da ist er, der stärkste Mensch, den ich kenne, total am Ende, ausgelaugt bis in die Seele.

Als wir zum Lager kommen und in Sicherheit sind, bricht Reinhold nochmals vor mir auf den Steinen zusammen. Ja, er war

Ich weiß, daß auch Reinhold den Berg so sieht. Für ihn ist es ein Geben und Nehmen in gleichem Maße, ein Teilen zwischen dem Berg und ihm.

22. August 1980. Ein anderer Mann liegt neben mir im Zelt. Reinhold döst und trinkt den ganzen Tag. Er hat nicht die Kraft aufzustehen. Oft habe ich jetzt das Gefühl, ich könnte durch ihn hindurchsehen.

23. August 1980. Es ist schön zu wissen,

daß jemand wartet, jemand dir hilft. Wir brauchen den ganzen Tag, um unsere schweren Rucksäcke hinabzutragen ins Basislager. Die Felsen zum Ausruhen nützend, zählen wir die Stunden und Kilometer vor uns. Es ist eine solche Freude, unten im Lager Menschen zu treffen. Cheng und Tsao machen zahllose Tassen mit heißer Milch für uns, servieren ein richtiges Mahl mit Huhn und Reis. Eine Flasche französischer Champagner taucht aus unseren geheimsten Vorräten auf. Der Alkohol steigt sofort in unsere Köpfe. Sind wir doch nach den Tagen in der Höhe einen ganzen Tag lang ohne Nahrung marschiert. ›Das war eine verdammt gute Idee – das mit dem Champagner‹, sagt Reinhold beim Schlafengehen. Langsam kommt er wieder zu Kräften. Ich merke es auch an seiner Schroffheit.

26. August 1980. Im Juni, in Lhasa, hatten Reinhold und ich eine schlechte Zeit miteinander. Wir waren grob und heftig zueinander. Ich war niedergeschlagen und versuchte nicht mehr, Reinhold in seinen Argumenten zu folgen. Es war hoffnungslos; wir waren gemein zueinander. Je mehr Reinhold versuchte, mich loszuwerden, desto mehr habe ich mich an ihn geklammert. Jetzt weiß ich, daß ich diesen Mann seinen Weg gehen lassen muß. Sein Drang, allein zu sein, ist ebenso groß wie der, Liebe zu finden. Reinhold ist in allem extrem.

28. August 1980. Wir haben alles eingepackt und warten auf den bestellten Jeep, um die Rückreise antreten zu können. Reinhold beginnt, sich über die Verspätung zu ärgern. Trotz allem aber haben wir immer Zeit, Unsinn zu machen. Nur deprimiert mich, daß Reinhold in der einen Minute zufrieden ist, mit mir zusammen zu sein, in der nächsten paßt es ihm wieder nicht. Auf 6500 Meter, nach dem Abstieg vom Chomolungma, war ich ein echter Kamerad für ihn. Er hätte keine bessere Gesellschaft haben können. Und jetzt, im Basislager, sagt er ganz deutlich, daß es ihm gleichgültig ist, wer auf ihn im Hochlager

Einsiedelei

gewartet hat. Trotzdem mache ich mir vor, daß ich für ihn genauso wichtig bin wie er für mich.

29. August 1980. Bei Sonnenuntergang das Basislager auf einem Traktor zu verlassen, war nicht von uns vorgesehen. Es muß alles so schnell gehen, daß wir keine Zeit haben, uns vom Bach, von den Gräsern und Steinen zu verabschieden. Als die untergehende Sonne ein orangefarbenes Licht auf den Mount Everest wirft, sind wir schon unterwegs ins Tal. Trotz allem ist es schön abzureisen. Der Nuptse verschwindet stahlblau und eisig in der Dämmerung.

Als wir schließlich im ersten Dorf unterhalb von Rongbuk ankommen, suchen wir im Licht zweier trüber Taschenlampen Quartier. Alle Dorfbewohner kommen heraus, um uns anzustarren. Reinhold kann laute Menschenmengen nicht leiden, und es macht ihn verrückt, wenn alle an uns und unseren Sachen herumzerren. Ich versuche, ihn zu beruhigen.

Ziemlich schroff fährt er Cheng, den Verbindungsoffizier an: ›Nichts ist organisiert, wozu zahlen wir Unsummen?‹ Der CMA hat sich verpflichtet, einen Jeep zu schicken, für Quartier zu sorgen. Nichts davon ist geschehen. Für Reinhold wäre es ein leichtes, sich auf eigene Faust mit der tibetischen Bevölkerung zu arrangieren, aber das ist uns verboten.

Als wir uns endlich für die Nacht niederlassen, unter freiem Sternenhimmel, und die Leute in ihren Häusern verschwinden, beruhigt sich Reinhold. Er ist entspannt und schläft tief. Ich liege stundenlang wach, grüble vor mich hin, bis die Sterne, einer nach dem anderen, vom Himmel fallen.

30. August 1980. Noch einmal hat Reinhold Grund, in Zorn auszubrechen. Eine Woche lang haben wir im Basislager vergeblich auf den vor Monaten bereits bezahlten Jeep gewartet, bevor dieser lausige Traktor uns holte. Dann verspricht man uns, daß der Jeep am anderen Flußufer wartet. Als wir drüben ankommen – kein Jeep weit und breit. Wir fühlen uns im Stich gelassen. Reinhold reagiert wieder einmal wütend.

Während der Traktor die holprige Straße entlanghüpft, hält der chinesische Fahrer alle paar Kilometer an, um für sich Butter und Tee einzukaufen. Vergeblich sagt Tsao ihm, er solle sich beeilen. Schließlich beeilt er sich, aber nur, um sich an uns zu rächen. Auf einem langen, schlammigen Stück Straße spritzt der Dreck in großem Bogen hinten auf den Anhänger, in dem wir sitzen. Schneller und schneller jagt der Fahrer sein Vehikel. Wir sind total mit Dreck besudelt, vom Kopf bis zu den Zehen Lehmfiguren. Der Chinese grinst.

Reinhold springt wutentbrannt vom fahrenden Traktor. Ich kann ihn nicht mehr aufhalten. ›Den bring' ich um‹, schreit er, stürzt sich auf den Fahrersitz, bereit, den Mann herunterzureißen. ›Bist du verrückt oder was?‹ faucht ihn Reinhold an. Ich weiß nie recht, ob es ihm bei solchen Szenen ernst ist oder ob er nur Komödie spielt. Ich habe jedenfalls das Gefühl, daß er alle drei Männer, die auf dem Traktor sitzen, im Fluß ersäufen will. Der Fahrer ist kreidebleich im Gesicht, stammelt eine Entschuldigung. Gemächlich holpert unser Fahrzeug dann über die schmalen Feldwege. Reinhold ist wieder freundlich und liebenswürdig und lacht mit den Leuten. So ist er nun einmal.

Eine Woche habe ich gebraucht, um mich zu erholen, eine Woche, um wirklich zurückzukommen. Jetzt sind wir auf dem Weg nach Lhasa. An einem Haufendorf machen wir halt. Es schneit. Die Tibeter, die die Naturkräfte als Götter betrachten, schauen scheu aus ihren Häusern. Die Chinesen, oft freiwillige Söldner wie unser Fahrer, haben diesen Menschen nur die Herden und die Klöster genommen, den Glauben nicht. Schnee und Wind, Hagel und Regen, Dürre und Hitze bestimmen nach wie vor das Leben in den endlosen Weiten.

Der Tschorten von Rongbuk

Dorf auf dem Weg nach Lhasa

Ich friere an diesem Morgen hinten auf der Transportbrücke des Traktors, zittere vor Kälte. Von den Bergen herab stößt ein eisiger Wind. Auch als die Sonne langsam durch die tiefen Wolken bricht, bleibt es ungemütlich. Zwei Stunden später treffen wir auf den für uns vorgesehenen Jeep. Nun wird die Fahrt etwas angenehmer. Und auch das Wetter hat sich geändert. Der Monsun mit seinen wechselnden Launen ist wieder da. Schwere Wolken ziehen tief über die Hügel dahin. Der Himmel hellt sich im Westen auf und verdunkelt sich im Osten. Ich vertiefe mich in die enge Weite zwischen Himmel und Erde.

Nach dem Abstieg bin ich unendlich schwer gewesen. Durch den Zusammenbruch zwar innerlich besänftigt, zugleich aber niedergedrückt wie die Täler unter den Monsunwolken. Ich spüre, wie diese Schwere jetzt nach und nach vergeht. Mit der inneren Weite kehrt Heiterkeit, ein wenig Kraft, ja sogar körperliches Wohlbefinden zurück. Allein die Tatsache, daß ich mich jetzt entspannen kann, ist etwas wie Glück. Vorbei an einer endlosen Folge öder Bergzüge, steiniger Wüsten, unendlicher Sandfelder, die unter dem ewigen Wind dahinrieseln, fahren wir ostwärts. Diese kahle Landschaft, deren Fernen

in weiche, wunderbare Farben getaucht sind, ist wie mein eigenes Spiegelbild. Die Sonnenuntergänge im Westen, die glitzernden Hauptkämme des Himalaja im Süden bedeuten mehr als Erinnerung. Es ist unglaublich, wie vielfarbig die Landschaft hier ist: gelbe, ockerbraune, rote und blaue Streifen liegen auf den endlosen Weiten vor mir; die Bergrücken dahinter sind stahlfarben. Dabei ist alles so kahl, kaum ein Grashalm wächst in dieser Höhe. Verschiedene Flechten und Mineralien aber lassen die Adern der Erdkruste leuchten. Die Farben wechseln im ganzen Spektrum des Regenbogens.
Bis auf die 5000 Meter hohen Pässe hinauf brechen jetzt unzählige weiße Sternchen aus den buschiggrünen Blumenkissen. Helle Granitblöcke. Überall dazwischen Pflanzenpolster. Auch die Schmetterlinge – Schwalbenschwanz und Apollo – die Vögel, Murmeltiere und Hasen kommen mir jetzt, nach zwei Monaten in Schnee und Eis, üppig und exotisch vor.
In den Dörfern riecht es nach Staub und Moder. Alte, zumeist zahnlose Greise, blicken uns entgeistert an. Ich liebe dieses Land nun noch mehr als vor dem Aufstieg. Es ist September, und das Wetter wechselt von Stunde zu Stunde. Das ist das Land der Gegensätze, der Extreme. Der Sommer ist vorbei. Schneeschauer jagen über die Höhenrücken. Die kahlen Hügel – vor Monaten, als im Hochland noch wochenlang die Sonne schien, bis zu den weißen Wolken stoßend – sehen jetzt aus wie Wellenberge in der Nacht. Es gibt keinen Wald, der schützt, und keinen Baum als Anker. Das Steppenmeer ist zu einer aufgewühlten, düsteren Urlandschaft erstarrt. Hochland, Gebirge und Wüste sind jetzt abweisend, es herrscht das jahrtausendealte Gesetz der Wildnis. Die Natur wird Gott.
Die Tibeter starren uns an wie Fabelwesen, wie Geister aus den Bergen, die man nicht vertreiben darf. Ihre Augen bitten um Verständnis, um Distanz, um Frieden.
Eine gewaltige Schneefahne hängt am Gipfelgrat des Mount Everest, als ich ihn zum letztenmal sehe. Diese stofflichen Wirbel aus Wind und Schnee sind meine Flagge, die sonst keine Bedeutung hat. Jetzt plötzlich weiß ich, daß ich an seinem Fuße meine Haltung verloren und meine innersten Gefühle preisgegeben habe. Ich bin beschämt, will meine intimen Empfindungen wiederhaben. Ganz für mich. Es ist jetzt so einfach, zum Gipfel zurückzukehren, den Aufstieg im Geiste nachzuvollziehen, es ist aber unmöglich, diese Gefühle neu zu beleben. Sie sind mit mir gestorben, denke ich ab und zu.
Der Tod, das Sterbenmüssen ist keinen Augenblick lang der Hauptdarsteller meiner Empfindungen gewesen. Und doch ist vielleicht auch er es, der mein Verhalten bestimmt. Ich bin noch nie so nahe an die Grenze gekommen, an die Grenze zwischen Diesseits und Jenseits, zwischen mir und dir. Noch nie hat mich eine Bergtour so nachhaltig beeinflußt wie diese. Vielleicht habe ich die Grenze überschritten und einen Sprung getan, den ich erst noch zu verarbeiten habe.

Gánpéi, Gánpéi

Der wochenlange Überlebenskampf in dieser menschenfeindlichen Umwelt hat mich verändert. Die überwältigende Landschaft hat mich noch mehr zum Individualisten, vielleicht sogar zum Autisten gemacht. Weite Ebenen schwimmen im Morgenlicht draußen vorbei wie ein ruhiger Ozean. Das Landschaftsbild in diesen Hochtälern wechselt im Eindruck zwischen Meer und Erde. Es wechselt auch der Geruch der Luft. Einmal sind es wandernde Wolkenschatten, die Inseln vortäuschen, einmal Steppengras, das goldene Seen aufblitzen läßt. Der Horizont ist eine Ewigkeit entfernt. Hier erlebe ich die Unendlichkeit der Elemente. Ich gehe in ihnen auf, wandere nicht mehr gegen sie an, schwimme.

Wir fahren nach Shegar, nach Osten, wieder geht es nach Lhasa, einst die »heilige Stadt«. Je weiter wir ins Landesinnere kommen, um so friedlicher sind auch die Wolken. Am Morgen noch bin ich mit taunassen Haaren aufgewacht, steif und fröstelnd aus dem eisverkrusteten Schlafsack gekrochen. Hier, in Shegar, ist es trocken und heiß. Zwei dunkle Gestalten treiben eine Schafherde durch die staubigen Gassen. Wir fahren im Schrittempo durch das Dorf. Verschlafene Kindergesichter glotzen aus niedrigen Hauseingängen. Wir fahren weiter nach Shigatse. Oft schlafe ich im Sitzen ein, vergesse über die vielen kurzen Eindrücke nach und nach, was ich in den letzten Wochen erlebt habe. Schon beginnt diese Expedition in meiner Erinnerung zu zerfließen wie die Pinselstriche auf einem Bild. Manche Leute halten es für selbstverständlich, daß man sich bei solchen Expeditionen Rechenschaft über jeden Tag abverlangt. Auf den Bergen aber, beim Unterwegssein, läßt sich die Zeit nicht in der üblichen Weise unterteilen. Ein Tag, mit ungezählten Eindrücken ausgefüllt, ist schnell vorbei, ein anderer fließt unbemerkt ins Geschehen ein. Die 300-Kilometer-Reise ist wie der Aufstieg zum Gipfel eine Ewigkeit und ein Nichts zugleich. Zeitwerte, über die man Buch führen könnte, gibt es bei solchen Abenteuern nicht.

In Shigatse besuche ich noch einmal das Kloster Tashi Lhunpo. Die jungen Mönche strahlen Zuversicht aus. Ich frage mich, wie es gelingen kann, ohne Mithilfe der ins Exil ausgewichenen, früher staatstragenden Schicht eine wirkliche tibetische Selbstverwaltung einzuführen. So erkundige ich mich bei einem der lokalen Herrn des CMA, warum man bemüht ist, den Dalai Lama zur Rückkehr nach Tibet zu bewegen. Keine Antwort. Bei einem kleinen Bankett am Abend im Rasthaus aber erklärt mir der chinesische Vorsitzende der örtlichen Touristikorganisation, daß Tibet seinen religiösen Führer als Mittler braucht, daß man deswegen seit Jahren die Verhandlungen über seine Rückkehr führt.

»Wie aber«, so will ich wissen, »kann der Dalai Lama bei der Regierung des Landes mithelfen, wenn er nicht mehr über seine Mönche und Klöster verfügt?«

»Das Vertrauen der Bevölkerung in den Dalai Lama ist noch ungebrochen, und dieses Vertrauen ist es, was jetzt positiv genützt werden kann.«

Daß das stimmt, begreife ich. Der Dalai Lama selbst vertritt die Auffassung, man könne eine Koexistenz zwischen Buddhismus und Marxismus ideologisch begründen. Der Buddhismus ist eine atheistische Philosophie, und auch nach seiner Auffassung sind alle gleich. Der Dalai Lama will folgerichtig die

Tibeterin

Entwicklung eines kommunistischen Buddhismus oder eines buddhistischen Kommunismus nicht von vornherein ausschließen.
Diese Gedanken beschäftigen mich auf der Weiterreise mehr als alle Feiern und Glückwünsche. Die chinesischen Behörden denken keineswegs daran, dem Dalai Lama tatsächliche Machtbefugnisse zurückzugeben. Was wird sein, wenn er in den märchenhaften Potala zu seinen 100000 goldenen Statuen zurückkehrt? Ist die Wiederherstellung des Lamaismus in Tibet denkbar? Wie weit kann man den Chinesen trauen, die mir, wo immer ich haltmache, zuprosten: »Gánpéi, Gánpéi!« und mir dabei immer undurchschaubar erscheinen?

Auch in Lhasa haben uns die Behörden einen herzlichen Empfang bereitet. Wie ich aber meine Erzählungen vom Berg auf das Land lenke, geraten sie in Aufregung und beschleunigen den Ablauf des Abends. Ihnen stecken noch immer die Unruhen in den Knochen, die es vor einigen Wochen um eine Delegation des Dalai Lama im Lande gegeben hat. Jeder von uns weiß, daß nur ein ruhiges Tibet für die Chinesische Volksrepublik eine schützende Pufferfunktion gegen Aggressoren aus den Nachbarländern, in der Verbindung mit Sinkiang vor allem gegen die UdSSR, sein kann. Warum nicht offen darüber reden, darüber reden wie über meinen Soloaufstieg und den Chomolungma? Oder werde ich

Shigatse mit Tashi Lhunpo

auch hier schon zu ausschließlichen Bergsteigergesprächen verurteilt wie in Europa? Mir sind jetzt die vielen Gläubigen im Lande ebenso wichtig wie die Frage, wo Mallory gestorben ist und daß ich Naomi Uemura zuvorgekommen bin.

Gleichmut. Es ist bald Mitternacht. Dicht gedrängt schiebt sich noch immer ein Pilgerstrom im Uhrzeigersinn um den Jokhang-Tempel, den der tibetische König Songtsen Gampo vor 1200 Jahren bauen ließ, um dem prächtigen Bodhisattva, den seine chinesische Frau

Buddhaskulpturen auf dem Weg nach Lhasa

Kein Volk der Welt hat mich in so kurzer Zeit so tief berührt wie die Tibeter. Nach den zahllosen zerstörten Klöstern, die ich unterwegs gesehen habe, macht mich ihr beharrlicher Glaube mehr denn je betroffen.
Statt ins Bett gehe ich nach dem Bankett auf der dunklen Straße in die Stadt. Eine Stunde marschiere ich bis zum Parkhor. Ich komme mir vor wie ein Pilger, magisch angezogen von Kraft, Wärme und aus ihrer Heimat mitgebracht hat, ein würdiges Haus zu richten. Ich bin wie betäubt. Der Parkhor, diese innere Wallfahrtsstraße, ist das Herz der Altstadt, hier lebt Lhasa Tag und Nacht. Der gleichmäßige Singsang der Betenden erfüllt die Luft zwischen den Häusern. Darüber der nächtliche Sternenhimmel, der das Land bedeckt. Zwei Mädchen aus Kham kichern, als ich vorbei will. Ihre Münder lächeln zwi-

Im Kloster Tashi Lhunpo

schen hochroten Wangen. Ich lächle zurück. Eine streckt die Zunge heraus. Kunstvoll verzierte Gebetsmühlen drehen sich um mich her.
Ein Nomade spricht mich an und will meinen Xi-Stein kaufen, den ich als Amulett zwischen zwei kirschgroßen Korallen am Hals trage. Ich winke ab, ich verkaufe ihn nicht, für kein Geld der Welt. Ich habe ihn von einem uralten Tibeter in der Nähe von Tingri bekommen, und in ihm sind Himmel, Erde und mein Leben vereint. Der Nomade lacht, denn er weiß es. Ein Stück weit geht er noch neben mir. Ich gehöre dazu, murmle das »om mani padme hum«, schwimme im Strom, der sich einer menschlichen Gebetstrommel gleich um den Jokhang-Tempel dreht.
Am nächsten Morgen bin ich krank. Ich habe nicht zu wenig geschlafen, ich habe zuviel getrunken. Zuerst Motai mit

den Chinesen, dann mit Tibetern in der Altstadt Chang. Ich bleibe im Bett, habe fürchterliche Kopfschmerzen.
Durch das Fenster meines Hotelbungalows sehe ich den Potala. Überirdisch hebt er sich aus der staubigen Talsohle. Wie ein Luftschloß steht er gegen den braunen Hintergrund der Berge, über die schwarze Wolkenschatten fliegen. Der Himmel ist so dicht, daß er auf den Bergspitzen aufliegt, eine feste Masse mit den Wolken. Der Potala wirkt schwerelos. Wie wird es weitergehen, wie? Heute üben die örtlichen Funktionäre Selbstkritik. Aber warum wurde mein politisches Gespräch gestern abgewürgt? Ich habe manchmal das Gefühl, als würde hier mit gezinkten Karten gespielt. Bauern und Nomaden dürfen seit kurzem ihre überschüssigen Produkte frei anbieten. Warum aber verbietet man mir, im Bazar einzukaufen? Sind die Zugeständnisse der Chinesen an die Tibeter nur halbherzig? Ich habe immer wieder ängstliche Gesichter gesehen. Viele kleine Freiheiten breiten sich wie Hoffnung über das endlose Schneeland aus. Die Angst aber bleibt. Und wenn es nur die Angst ist, diese kleinen Freiheiten über Nacht wieder zu verlieren.

Eine einzige Nacht
In Peking kann ich mich zum erstenmal seit zweieinhalb Monaten wieder baden, die Tür hinter mir zumachen. Alle Tage ein Festessen. Ich genieße den Luxus einer Welt, die nicht mehr die meine ist. In zwei Tagen fliegt unser Lufthansa-Jet nach Frankfurt.

Tibeter mit Xi-Stein

Skeptische Tibeterin

Vor der Abreise aber immer wieder die gleichen Fragen: Warum ich den Everest ein zweites Mal bestiegen habe. Wer mich dafür bezahlt. Wer hinter mir steht. Das wollen die Leute wissen. Man fragt mich auch, welche Flagge ich mitgenommen habe. Für welches Land ich klettere. Ich sage, daß ich es für mich tue, aus eigenem Antrieb, mit eigenen Mitteln.
»Ich bin mir meine eigene Heimat, und mein Taschentuch ist meine Fahne«, zitiere ich einen Lieblingssatz. Die Chinesen verstehen das nicht. Sie denken in Schemata, die nur das Kollektiv, nicht das Individuum kennen. Sie schütteln den Kopf.
Schon zirkulieren in Diplomatenkreisen von Peking Gerüchte, ich sei gar nicht der erste Alleingänger auf dem Gipfel des Mount Everest gewesen, im Guinness-Buch der Rekorde stünde es anders. Mich läßt es kalt.
Am 10. September lande ich auf dem Flughafen München-Riem. Auf die Frage, wie es mir gelungen ist, den höchsten Berg der Erde allein zu besteigen, sage ich, noch getragen von meinem Mitteilungsbedürfnis, spontan:
»Mit der Technik, die ich als Expeditionsbergsteiger früher verwendet habe, hätte ich am Everest allein keine Chance gehabt, weil ich mich aufgerieben hätte. Es ging nur mit guter Akklimatisation und mit ganz leichter Ausrüstung. Ich hatte keine festen Hochlager. Ein kleines Zelt trug ich mit mir wie ein Schneckenhaus, und ich ging auch so langsam vorwärts wie eine Schnecke. Ich baute das Haus wieder ab, trug es im Rucksack mit, baute es wieder auf, trug es bis knapp unter den Gipfel.«

Es gehört dazu, aber es ist nicht lustig, sich als eine Art Yeti den am Flughafen wartenden Journalisten zu präsentieren. Während ich auf die Fragen antworte, habe ich das Gefühl hoffnungslosen Nicht-verstehen-Könnens.

»Warum sind Sie ganz allein gegangen?«

»Ich habe immer noch Angst vor dem Alleinsein.«

»Oder war es nur unsinnige Rekordsucht?«

»Rekorde entstehen durch Steigerung technischer und physischer Leistungen in bekannten Dimensionen. Mein Alleingang war ein Vorstoß ins Unbekannte. Unbekannt nicht nur die Wetterverhältnisse in der Monsunzeit, unbekannt vor allem auch die Grenzen der Möglichkeiten, die im menschlichen Körper und Geist liegen.«

»Werden Sie jetzt mit dem Bergsteigen aufhören?«

»Nein.«

»Und wovon wollen Sie in zehn Jahren leben?«

»Das weiß ich nicht. Ich weiß nur, daß ich auch im hohen Alter mein Brot ver-

Verschenkte Dalai-Lama-Bilder, die in den Hausaltären stehen

dienen kann, und das reicht. Ich möchte mir mit möglichst wenig Aufwand möglichst viele Freiheiten sichern, mehr nicht.«

»Wird es einen Fernsehfilm über den Alleingang geben?«

»Daß ich mich nicht noch selbst bei meinem Alleingang gefilmt habe, dürfte klar sein. Ein gefilmter Alleingang wäre ein Widerspruch in sich. Es war schwierig genug, ein paar Fotos zu machen. Das gelang nur, weil ich meinen Pickel zum Stativ umgearbeitet habe. Es gibt folglich nur wenige Aufnahmen zu dieser Tour.«

»Was haben Sie denn dann mitgebracht?«

»Nicht viel.«

»Und welchen Sinn hatte das Unternehmen?«

»Das kann ich nicht erklären. Aber ich bin so verrückt zu behaupten, daß vor allem das Unerklärbare dem Leben Sinn gibt.«

Noch bevor im »Stern« mein Exklusivbericht erscheint, vermarktet die »Quick« schnell all die Vorurteile, die es zu dieser Expedition und zu meiner Person gibt:

»Welchen Sinn soll es haben, wenn Fanatiker Messner allein, in Rekordzeit und ohne Sauerstoffgerät auf den Everest oder sonstwohin steigt? Erforscht er neue Routen, auf denen später viele folgen können? Vermittelt er wissenschaftliche Daten über die Physiologie austrainierter Menschen?

Nein. Der ungeheuer clevere Körper-Selbstverwerter bringt nichts weiter zurück ins Tal als die Steigerung seines eigenen zweifelhaften Ruhms, verbunden mit einer von Mal zu Mal höheren Geldausbeute.

Messner ist der Negativheld, auf dessen Ausrutscher in einer Gletscherspalte man ebenso gespannt wartet wie auf Karambolagen bei Autorennen. Messner ist dabei mehr tragische Figur als strahlender Held ... er wurde zu spät geboren – alle Gipfel sind bezwungen, fast alle Aufstiegsrouten bewältigt. Der Klettergigant muß, um Neues zu bringen, unseriöse Risiken eingehen und Rekorde aufstellen, die in eine schreckliche Zukunft weisen.

Die Berge als Ruhmtrampelpfad für Egozentriker – das ist eine Konsequenz der Messnerschen Alleingänge. Abertausende Flachländer, die glauben, Bergsteigen sei ein Kinderspiel, wie andere.

Der alpine Boom, nicht zuletzt ausgelöst durch Messner, läßt sie schlecht ausgerüstet und ohne die eiserne Lunge ihres Idols die Alpengipfel emporkeuchen und Fehltritte mit ihrem Leben bezahlen.

Auch Messner bezahlt für seinen Erfolg. Die Frau lief ihm weg. Und er selbst wird – trotz aller Geschäftstüchtigkeit – immer menschenscheuer. Als Bergsteiger auf dem Gipfel ist er als Mensch in der Versenkung – ewig auf der Flucht vor der Zivilisation und den immer neuen Erwartungen seiner Fans.«

Was soll ich dazu sagen? Nichts! Oder habe ich erwartet, verstanden zu werden? Ja und nein.

Nach drei Tagen Arbeit in der »Stern«-Redaktion und im BLV Verlag fahre ich für eine Nacht heim nach Villnöß. Dieses Tal in Südtirol ist der Ort, zu dem ich immer wieder zurückkehren muß, mit dem ich verbunden und in dem ich verwurzelt bin, weil seine Landschaft mich

090263 -- lone italian mountaineer ascends mount
qomolangma via north col

090263 -- lone italian mountaineer ascends mount
qomolangma via north col

beijing, september 2 (xinhua) -- italian mountaineer reinhold messner reached the summit of mount qomolangma in a solo climb on august 20, the chinese mountaineering association said today after receiving a cable from the base camp.

thirtyfive-year-old messner started for the 8,848 metres mount qomolangma via the north col in china's tibet on august 18 without aide and without using oxygen. he reached the top at 15:20 hours on august 20. he stayed on the top of the world for 40 minutes and returned the same route. on his way up, he crossed a hitherto unclimbed gorge 8,700 meters above sea level.

messner previously reached the peak from the south side in nepal in 1978. he thus became the second man in the world to reach the summit of qomolangma both from the south side in nepal and the north slope in china's tibet. japanese mountaineer yasuo kato was the first man to achieve this feat.

two chinese mountaineering teams had successfully climbed mount qomolangma, one in 1960 and the other in 1975. end item

Pressemeldung aus Peking

Rückkehr nach München

entscheidend geformt hat. Es gibt dort immer noch friedliche Plätze mit Aussichten voll schönster Harmonie. Allerdings werden es Jahr für Jahr weniger; dafür entstehen Wohnsiedlungen, Fabrikhallen. Vielleicht wird einmal auch dieses Tal verbaut sein, totgebaut, und ich muß mich nach Nepal oder nach Tibet zurückziehen, wenn ich besiedelte Landschaft erleben will, in die sich der Mensch sensibel einfügt mit dem, was er produziert.
Ich schlafe in meinem Haus, begrüße meine Eltern, die Hunde und fahre am nächsten Morgen zurück nach München. Bin ich tatsächlich auf der Flucht vor mir selbst?
Inzwischen haben auch die »Stuttgarter Nachrichten« ihren Senf zu meiner Alleintour gegeben:
»Das Außergewöhnliche verliert für die breite Öffentlichkeit seinen sensationellen Charakter, wenn es nur oft genug stattfindet. Vielleicht wird es auch Reinhold Messner dieses Mal so ergehn!« heißt es da am 4.9.1980.
Ist es Zeit für mich aufzugeben, einem bürgerlichen Beruf nachzugehen, wie mir ein alter Freund beim Empfang in München geraten hat? Was will ich mehr? Für das Publikum sind meine Sensationen schon seit 1978 – Everest ohne Maske und Nanga Parbat im Alleingang – nicht mehr steigerbar. Walter Bonatti ist 1965, im Alter von 35 Jahren, nach seiner grandiosen Winter-Erst-Allein-Begehung der Matterhorn-Nordwand von der Bergsteigerbühne abgetreten. Auch mein absoluter bergsteigerischer Höhepunkt liegt nun hinter mir.
»Warum willst du weitermachen?« Die Frage macht mich betroffen, weil sie von einem Freund kommt. Einer meiner

besten Freunde hat vor Jahren aufgehört zu klettern, hat ein »vernünftiges« Leben geführt, Frau und Kinder verwöhnt, fleißig und intensiv gearbeitet. Letzte Woche ist er an einem Herzinfarkt gestorben.

Jeder muß den Weg gehen, der für ihn richtig ist, und jeder dieser richtigen Wege ist anders. Ich bin nicht zum Herumreisen in den Städten mit meinen Vorträgen und auch nicht zu einem beschaulichen Leben daheim in Südtirol geboren. Zumindest bin ich auf die Dauer nicht dazu fähig.

Ich kaufe ein Flugticket nach Kathmandu. Am 17. September will ich in Nepal sein, um dort meinen 36. Geburtstag zu feiern. Nena ist schon von Karatschi aus dorthin vorausgeflogen. Für die Nachmonsunzeit habe ich eine Genehmigung für den Lhotse, den vierthöchsten Berg der Welt, wieder im Alleingang.

Ich lasse alles zurück. Aus Tausenden von Briefen nehme ich nur einen mit ins Flugzeug, den von Walter Bonatti. Er spricht darin von »den Werten des Menschen als Individuum«. Also gibt es doch Bergsteiger, die sich mit mir identifizieren. Ich freue mich. Ich lehne mich im Sitz zurück und sehe durchs Fenster. Wolken fliegen vorbei. Friedliche, strahlende Haufenwolken liegen wie Wattebäusche in der Luft.

Jetzt bin ich wieder unterwegs – Fluß, Veränderung. Untätigkeit spüre ich oft als Not, und daraus entsteht dann eine »Abenteuerlust«, der Wunsch, etwas zu wagen, mich bis an die Grenzen meiner Fähigkeiten zu verausgaben. Eine Spur von Glück, wenn Idee und Lebenslust übereinstimmen. Ein Berg, eine Landschaft fängt zu leben an.

Während des Fluges von Delhi nach Kathmandu sehe ich durchs Fenster die schneebedeckte Himalajakette. Dahinter im Dunst liegt Tibet, das Land, in dem ich herumgezogen bin, gefangen von meiner fixen Idee wie ein mittelalterlicher Drachentöter. Gezar fällt mir ein. Gezar, der tibetische Sagenheld, der gegen Riesen anderer Art gekämpft hat. Als er sich im hohen Alter zum Sterben nach Kham in die Einsamkeit zurückzog, hinterließ er den Tibetern einen Wunsch, mir eine Idee zur Erlösung:

Gezar in Bronze

Auf daß von den Bergen die einen nicht hoch und die anderen nicht niedrig seien;
auf daß unter den Menschen die einen nicht mehr mächtig
und die anderen nicht mehr machtlos seien;
auf daß an Gütern bei den einen nicht Überfluß herrsche
und bei den anderen Mangel;
auf daß das Hochland keine Täler und keine Erhebungen habe;
auf daß die Ebene nicht überall flach sei;
auf daß alle Lebewesen glücklich seien!

Durch Tibet zum Mount Everest – nach der Kulturrevolution

Der Mount Everest, mit 8848 m der höchste Berg der Welt, von der nepalesischen Südseite erforscht, oftmals bestiegen, ist kein Rätsel mehr. Die tibetanische Nordseite des Berges – von den Einheimischen Chomolungma genannt – ist weiterhin geheimnisvoll. Alle Expeditionen scheiterten, ehe Tibet seine Tore schloß. 1980 war der Mount Everest erstmals für ausländische Bergsteiger auch von Norden wieder zugänglich. Ich habe den Mount Everest nun auch von Tibet aus bestiegen: allein, ohne Sauerstoffgeräte, während der stürmischen Monsunzeit. – Im Jahre 1980, nach der Öffnung Tibets, bereiste ich als einer der ersten Tibet und bestieg den Mount Everest über seine historisch interessanteste Seite, die Nordflanke. Hier alle Routen auf den Gipfel bis 1980:

– – – – Normalweg (Hillary) 1953
|||||||||||| Südpfeiler (Polen) 1980
—— —— Südwestwand (Bonington) 1975
——— Westgrat (Amerikaner) 1963
•••••••••• Direkter Westgrat (Jugoslawen) 1979
—x—x— Nordwestwand (Japaner) 1980
—•—•— Chinesen-Route (Mallory) 1975
xxxxxxxx Messner-Variante 1980

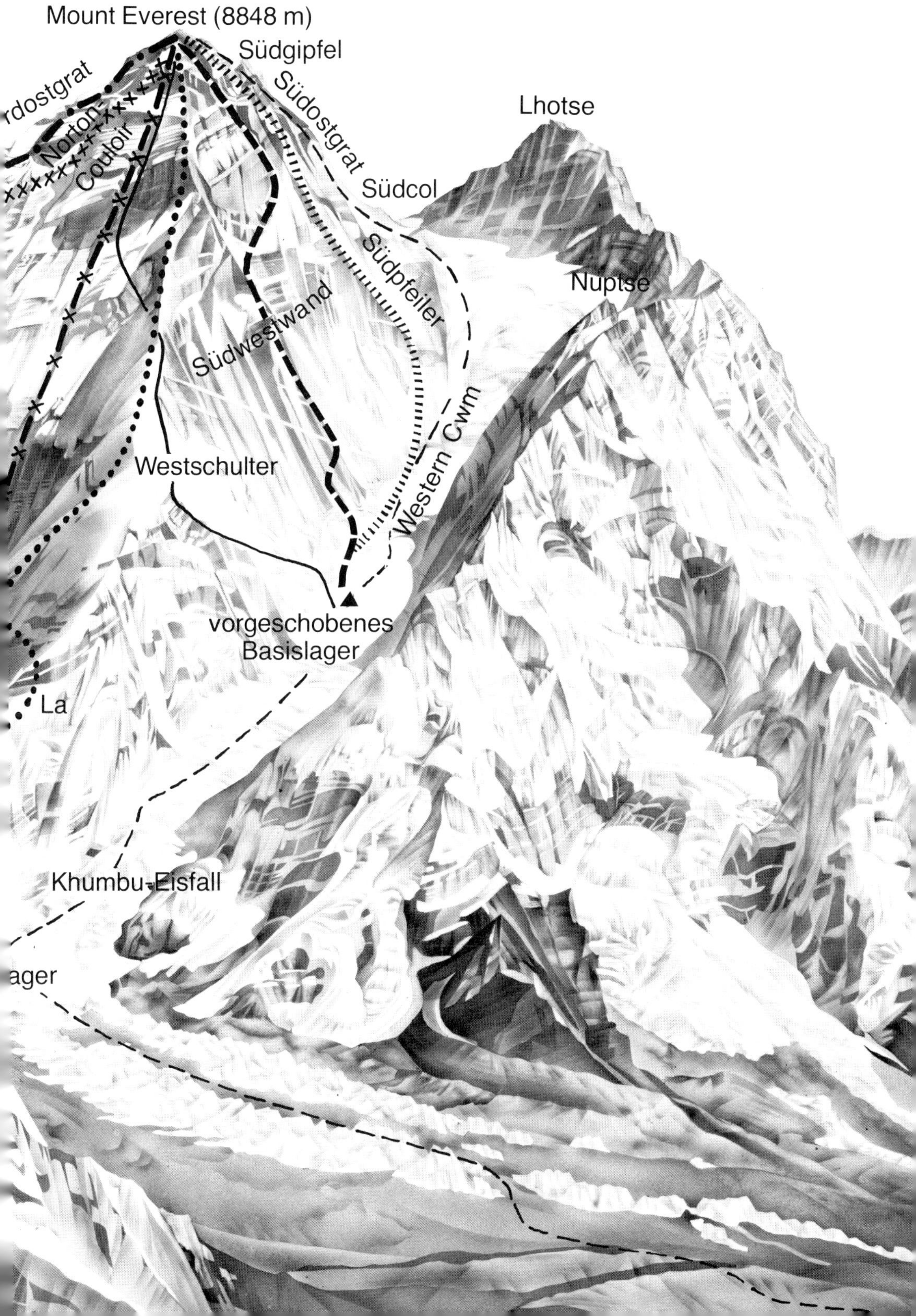
Mount Everest (8848 m)
Südgipfel
rdostgrat
Norton-
Couloir
Südostgrat
Lhotse
Südcol
Südpfeiler
Nuptse
Südwestwand
Western Cwm
Westschulter
vorgeschobenes
Basislager
La
Khumbu-Eisfall
ager

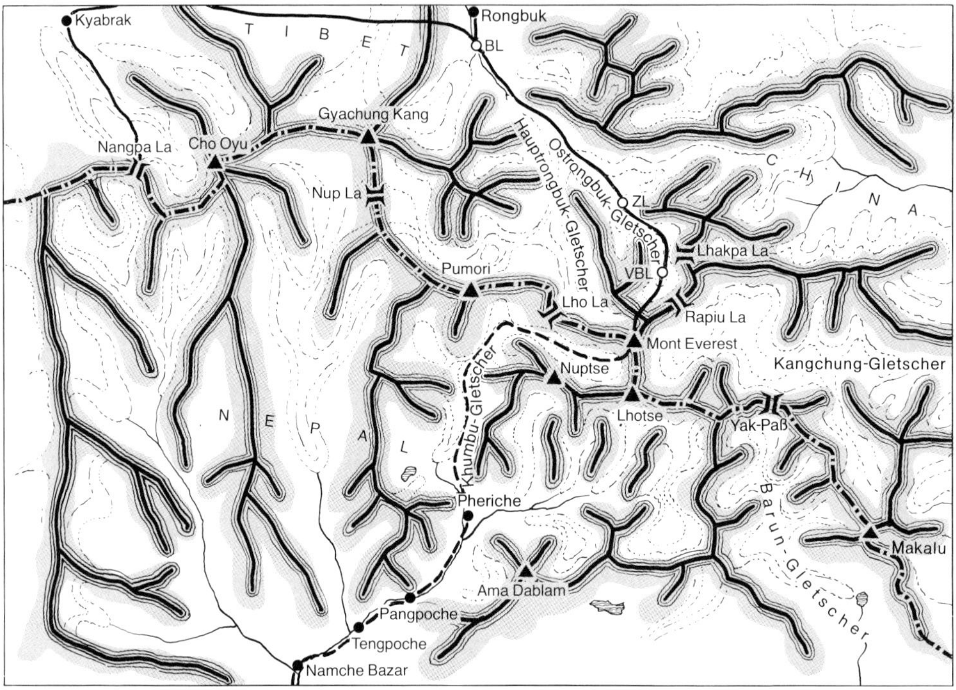

- - - - - - Anmarschweg und Aufstiegsroute zum Mount Everest von Süden (Nepal), 1978
——— Anmarschweg und Aufstiegsroute von Norden (Tibet/China), 1980
—·—·— Grenzverlauf zwischen Nepal und China

1978 und 1980 lernte ich den Mount Everest von Süden und Norden kennen. Ich stieg auf alle vier Sättel (Südsattel, Rapiu La = Ostsattel, Nordsattel und Lho La = Westsattel). Damit konnte ich in die wichtigsten Gletscherbecken und Flanken des Berges Einblick nehmen und seine Geschichte besser begreifen. War es mir bei der ersten Besteigung 1978 von Süden her in erster Linie um einen Gipfelerfolg ohne Maske gegangen, so standen bei meinem zweiten Aufstieg neben der Herausforderung, den höchsten Berg der Welt in der Monsunzeit allein zu besteigen, vor allem Tibet und sein Volk im Vordergrund meines Interesses sowie das persönliche Kennenlernen jener Region, die die britischen Expeditionsbergsteiger in den zwanziger Jahren erschlossen hatten.
An derselben Stelle, wo die britischen Pioniere damals ihr Basislager aufgebaut hatten, lagerte ich mehr als zwei Monate lang (BL). Von dort aus errichtete ich ein Zwischenlager auf 6000 Meter Meereshöhe (ZL) und 500 Meter höher mein vorgeschobenes Basislager (VBL) als Ausgangspunkt für den Alleingang zum Gipfel. Vom Basislager aus unternahm ich zahlreiche Akklimatisations- und Erkundungsmärsche nach Norden, Westen und Süden. Dabei lernte ich die einheimischen Bauern und viele Yak-Nomaden kennen. Mir wurde klar, warum die chinesische Zentralregierung plötzlich in Tibet viele der freiheitseinschränkenden Verordnungen lockerte, und ich erlebte ein Volk, das trotz zwanzigjähriger Unterdrükkung seinem ins Exil geflohenen Gottkönig treu geblieben ist. Wie eine Vision sah ich beim Aufstieg zum Gipfel die seit 1924 verschollene Seilschaft Mallory und Irvine und weiß seit meiner Rückkehr, wie es damals gewesen sein muß.

1978 bestieg ich zusammen mit Peter Habeler den Mount Everest über den Normalweg von Nepal aus. Ein letzter Blick auf den höchsten Berg der Welt, der als kleine Pyramide über die Nuptse-Lhotse-Mauer ragt, bei der Rückkehr von der Ama-Dablam-Expedition 1979.

Der Mount Everest von Norden mit langen Windfahnen am historisch interessanten Nordostgrat. Das Massiv, normalerweise ein Felsberg, ist hier mit Monsunschnee bedeckt.

Obwohl ich wußte, daß der Mount Everest auch von Norden zugänglich war, suchte ich vorsichtshalber in Nepal um eine Genehmigung für eine Everest-Solobesteigung an.

Nach dem Manirindu-Fest in Thyangpoche erfuhr ich in Kathmandu, daß der Japaner Naomi Uemura 1980/81 beabsichtigte, allein auf den Everest zu steigen.

Wider Erwarten bekam ich 1980 die Genehmigung, den Mount Everest über Tibet zu besteigen. Damit erfüllte sich ein zweiter Wunschtraum. Ich konnte das Tibet nach der Kulturrevolution erleben. Der Potala – ehemals Sitz des Gottkönigs Dalai Lama – wurde gerade restauriert. Die Tibeter durften wieder beten.

Die zentrale Himalajakette von Norden. Fünf Achttausender auf einen Blick. Ganz links der Makalu, die beiden Gipfel in der linken Bildmitte sind Lhotse und Mount Everest. Der Cho Oyu bildet die westliche Grenze des Massivs in der Mitte, und der Shisha Pangma ist die höchste Erhebung im breiten Gebirgszug rechts.

Ein Großteil der wertvollen Bronzefiguren in den Klöstern Tibets sind nach der Eroberung durch die Chinesen und vor allem während der Kulturrevolution zerstört oder verfrachtet worden. Einiges haben die Tibeter versteckt und in Flüsse versenkt.

In einigen wenigen Klöstern, so im Potala-Palast in Lhasa und in Tashi Lhunpo in Shigatse sind fast alle Statuen und Wandmalereien erhalten geblieben.

Seit 1980 dürfen die Tibeter ihre Religion wieder frei ausüben. Schon pilgern Tausende in die heilige Stadt. In den Klöstern brennen die Butterlampen.

In den Bergdörfern sind die Häuser geblieben, wie sie seit Jahrhunderten waren. Die Kinder spielen in der tibetischen Tracht zwischen den Schafen, Ziegen und Yaks.

Die Mao-Plakette auf der Mütze eines tibetischen Kindes ist meist nur ein Anhängsel ohne Bedeutung. Im Herzen tragen fast alle den Dalai Lama.

Blick vom Klosterberg auf das moderne Shegar. Wellblechhütten und gerade Straßen charakterisieren das Dorf. Das Kloster und die Festung, ehemals eines der schönsten Bauwerke Tibets, sind von den chinesischen Macht habern vollkommen zerstört worden.

Nicht nur am Eingang zum Kaufhaus trifft sich das alte mit dem neuen Tibet. Noch sind viele kommunistische Kader in den wichtigsten Zentren Tibets stationiert. Sie sollen nach und nach abgezogen werden. Die Tibeter sollen ihr Land selbst verwalten.

An der gleichen Stelle, an der die englischen Pioniere 1922 und 1924 lagerten, erstellte ich im oberen Rongbuk-Tal im Sommer 1980 mein winziges Basislager.

Der Mount Everest, der das Tal im Hintergrund abschließt, war schon tief verschneit. Es war warm, ein bißchen grün, und das Wasser gefror nur selten. Die Gedenkpyramide für die bei den ersten Everest-Expeditionen ums Leben gekommenen Bergsteiger existierte nicht mehr.

200 Schritte von meinem Basislager entfernt fand ich die Gedenktafeln japanischer und chinesischer Bergsteiger, die bei der Erkundung und Besteigung des Mount Everest 1979/80 tödlich verunglückt waren.

Unter einem überhängenden Felsen entdeckte ich Opfergaben aus Lehm, eine Erinnerung an die vielen Einsiedler, die im Rongbuk-Tal gewohnt hatten.

Diese naive Malerei eines Lama aus der Jahrhundertwende zeigt das blühende Kloster Rongbuk, in dem noch vor 50 Jahren 400 Mönche gelebt haben. Ganz links im Bild der Wintersitz des dortigen Rimpoche, ganz rechts der Mount Everest.

Das Kloster Rongbuk ist heute eine einzige Ruine. Die Dächer sind eingestürzt, alle wertvollen Statuen geraubt, die Malereien bröckeln von den Wänden.

Das einzige, was im Rongbuk-Tal noch steht, sind Tschorten – hier Grabmäler –, in denen die getrockneten Lehmfiguren erhalten geblieben sind. Auch diese heiligen Stätten sind inzwischen völlig verwildert.

Nach einigen Tagen im Basislager marschierten Nena und ich zur besseren Akklimatisation eine Woche lang über das tibetische Hochland nach Westen. Dabei lernten wir die Menschen in den Bergen kennen.

Wir konnten beobachten, wie tibetische Yak-Nomaden mit primitiven Vorderladern wilde Esel und Blauschafe jagten.

Obwohl die meisten tibetischen Dörfer inzwischen durch Jeepstraßen miteinander verbunden sind, reiten viele Einheimische noch auf ihren Tibet-Ponys von Dorf zu Dorf.

Immer noch ist der langhaarige Yak das wichtigste Haustier in den Bergen. Es gibt Milch, Wolle, das Fleisch wird getrocknet, und der Dung ist der meistverwendete Brennstoff im holzarmen Tibet geblieben.

Vor allem die Alten erzählten mir, soweit ich sie verstehen konnte, von den Verwüstungen durch die Rotgardisten während der Kulturrevolution, von den ungezählten Tibetern, die vertrieben, in Arbeitslager gesteckt und umgebracht worden waren.

Nach diesem Akklimatisationsmarsch stiegen Nena und ich zusammen mit drei Yaks und zwei tibetischen Treibern ins vorgeschobene Basislager auf 6500 Meter Meereshöhe auf. ▷

Nach einem Aufstieg bis zum Nordsattel des Mount Everest sah ich mich durch den Monsun gezwungen, ins Basislager zurückzukehren. Von dort aus fuhren wir im Jeep über endlose Hochweiden bis zum Fuße des Shisha Pangma.

Wir kamen in die höchsten Dörfer, beobachteten die Yak-Nomaden bei ihrer Arbeit und erkundeten die Nordwand des Shisha Pangma.

Wir nächtigten im Zelt oder zwischen den Steinen. Nena kochte. Wir hatten nur das Allernotwendigste dabei und somit die Freiheit, überall hinzukommen.

Am 16. August stieg ich ein zweites Mal mit Nena bis ins vorgeschobene Basislager unterm Nordsattel. Links der gleichmäßig steile Nordgrat, meine geplante Aufstiegsroute.

Nach einer zehntägigen Schönwetterperiode – einem Monsunbreak – waren die Verhältnisse am Berg ausgezeichnet. Durch größere Kälte hatte ich keine Lawinengefahr zu befürchten.

Auf 6000 Meter Meereshöhe stand unser winziges Zelt (unten), eine Zwischenstation auf dem Weg ins vorgeschobene Basislager auf 6500 Meter Meereshöhe, das zwischen zwei Steinmauern vom Wind geschützt war (rechts).

Am 18. August, um 5 Uhr morgens, verließ ich das ▷ vorgeschobene Basislager. Zwei Stunden später stürzte ich 8 Meter tief in eine Gletscherspalte. Nena fotografierte mit einem Teleobjektiv nach Sonnenaufgang vom Lager aus meine einsame Spur zum Nordsattel des Mount Everest.

Obwohl ich mir in der Gletscherspalte vorgenommen hatte aufzugeben, stieg ich dennoch weiter. Ohne mir Sorgen über den Rückweg zu machen. Hier in Bildmitte der Nordsattel.

Ich war schon überm Nordsattel, als die erste Morgensonne die Gipfel des Cho Oyu und des Gyachung Kang traf. Der formschöne Pumori schien bereits unter mir zu liegen. Obwohl sich weit im Westen erste Wolkenbänke ankündigten, sorgte ich mich in diesen Stunden nicht um das Wetter. Ich kam schnell voran.

Mit einem 15 bis 18 Kilogramm schweren Rucksack schleppte ich mich am 19. August, gestützt auf zwei Skistöcke, dem Gipfel entgegen. Alle Aufnahmen unterwegs machte ich mittels Selbstauslöser meiner Kamera, die ich dazu eigens auf meinen Eispickel montieren mußte. Bis auf 7800 Meter konnte mich Nena mit dem Teleobjektiv vom Lager aus verfolgen.

Nach dem ersten Biwak auf etwa 7800 Meter Meereshöhe band ich mein Zelt außen lose auf den Rucksack, damit es austrocknen konnte. Jedes zusätzliche Gramm Gewicht kostet in der Todeszone Energie. Ich querte nun, da am Nordostgrat viel Schnee lag, die Nordwand unter der »ersten« und »zweiten Stufe« diagonal nach rechts bis knapp vor das Norton-Couloir. Die »erste Stufe« zeichnet sich als Höcker in Bildmitte gegen den Himmel ab, die »zweite Stufe« ist der scharfe Abbruch rechts davon.

Mein Zelt, das ich am Morgen ab- und am Abend wieder aufbaute, war selbsttragend – eine Gore-Tex-Plane in zwei über Kreuz gelegte und in Halbkreisform gebogene Aluminiumstangen gespannt. Ich hatte das Zelt eigens für diesen Alleingang bauen lassen.

Am Morgen des 20. August, nach meinem zweiten Biwak auf etwa 8200 Meter Meereshöhe, wurde das Wetter endgültig schlecht. Die Täler füllten sich mit Nebel, und die Orientierung war für mich sehr schwierig. Ich ließ fast alles im letzten Biwak zurück.

Vom unteren Basislager aus war der Mount Everest an diesem Tag nicht mehr zu sehen. Für Nena im vorgeschobenen Basislager erschien er am Morgen hinter einem Dunstschleier, am Vormittag schon verschwand er vollkommen in Wolken.

Von oben aus konnte ich nur für Augenblicke die Gletscher und Gipfel unter mir im Blick erhaschen. Knapp unter dem Gipfel sah ich noch einmal durch ein Nebelloch die Grate des Nordgipfels und den Ostrongbuk-Gletscher.

Nach dem letzten freien Blick auf den gebogenen Strom des Rongbuk-Gletschers (unten) brauchte ich noch eine Ewigkeit bis zum Gipfel des Everest, der nach wie vor vom chinesischen Vermessungsstativ gekennzeichnet ist. Es ragte jetzt nur knapp knietief aus dem Monsunschnee. Ich blieb, völlig erschöpft, eine Dreiviertelstunde am Gipfel sitzen.

Nachdem ich den Mount Everest nun auch von Norden kennengelernt hatte, wurde mir seine frühe Geschichte verständlich. Ich konnte nicht nur die einzelnen Punkte erkennen, wo die Pioniere gewesen waren. Vor allem konnte ich verschiedene Begebenheiten nacherleben. Es war, als könnte ich die Lager von damals sehen und mit den Männern von damals bangen wie Noel:

»Einmal bemerkten wir, wie sich Männer vom Lager IV aus auf die Kante dieser flachen Eisplattform zubewegten, wohl wissend, daß sie dort ein Signal geben könnten, welches von uns gesehen würde. Wir beobachteten sie beim Auslegen eines Signals auf dem Schnee; es waren dunkle Decken, die sie in der Form eines großen Kreuzes ausbreiteten. Es waren Zeichen des Todes. Wir sahen es ganz deutlich, und es sagte uns, daß Mallory und Irvine tot waren.«

Daheim, 27. Juni 1980

Lieber Reinhold!

Ich schreibe Dir heute nach Tibet, obwohl ich nicht weiß, ob Dich dieser Brief je erreichen wird.
Du lebst so in einer anderen Welt als Deine Brüder u. damit meine ich nicht nur die Berge.
Ich weiß, Du mußt es, paß auf Dich auf!
Heute vor zehn Jahren warst Du mit Günther auf dem Nanga Parbat.
Damals habe ich gehofft, daß Du jetzt bei uns bleiben wirst.
Du bist wieder aufgebrochen und ich habe Dich trotz allem nicht zurück-gehalten. Ich tue es auch jetzt nicht.
Inzwischen hat sich hier in Europa so vieles verändert, der Horizont ist enger u. enger geworden.
Ich habe Deine Art zu leben mehr und mehr begreifen gelernt.
Bleib in Tibet, wenn es Krieg od. Re-volution bei uns gibt u. bleibe vor-sichtig.
Es denkt an Dich!

Deine
Mutter

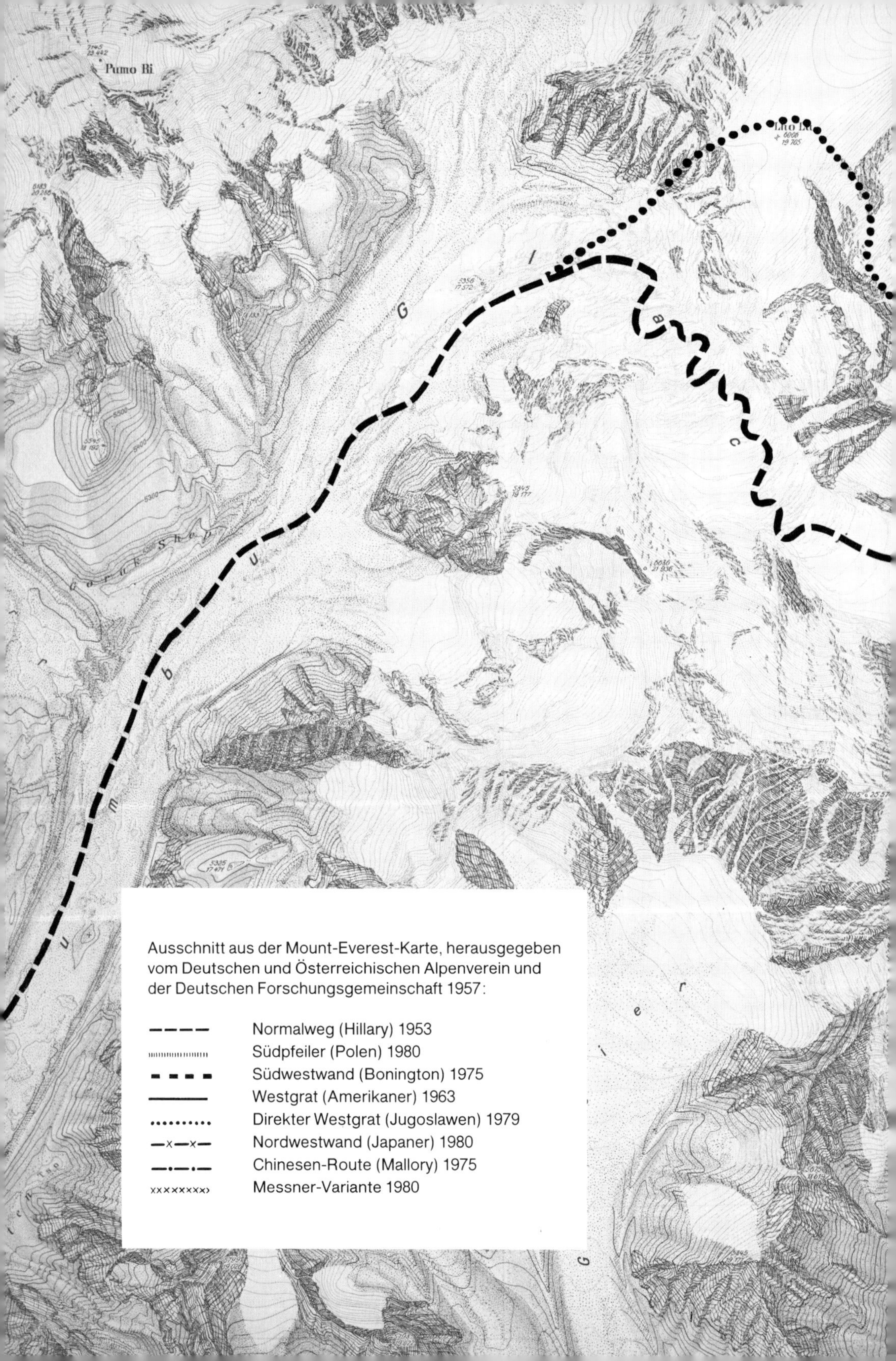

Ausschnitt aus der Mount-Everest-Karte, herausgegeben vom Deutschen und Österreichischen Alpenverein und der Deutschen Forschungsgemeinschaft 1957:

– – – –	Normalweg (Hillary) 1953
‖‖‖‖‖‖‖‖	Südpfeiler (Polen) 1980
■ ■ ■ ■	Südwestwand (Bonington) 1975
———	Westgrat (Amerikaner) 1963
··········	Direkter Westgrat (Jugoslawen) 1979
—x—x—	Nordwestwand (Japaner) 1980
—•—•—	Chinesen-Route (Mallory) 1975
xxxxxxxx›	Messner-Variante 1980

Mount Everest – Chronik und Bibliographie

Wenn es im Hochlande weder Berge noch Täler gibt,
werden die Herden keinen Schutz mehr finden;
wenn die Ebene nicht mehr flach ist,
eignet sie sich schlecht zum Säen;
wenn die Menschen gleich sind, alle gleich ihren Führern,
wird alles schlecht verlaufen;
auf daß das Glück sich auf ganz Tibet ausbreite!

Gezars Gattin Dugmo

Mount Everest – Chronik und Bibliographie

Mount Everest
Lage: Nepal Himalaja (Kosi-Abschnitt) im Mahalangur-Himal, der die Grenze zwischen Nepal und Tibet bildet, entlang des Nordrandes des Khumbu Himal

Länge: 86° 55′ 40″ E
Breite: 27° 59′ 16″ N
Höhe: Hauptgipfel 8 848 m
Südgipfel 8 765 m
Nordostschulter 8 393 m

Frühe Bezeichnungsnummer: XV
Nepalesischer Name: Sagarmatha
Tibetischer Name: Chomolungma (oder Quomolungma); ungefähre Bedeutung »Göttinmutter des Schnees« Laut offiziellen Dokumenten dieser Zeit und angeblich auch schon viel früher wird der Distrikt um den Chomo-lung-ma als Lho-Chamo-long »Vogelland im Süden« bezeichnet, liegt also sehr wahrscheinlich in der Everest-Makalu-Gruppe. Unter Chomolungma‹ versteht man heute das ganze Everest-Massiv oder die ganze Everest-Makalu-Gruppe im Khumbu-Himal. C. K. Howard-Bury, Leiter der ersten Mount-Everest-Expedition, hörte den Namen Chomo Uri »Göttin der Türkisgipfel« für den Mount Everest.

Karten: Skizzenhafte Karten sind in den Everest-Büchern von 1921, 1922, 1924 sowie Ruttledge 1933 zu finden. Folgende moderne Karten sind erhältlich und empfehlenswert: 1 : 506 880 Blatt Nepal Ost, 3. Auflage – GSGS, 1969. DMS (MoD), London.
1 : 126 720 Trekking – Karte: Lamasangu bis Mount Everest 1975. Mandala Maps, Kathmandu.
1 : 100 000 Mount Everest Region. 2. Auflage 1975 RGS, London.
1 : 500 000 Khumbu Himal. Die sogenannte »Schneider-Karte«. 1965. FNH, München.
1 : 25 000 Chomolongma – Mount Everest – Mahalangur. 1957. AV (DAV – ÖAV), München & Innsbruck.

Der Mount Everest, der höchste Berg der Welt, hat mehr Aufmerksamkeit (Geographen, Bergsteiger, Journalisten) auf sich gezogen als irgendein anderer Berg im Himalaja. 1849 zum erstenmal von Nicht-Einheimischen gesichtet; der erste Besteigungsversuch erfolgte 72 Jahre später; nochmals 32 Jahre später wurde der Gipfel erreicht. Alle Expeditionen vor 1949 kamen über Tibet. Nepal war Ausländern nicht zugänglich. 1950–1979 sind die Jahre der Erfolge von Nepal aus; Tibet ist für Nicht-Chinesen seit 1979 wieder zugänglich. Die erfolgreiche britische Expedition 1953 war der neunte Versuch am Berg – ausgenommen drei Alleinversuche und ein offiziell nicht bestätigter russischer Vorstoß. Bis heute haben mehr als 100 Menschen den Gipfel erreicht, sechs davon ohne Zuhilfenahme von Flaschensauerstoff. Auch vier Frauen haben auf dem Gipfel gestanden.
Ob Irvine und Mallory schon 1924 oben gewesen sein könnten, ist umstritten. Es besteht aber eine große Wahrscheinlichkeit, daß Burke, Kameramann bei der britischen Südwestwand-Expedition 1975, den Gipfel erreicht hat. Fünf Bergsteiger waren zweimal auf dem Gipfel.

Der Berg ist – Varianten mitgerechnet – auf acht verschiedenen Routen bestiegen und einmal überschritten worden. Der zu überwindende Höhenunterschied vom Western Cwm über die Südwestwand beträgt etwa 2225 Meter; vom oberen Ostrongbuk-Gletscher 2350 Meter; vom Lho La über den Westgrat etwa 2850 Meter; von unterhalb des Eisfalls über den Südsattel etwa 3500 Meter.

Versuche und Besteigungen bis 1981

Der Brite Julius Behrens (1827–1888) plante, einer Familienlegende zufolge, eine Everest-Expedition. Es blieb, vermutlich durch eine Montblanc-Besteigung angeregt, bei der Idee.

1892 Mit dem Titel: »Kann der Mount Everest bestiegen werden?« erschien in der Oktoberausgabe 1892 von *Nineteenth Century* eine Arbeit von Clinton Dent, in der er sagt, daß es möglich sei, den Everest zu besteigen.

1893 Lieutenant C. G. Bruce und Captain F. E. Younghusband besprachen in Chitral die Idee der Besteigung des Mount Everest.

1899 Lord Curzon, Vizekönig von Indien, schrieb an D. W. Freshfield, daß er in Nepal versuchen würde, die Genehmigung für einen Versuch am Everest zu erhalten.

1904 Captain C. G. Rawling, der mit Younghusband in Lhasa war (1904), führte anschließend eine Gruppe von dort nach Gartock und weiter nach Simla. Sie sahen von hier aus den Everest von Norden.

1905 Der Alpine Club erwog einen systematischen Vorstoß auf den Kangchendzönga oder Mount Everest. Major Bruce und Gurkhas sollten dafür gewonnen werden.

1907 Der Minister für Indien hat gegen die Idee der Everest-Besteigung sein Veto eingelegt.

1907 In der *Times* wurden Plan und Veto der von Lord Curzon konzipierten und voraussichtlich von Major C. G. Bruce geleiteten Expedition mit Dr. T. G. Longstaff, A. L. Mumm, drei Bergführern aus den Alpen und einem halben Dutzend Gurkhas diskutiert.

1908 Bruce arbeitete einen neuen Plan aus. Von Nepal aus wollte man sich durch das Tal des Dudh Kosi dem Berg nähern.

1909 Ein Sherpa nannte General Bruce den Namen Chomo Lungmo für Mount Everest.

1911 Curzon bat den Maharadscha von Nepal brieflich um die Erlaubnis, den Everest zu besteigen.

1913 Als Mohammedaner verkleidet, mit einheimischen Begleitern, stieß Captain J. B. Noel von Darjeeling durch Nordwestsikkim bis zum Langu-Paß in Tibet vor. Nur noch 65 Kilometer vom Berg entfernt, wurden sie von einer Schar tibetischer Soldaten aufgehalten und zur Umkehr gezwungen.

1918 Die R. G. S. (Royal Geographic Society) eröffnete neue Verhandlungen um eine Everest-Genehmigung.

1920 Lieutenant Col. C. K. Howard-Bury verhandelte in Indien mit Sir Charles Bell, dem Politischen Offizier in Sikkim und Vertreter Großbritanniens in Lhasa, und dem Vizekönig.

1921 Erste Erkundungs-Expedition mit neun Teilnehmern und Lieutenant

Col. C. K. Howard-Bury als Leiter. Dr. A. M. Kellas starb während des Anmarsches. Mögliche Zugangswege von Osten und Norden wurden erforscht. G. L. Mallory und G. H. Bullock erkundeten den Rongbuk- und den Westrongbuk-Gletscher, von wo aus sie versuchen wollten, das Western Cwm zu erreichen, das sie von einem Sattel nordöstlich des Pumori gesehen hatten. Sie hielten den Eisfall für steil. Die Chancen, den Sattel zwischen Everest und Südgipfel (Lhotse) von Westen aus zu erreichen, waren gleich Null. Bullock, Mallory und Major E. O. Wheeler gelangten am 24. September zum Chang La (Nordsattel, 6990 m) von den Kharta- und Ostrongbuk-Gletschern aus, nachdem Mallory den Einstieg von Rongbuk nicht gefunden hatte.

1922 Zweite Expedition mit dreizehn Teilnehmern, fünf Gurkhas unter dem Leiter Brig. Gen. C. G. Bruce. Der Nordsattel wurde jetzt vom Ostrongbuk-Gletscher aus erreicht. Mallory, Major E. F. Norton und Dr. H. Somervell erreichten ohne Sauerstoffgeräte eine Höhe von 8225 Meter. Captain G. Bruce, der Neffe des Leiters, und Captain G. I. Finch erreichten mit Sauerstoff eine Höhe von 8320 Meter. Bei einem dritten Versuch wurde knapp unter dem Nordsattel die gesamte Karawane von einer Lawine mitgerissen. Dabei starben sieben Träger.

1924 Dritte Expedition mit zehn Teilnehmern, vier Gurkhas und wieder unter der Leitung von Major C. G. Bruce. Während des Anmarsches erkrankte dieser an Malaria, fiel aus, und Norton übernahm die Leitung. Norton und Somervell kamen bis 8540 Meter; ohne Sauerstoffgerät ging Norton allein noch bis auf 8570 Meter weiter (Höhenrekord ohne Maske bis 1978). A. C. Irvine und G. L. Mallory unternahmen, von N. E. Odell kurz beobachtet, einen Versuch in Richtung Gipfel und kamen nicht zurück.

1933 Eine weitere Expedition mit 14 Teilnehmern, zwei Fernmeldeoffizieren und fünf Gurkhas unter dem Leiter H. Ruttledge stieg über den Nordsattel; P. Wyn Harris, J. Longland, L. R. Wager und acht Träger gingen bis auf 8350 Meter. Beim ersten Gipfel fanden Harris und Wager etwa 20 Meter unterhalb des Grates und etwa 230 Meter östlich der »ersten Stufe« einen Eispickel, der nur Irvine und Mallory gehört haben konnte. Bis 8570 Meter wie die erste Gruppe kam auch F. S. Smythe, nachdem E. E. Shipton zurückgekehrt war. Im gleichen Jahr gelang der Houston-Mount-Everest-Expedition der erste Flug über den Everest. Zwei Flüge über den Gipfel in zwei Westland-Doppeldeckern. Die Ausbeute waren wertvolle Serien vertikaler Vermessungsstreifen und viele Fotos des Gebirgsmassivs.

1934 Alleinversuch über die Nordsattel-Route von M. Wilson, der Tibet als taubstummer tibetischer Mönch verkleidet durchquert hatte. Er starb unterm Nordsattel in seinem Zelt an Erschöpfung.

1935 Eine kleine Erkundungsgruppe mit acht Teilnehmern, dazu Tenzing Norgay, der Lasten zum Nordsattel trug, unter der Leitung von E. E. Shipton. Das Western Cwm wurde von Shipton studiert und die Südroute als möglich beurteilt. H. W. Tilman und E. H. L. Wigram beurteilten den Westgrat vom Lho La in seinem unteren Abschnitt als ungangbar. Im Ostrongbuk-Gletscher wurde die Leiche von Wilson gefunden.

1936 Die zweite Ruttledge-Expedition scheiterte im frühen Monsun.

1938 Die kleine Expedition unter dem Leiter H. W. Tilman kam wenig über 8 000 Meter.

1945 Shipton plante eine Expedition. Tibet ließ weder 1946 noch 1947 eine Mannschaft zu.

1947 Der Kanadier E. Denman unternahm einen Alleinversuch. Mit Tenzing und Ang Dawa reiste er heimlich durch Tibet nach Rongbuk. Zu dritt stiegen sie bis zum Sattel, knapp darüber wurden sie zur Rückkehr gezwungen.

1950 Eine kleine Gruppe von fünf Teilnehmern, organisiert vom Amerikaner C. Houston, marschierte von Kathmandu ins Solo-Khumbu-Gebiet. C. Houston und Tilman gingen den Khumbu-Gletscher hinaus und studierten den großen Eisfall. Tilman gewann die Meinung, daß Oktober ein günstiger Zeitpunkt für zukünftige Versuche sein könnte.

1951 Einen dritten Alleinversuch, wieder ohne Genehmigung, wagte der Däne K. B. Larsen. Von Darjeeling ging er in Richtung Dudh-Kosi-Tal und Namche Bazar. Von Namche Bazar überschritt er den Nangpa La westlich vom Cho Oyu nach Tibet und erreichte über Kyetrak Rongbuk. Auf dem Nordsattel weigerten sich seine Sherpas, ein Lager aufzuschlagen. Sie stiegen sofort wieder ab.

1951 Auf eine britische Erkundungsexpedition, von M. P. Ward angeregt und von E. E. Shipton geleitet, stießen die Neuseeländer E. P. Hillary und H. E. Riddiford in Nepal. Der größte Teil des Eisfalls wurde durchstiegen und eine mögliche Route zum Südsattel hinauf erkannt.

1952 Die erste Schweizer Expedition zum Mount Everest, Leiter Dr. E. Wyss-Dunant. Sie erreichte den Südsattel (7 986 m). R. Lambert und S. Tenzing gelangten sogar auf eine Höhe von 8 600 Meter, bevor sie umkehrten.

1952 Die zweite Schweizer Expedition kam zur Nachmonsunzeit auf 8 100 Meter Höhe.

1952 Über eine große russische Expedition, die den Mount Everest zur gleichen Zeit von Norden aus versuchte, gab es keinen offiziellen Bericht. Von etwa 8 200 Meter startete die Gipfelmannschaft und blieb vermißt. Wie J. Tamm, der Leiter der geplanten russischen Everest-Expedition von 1982 in Kathmandu mitgeteilt hat, ist dieser gescheiterte Versuch in russischen Bergsteigerkreisen »unbekannt«, und die russische Bergsteigerföderation hat öffentlich dementiert, daß es 1952 einen russischen Versuch am Everest gegeben hat.

1953 *Erste Besteigung:* Britische Expedition mit 14 Teilnehmern, darunter ein Physiologe, ein Kameramann, Sirdar Tenzing Norgay und als Leiter Col. H. C. J. Hunt. Es war Tenzings siebte Expedition zum Mount Everest. Über den Lhotse-Gletscher und die Lhotsewand wurde der Südsattel erreicht. R. C. Evans und T. D. Bourdillon erreichten den Südgipfel (8765 m). Die zweite Gipfelmannschaft, E. P. Hillary und S. N. Tenzing, erreichten den Gipfel am 29. Mai.

1956 Die dritte Schweizer Expedition unter der Leitung von A. Eggler folgte der Route durch das Western Cwm zum Südsattel. Zwei Seilschaften, J. Marmet und E. Schmied, H. von Gunten und A. Reist, erreichten den Gipfel.

1958 Eine chinesische Erkundungs-Expedition mit drei Russen stieg von Rongbuk bis zum Nordcol.

1959 Chinesische Expedition bis Lhasa. Wegen der Revolution wich man auf den Mustagata in Sinkiang (Pamir) aus.

1960 Erste erfolgreiche Expedition über den Nordsattel. Die Expedition bestand aus 214 Männern und Frauen, Chinesen und Tibetern. Für die letzten 350 Meter (= »zweite Stufe«) brauchten drei Teilnehmer mehr als einen Tag. Sie erreichten den Gipfel im Dunkeln. Beweise für die Besteigung erbrachten sie nicht. Am Gipfel waren: Wang Fou-chou, Chan Ying Hua, Liu-Lien-man.

1960 Eine indische Expedition wurde durch heftige Stürme und Triebschnee knapp unterhalb des Südgipfels zur Umkehr gezwungen.

1962 Drei Amerikaner und ein Schweizer gingen, nachdem sie die nepalesischen Behörden getäuscht hatten, über den Nup La zum Westrongbuk-Gletscher – ohne Erlaubnis – und stiegen über den Ostrongbuk-Gletscher zum Nordsattel. Sie kamen bis auf 7600 Meter.

1962 Die zweite indische Expedition erreichte 8450 Meter Höhe.

1963 Eine amerikanische Mammut-Expedition mit N. G. Dyhrenfurth als Leiter teilte sich für einen Angriff aus zwei Richtungen auf. Die erste Südsattel-Mannschaft erreichte schon am 1. Mai den Gipfel. Die Westgrat-Mannschaft erreichte die Schulter, wo zwei Zelte mit ihren sechs Insassen im Sturm 30 Meter den Berg hinuntergeblasen wurden. In einer Schleife über die Nordwand bestiegen wenige Stunden nach der zweiten Südsattelgruppe W. F. Unsoeld und T. F. Hornbein den Gipfel über den Westgrat und stiegen zum Südsattel ab. Das war die erste und bis heute einzige *Überschreitung* des Mount Everest.

1965 Die dritte indische Expedition, von Lt. Cdr. M. S. Kohli geleitet, brachte neun Männer auf den Gipfel.

1965 Verbot jeglicher bergsteigerischen Aktivitäten am Berg durch die nepalesische Regierung.

1965 Chinesische Erkundungen an der Nordseite (bis 7500 m) und am Ostgrat, die im Schnee stecken blieben.

1966 Zweite chinesische Everest-Expedition über den Nordcol. Diese Expedition im Geiste der »Chinesischen Kulturrevolution« soll mit einer Katastrophe geendet haben (Mao-Phantasten ohne genügende Ausrüstung).

1967 Chinesische wissenschaftliche Expedition im nördlichen Everest-Gebiet. Wissenschaftliche Meßstation auf den Nordcol (ca. 7000 m) und auf Vorbergen.

1968 Die dritte chinesische Everest-Expedition über die Nordcol-Route blieb ohne Erfolg.

1969 Japanische Erkundungs-

Expedition an der Südwestwand.
1970 Eine japanische Expedition aufgeteilt in zwei Gruppen – acht für die Südwestwand, 16 für den Südostgrat – belagerte den Berg. Nur die Südsattel-Gruppe erreichte mit zwei Teams den Gipfel.
1970 Die japanische Ski-Expedition mit 34 Teilnehmern und 800 Trägern brachte zwar eine Skiabfahrt vom Südsattel durch Miura fertig – etwa 2000 Höhenmeter zum Western Cwm in weniger als zwei Minuten –, aber sechs Sherpas wurden in einer Gletscherlawine getötet.
1971 Eine internationale Expedition mit 30 Teilnehmern aus dreizehn Ländern und dem Leiter N. G. Dyhrenfurth wollte in zwei Gruppen operieren: eine an der Südwestwand und eine am Westgrat. Der Tod von Major H. V. Bahaguna, Krankheit, Epidemien und Konflikte wegen großer Publicity ließen die Expedition auseinanderbrechen.
1971 Eine argentinische Expedition in der Nachmonsunzeit wurde an der Südsattel-Route zur Umkehr gezwungen.
1972 Die europäische Expedition mit Dr. K. M. Herrligkoffer in der Südwestwand quälte sich mit Persönlichkeitsproblemen und scheiterte.
1972 Ein weiterer Versuch einer britischen Expedition mit C. J. S. Bonington an der Südwestwand scheiterte.
1973 Eine große italienische Monzino-Expedition mit 100 Sherpas und 2000 örtlichen Trägern sowie drei Hubschraubern brachte zwei Mannschaften über den Normalweg auf den Gipfel.
1973 Eine japanische Expedition, aufgeteilt in zwei Gruppen, kam in der Südwestwand etwa 8400 Meter hoch. Vom Südsattel aus gelang es einer Seilschaft, ohne Zwischenlager den Gipfel zu erreichen.
1974 Eine spanische Expedition gab in der Vormonsunzeit auf.
1974 Beim Versuch einer französischen Expedition am Westgrat wurden die Lager I und II durch eine Lawine vollständig zerstört und der Leiter sowie fünf Sherpas getötet.
1974 Zum Training stieg eine Expedition aus China von Rongbuk aus zum Nordsattel.
1975 Die japanische Frauen-Expedition brachte die erste Frau, Junko Tabei (mit Sherpa Ang Tsering) über den Normalweg auf den Gipfel.
1975 Eine große chinesische Expedition (400 Teilnehmer), geleitet von Shih Chan-chun, bestieg den Berg ein zweites Mal von Norden. Neun Teilnehmer (acht Tibeter und ein Chinese), darunter die Tibeterin Phantog, erreichten den Gipfel.
1975 Die zweite britische Südwestwand-Expedition, von C. J. S. Bonington geleitet, brachte einen großartigen Erfolg. Haston und Scott erreichten als erste Seilschaft den Gipfel – P. D. Boardman und Sirdar Pertemba als zweite. Auf ihrem Abstieg und nur ein paar hundert Meter vom Gipfel entfernt, trafen sie überraschend auf Burke, der noch zum Gipfel gehen und sie dann beim Abstieg wieder einholen wollte. Burke wurde nie wieder gesehen.
1976 Bei der britisch-nepalesischen Expedition kamen zwei Bergsteiger über die Südsattel-Route zum Gipfel.
1976 Eine amerikanische Expedi-

tion ging den Berg über die Südsattel-Route an und war erfolgreich.
1977 Die neuseeländische Expedition, die den Plan hatte, den Berg über den Südsattel ohne Sherpas zu besteigen, erreichte zwar den Südsattel, nicht aber den Gipfel.
1977 Der südkoreanischen Expedition gelang im Herbst eine sehr schnelle Besteigung über die Südsattel-Route.
1978 Eine iranisch-chinesische Großexpedition kam am Nordgrat bis auf 7 500 Meter.
1978 Erste Ersteigung des Mount Everest, vollkommen ohne jede Verwendung von künstlichem Sauerstoff durch R. Messner und P. Habeler. Sie waren der ersten österreichischen Everest-Expedition, geführt von W. Nairz, attachiert. Dieser und fünf weitere Mitglieder, darunter als erster deutscher Bergsteiger R. Karl, erreichten den Gipfel.
1978 Eine deutsche (Leiter K. Herrligkoffer) und eine französische Expedition (Leiter P. Mazeaud) brachten im Herbst in guter Zusammenarbeit sieben Deutsche, drei Franzosen, eine Polin, einen Schweizer und einen Österreicher sowie drei Sherpas über die Normalroute (Südcol) auf den Gipfel. Zweite Everest-Besteigung ohne Sauerstoff durch H. Engl am 10. Oktober. Dritte Besteigung ohne Sauerstoff durch die Sherpas Ang Dorje und Mingma am 17. Oktober. Dritte Frauenbesteigung durch die Polin W. Rutkiewicz. Sowohl H. Engl als auch die Sherpas Ang Dorje und Mingma waren zusammen mit Bergsteigern aufgestiegen, die alle Sauerstoffgeräte benutzten und die Spur legten.
1979 Einer sehr starken, einsatzfreudigen jugoslawischen Expedition gelang die vollständige Begehung des gesamten Westgrates.
1979 Bei einer japanischen Erkundungsexpedition an der Nordseite des Berges starben drei Chinesen unterm Nordsattel in einer Lawine.
1979 Eine deutsche Mannschaft, begünstigt durch gute Verhältnisse, brachte mehrere Gruppen auf den Gipfel. Beim Abstieg vom Gipfel starben zwei Teilnehmer an Erschöpfung.
1980 Eine polnische Gruppe wagte erstmals den Versuch einer Winterbesteigung. Im Februar gelang bei starkem Sturm und Kälte einer Seilschaft der Aufstieg bis zum Gipfel. Eine großartige Leistung, auch wenn sie in Nepal offiziell nicht als Winterbesteigung geführt wird (eine solche muß im Dezember oder Januar erfolgen).
1980 Eine starke Expedition aus Japan teilte sich in Rongbuk in zwei Gruppen auf. Einer gelang die erste vollständige Durchsteigung der Nordwand, einer zweiten die Wiederholung der klassischen Route über Nord- und Nordostgrat. Yasuo Kato wurde der erste Nicht-Sherpa, der den Mount Everest zweimal besteigen konnte.
1980 Die Expedition aus dem Baskenland, der im Mai der Aufstieg bis zum Gipfel gelang, war die erste spanische mit Erfolg am höchsten Berg der Welt.
1980 Eine polnische Expedition erkletterte erstmals den Südpfeiler, eine Route zwischen Südwestwand und Südostgrat.
1980 Im August stieg R. Messner

von einem vorgeschobenen Basislager am Ostrongbuk-Gletscher allein über den Nordsattel und eine teilweise neue Route in der Nordwand zum Gipfel.

1980 Eine italienisch-nepalesische Großexpedition mit Trekkingcharakter scheiterte trotz großem Einsatz an Material und Sherpas am Südgipfel.

1981 Eine britische Winterexpedition kam nicht weit über den Lho La hinaus.

1981 N. Uemura scheiterte bei einem Winter-Solo-Versuch (Sherpa-Unterstützung bis zum Südsattel) am Normalweg.

1981 Eine französische Militärexpedition scheiterte unterhalb der »zweiten Stufe« an der klassischen Nordroute von Tibet aus.

1981 Japanische Bergsteiger mußten knapp unterm Gipfel aufgeben, nachdem sie den Westgrat überklettert hatten.

1981 Im Herbst ging eine amerikanische medizinische Forschungsexpedition über das Western Cwm zum Südostpfeiler, auf der rechten Pfeilerseite und links vom Genfer Sporn bis knapp unter den Südsattel, wo sie auf 8075 Meter ihr höchstes Lager errichtete. Von dort stieg sie weiter über die Südostkante zum Gipfel. Am 21. Oktober erreichten Chr. Kopczynski und Sundare Sherpa den höchsten Punkt, am 24. Chr. Pizzo und Tenzing jr. sowie P. Hackett allein, nachdem der ihn begleitende Sherpa umgekehrt war.

1981 Im Herbst stieg eine neuseeländische Kleinexpedition im Alpenstil über Khumbu-Gletscher und Western Cwm zur Westschulter und über das Hornbein-Couloir. In 7770 Meter Höhe mußte das Team wegen Stürmen und Erschöpfung aufgeben.

1981 Ebenfalls im Herbst erreichte eine amerikanische Gruppe an der Ostwand eine Höhe von etwa 6600 Meter, bevor sie die Route wegen Lawinen und Schneebrettgefahr aufgab.

Der Mount Everest ist für die nächsten fünf Jahre von Norden (China), auch Osten (China) und Süden (Nepal) ausgebucht. Von besonderem bergsteigerischem Interesse (als Neuland) sind die Ostseite sowie der Nordostgrat.

1982 Nachbetrachtung

Im Februar 1982 trafen sich in London Captain Noel, Professor Odell und Reinhold Messner. Sie diskutierten stundenlang über das Verschwinden von Mallory und Irvine 1924 an der Nordseite des Everest. Diese Gespräche und vor allem eine sensationelle Nachricht aus China brachten neuen Stoff für »das Geheimnis um Mallory und Irvine«.

Am 8. Juni 1924 wurden Mallory und Irvine am Nordostgrat des Mount Everest zum letztenmal gesehen. Odell, ein höhenerprobter Bergsteiger, der als Geologe die Expedition begleitete, sah Mallory und Irvine durch ein Nebelloch zum letztenmal. Sie waren gerade damit beschäftigt, eine der Stufen am mehr als 8400 Meter hohen Nordostgrat zu erklettern. Seit damals sind Mallory und Irvine verschollen, seit damals bleibt das Rätsel zu lösen, ob die beiden vielleicht den Gipfel erreicht haben und wo sie gestorben sind.

Odell, heute über 91 Jahre alt, kann sich an alle Einzelheiten erinnern und

vermutet wie viele Historiker, daß Mallory und Irvine erst beim Abstieg vom Gipfel verunglückt sind. Andere Historiker und Reinhold Messner sind nach wie vor der Meinung, daß Mallory und Irvine den »second step«, die zweite Felsstufe am Gipfelgrat, nicht hätten klettern können. Odell ist mit Messner heute einig, daß er die beiden Bergsteiger auf der »ersten Stufe« und nicht auf der »zweiten Stufe« gesichtet hat, meint aber, daß Mallory und Irvine die »zweite Stufe« (»second step«) an der verschneiten Ostwand umgangen haben könnten. Reinhold Messner versucht in diesem Buch nachzuweisen, daß trotz dieser Möglichkeit aus Zeitgründen und Schwierigkeiten ein Gipfelerfolg ohne Biwak nicht denkbar gewesen wäre. Und ein Biwak im Aufstieg hätte die Bergsteiger allzusehr geschwächt.
1933 fanden Teilnehmer einer neuen britischen Everest-Expedition einen der beiden Eispickel von Mallory und Irvine. Er lag rechts (orographisch), noch unterhalb der »ersten Stufe«.
1982 wurde bekannt, daß chinesische Bergsteiger 1960 anläßlich der ersten und lange umstrittenen chinesischen Besteigung des Mount Everest von Norden an der Route von Mallory und Irvine einen Stock, ein Stück Seil und zwei Sauerstoffflaschen gefunden haben. Diese sollen oberhalb vom »second step« gelegen haben. Da zwischen 1924 und 1960 niemand außer Mallory und Irvine den »second step« überklettert haben kann, wäre mit diesem Fund bewiesen, daß Mallory und Irvine, oder auch nur einer der beiden, diese schwierige Stufe überwunden oder umgangen

Reinhold Messner, John Noel und Noel Odell in London, 1982

haben. Damit hätten sie den Schlüssel zur Besteigung gehabt. Reinhold Messner, der in diesem Everest-Buch noch davon ausgeht, daß nach allen bisher bekannt gewordenen Dokumenten Mallory und Irvine nicht die wahren Erstbesteiger des Everest sind, ist bereit, seine Aussage zu revidieren, wenn oberhalb der »zweiten« Stufe wirklich Spuren von Mallory und Irvine gesichtet worden sind. Der Feuergeist Mallory wäre nach seiner Aussage bei dem relativ leichten Gelände, oberhalb der »zweiten Stufe«, im letzten Teilstück des Mount Everest also, nicht zurückgegangen, ohne den Gipfel erreicht zu haben.
Durch den Fund der Chinesen könnte also das Rätsel um Mallory und Irvine weitgehend gelöst sein. Es fehlen bisher nur Fotos oder die Fundstücke selbst. Der Everest-Sage jedenfalls ist damit neuer Stoff geliefert worden. Warum die Chinesen erst 20 Jahre nach dem historisch bedeutenden Fund in die Öffentlichkeit gehen, ist vorerst ein Rätsel.

Literaturverzeichnis

A

Ahluwalia, Higher than Everest

B

Barnes, After Everest (Tenzing)

Blakeney, A. R. Hinks and the First Everest Expedition 1921. G. J. 136, S. 333 ff.

Bonington, Everest – South West Face

Bonington, Everest – The Hard Way

Boustead, The Wind of Morning (1921)

Brignone, »Il Expedición en los Himalayas – Everest 1971« Montana 15 (1971), S. 32 ff.

Bruce, Mount Everest – der Angriff 1922 (orig. The Assault on Everest 1922)

Bulletin der Ind. Botschaft, Bd. 15, Nr. 7 Everest-Expeditionen, S. 5 ff.

C

Chartwell press, Everest – a Guide to the Climb (Faltkarte, 1953)

Chevalley, Dittert, Lembert, Avant-premières a l'Everest

China Publication, A Photographic Report of the Jolmo Lungma Scientific Expedition 66–68

Chomolongma, Everest-Karte des ÖAV, Jahrbuch 1957, S. 12

Clark, Six Great Mountaineers (einschließlich Hunt, Mallory)

Corbett, Great True Mountain Stories

D

Denman, Alone on Everest

Dias, Everest Adventure (Story of the Second Indian Expedition 1962)

Dittert etc. Forerunners to Everest

Donoughue, The Ascent of Mount Everest

Dyhrenfurth, Der dritte Pol

E

Enzinck, Der große Berg – G. L. Mallory und der Mount Everest

Eggler, Gipfel über den Wolken – Everest und Lhotse (engl. The Everest-Lhotse-Adventure)

Evans, Eye on Everest (1953)

Everest – Ein Bildband

F

Fellowes etc., Der erste Flug über den Everest (orig. »First over Everest«)

Finch, Der Kampf um den Mount Everest (orig. Climbing Mount Everest)

Flaigh, Im Kampf um Tschomo-lungma, den Gipfel der Erde

Foreign Languages Press, Another Ascent of the World's Highest Peak – Quomolangma

Freshfield, The Conquest of Mount Everest

G

Goswami, Everest – is it Conquered? (1953)

Gregory, The Picture of Mount Everest (1953)

Gruda, Mount Everest – auf Leben und Tod

H

Habeler, Der einsame Sieg

Hafner, Everest – ein Schauspiel in fünf Akten

Haston, In High Places (1971)

Hayes, Trekking to Mount Everest and Solu-Khumbu (Führer)

Hedin, Mount Everest

Herrligkoffer, Mount Everest – Thron der Götter

Herrligkoffer, Mount Everest 1972 – HJ. 33, S. 14 ff.

Herrligkoffer, Mount Everest ohne Sauerstoff

Hiebeler, Abenteuer Everest

Hillary, Ich stand auf dem Mount Everest (orig. High Adventure, 1951/53)

Hillary, Nothing Venture, Nothing Win (1951/53)

Hornbein, Everest – The West Ridge (1963)

Howard-Bury, Mount Everest – the Reconnaissance 1921

Hunt, Our Everest Adventure (1953)

Hunt, Mount Everest – Kampf und Sieg (orig. The Ascent of Mount Everest)

I

Indian Mountaineering Foundation, First Indian Mount Everest Expedition 1960

Indian Mountaineering Foundation, Second Indian Expedition to Mount Everest 1962

INDIAN MOUNTAINEERING FOUNDATION, The Indian Mount Everest Expedition 1965
IRWINE DIARIES, Andrew Irwine and the enigma of Everest 1924

J

JAC, Official Report of the Japanese Everest Expedition 1969/70
JAPANESE Expedition to Mount Everest 1973

K

KOHLI, Nine Atop Everest
KÖGEL, Everestansturm 1952
KOTANI & YASUHISA, Japan Everest Skiing Expedition 1970

L

LINK, Mount Everest – der Kampf um den Gipfel
LODGE, Why I Believe in Immortality (1924)
LORENTE ZUGAZA, Expeditions Tximist to Everest, HJ. 34 S. 146f.
LOWE, Because it is There (1953)

M

MC CALLUM, Everest Diary (1963)
MC INTYRE, Attack on Everest (bis 1963)
MALARTIC, Sherpa Tenzing's Sieg am Everest (orig. Tenzing on Everest)
MANCHESTER GUARDIAN, Half a mile from the summit of Mount Everest, Oct. 20, 1922
MARSHALL, Männer am Everest – die Geschichte seiner Besteigung (orig. Men Against Everest, bis 1953)
MAZEAUD, Everest '78
MOLLIER, Everest '74 – Le Rendez-Vous du Ciel
MONZINO, La Spedizione Italiana all'Everest 1973
MORIN, Everest – From the First Attempt to the Final Victory
MORRIS, Coronation Everest (1953)
MURRAY, Das Buch vom Everest (orig. The Story of Everest, bis 1953)
MILA/TENZING, Gli eroi del Chomolungma (1954)
MESSNER, Everest – Expedition zum Endpunkt

N

NAIRZ, Gipfelsieg am Everest (1978)
NOEL, Through Tibet to Everest
NORTON, Bis zur Spitze des Everest (orig. The Fight for Everest 1924)
NOYCE, Triumph am Everest (orig. South Col, 1953)
NOYCE/TAYLOR, Everest is Climbed (1953)

O

OHTSUKA, Japanese Mount Everest Expedition 69/70, HJ. 31, S. 100ff.

P

PERLMAN/MIURA, The Man who Skied Down Everest
PROGRAMME, Ascent of Everest '53
PYE, Georges Leigh Mallory – a Memoir

R

RIDGEWAY, The Boldest Dream (1976)
ROBERTS, I'll Climb Mount Everest Alone
ROBERTSON, George Leigh Mallory
ROCH, Everest 1952
RUTTLEDGE, Everest 1933
RUTTLEDGE, Everest – The Unfinished Adventure
RUTTLEDGE, Attack on Everest
RUDOLPH, Chomolungma und ihre Kinder

S

SAYRE, Vier gegen den Everest (orig. Four Against Everest 1962)
SCOTT, God is my Co-pilot
SCHWEIZ, STIFTUNG FÜR ALPINE FORSCHUNG, Everest – die Schweizerische Expedition 1952
SEAVER, Francis Younghusband S. 155
SHIPTON, The Mount Everest Reconnaissance 1935, AJ. 48 1 ff.
SHIPTON, The Mount Everest Reconnaissance Expedition 1951
SHIPTON, Upon that Mountain (1933/35/36/38)
SHIPTON, The True Book about Everest
SHIPTON, Mountain Conquest
SHIPTON, That Untravelled World
SINGH, Lure of Everest – the story of the First Indian Everest Expedition 1959/60
SMITH, True Stories of Modern Explorers (1 Kapitel)

SMYTHE, Adventures of a Mountaineer (1 Kapitel 1933)
SMYTHE, Camp Six (1933)
SOMERVELL, After Everest (1922/24)
STEELE, Als Arzt am Everest (orig. Doctor on Everest, 1971)
STYLES, Mallory on Everest
STYLES, First on the Summits (1953)
STYLES, On Top of the World

T

TAYLOR/NOYA, Everest is Climbed
THUR/HANKE, Sieg über den Everest
TILMAN, Mount Everest 1938

U

ULLMAN, Americans on Everest (1963)
ULLMAN, Kongdom of Adventure – Everest (bis 1942)
ULLMAN, Man of Everest (Tenzing 1935/36/38/47/52/53)
UNSWORTH, Because it is there (inkl. Bruce, Mallory, Smythe)
UNSWORTH, Everest (1981)

W

WIBBERLY, The Epics of Mount Everest (bis 1953)
WILSON & PEARSON, Everest – Post Mortem of an International Expedition, M. 17,32ff.

Y

YOUNGHUSBAND, Der Heldensang vom Everest (orig. The Epic of Mount Everest, 1921/22/24)
YOUNGHUSBAND, Der Himalaya ruft (orig. Everest – the Challange, 1. Ed. bis 1935, 2. Aufl. bis 1936)

Bildnachweis

Titelbild: Der Mount Everest vom nördlichen Basislager (Rongbuk) aus (Archiv Messner)
Vorderes Vorsatzbild: Das zerstörte Kloster Rongbuk mit dem Mount Everest im Jahre 1980 (Archiv Messner)
Hinteres Vorsatzbild: Das Kloster Rongbuk mit dem Mount Everest – handcoloriertes Schwarzweißdia aus dem Jahre 1922 (Capt. John Noel)
Seite 1: Reinhold Messner auf dem Rongbuk-Gletscher (Nena Holguin)
Seite 2/3: Der Mount Everest von Norden (Archiv Messner)
Seite 18/19: Der Mount Everest von Süden über der Nuptse-Lhotse-Mauer (Archiv Messner)
Seite 54/55: Der Mount Everest von Osten mit der Kangchungflanke (Doug Scott)
Seite 98/99: Nomaden mit Yakkarawane im Hochland von Tibet (Archiv Messner)
Seite 142/143: Die Eisflanke zum Nordsattel (Nena Holguin)
Seite 170/171: Der Shisha Pangma vom tibetischen Hochland aus (Nena Holguin)
Seite 188/189: Blick aus 8800 Meter Meereshöhe nach Norden (Archiv Messner)
Seite 306/307: Ausschnitt aus der Mount-Everest-Karte, herausgegeben vom Deutschen und Österreichischen Alpenverein und der Deutschen Forschungsgemeinschaft, 1957 (mit freundlicher Genehmigung des ÖAV)

Archiv BLV: Seite 58, 59, 61, 62
CMA/Peking: Seite 107, 108, 109
Uschi Demeter: Seite 17, 178, 265
Andrew C. Harvard: Seite 153 (u), 154
Nena Holguin: Seite 296/297, 298/299 (o), 303 (o)
Capt. John Noel: Seite 9, 10, 11, 12/13, 14, 15, 16, 43, 44 (u), 305
Royal Geographical Society: Seite 7, 31, 48 (u), 49, 75, 87, 88, 126 (u), 155

Ferner wurden mit freundlicher Genehmigung der Verlage Abbildungen aus folgenden Büchern verwendet: C. K. Howard-Bury, »Mount Everest – die Erkundung 1921«, Verlag Benno Schwabe & Co, Basel 1922 (Seite 6/7, 24, 28). C. G. Bruce, »Mount Everest – der Angriff 1922«, Verlag Benno Schwabe & Co, Basel 1924 (Seite 33, 34, 35 (u), 36, 37, 38, 74, 76, 83, 96. E. F. Norton, »Bis zur Spitze des Mount Everest – die Besteigung 1924«, Verlag Benno Schwabe & Co, Basel 1926 (Seite 32 (u), 39, 40 (o), 41, 44 (o), 45, 46. R. Faux, »Everest – Goddess of the Wind«, W. & R. Chambers Ltd., 1978 (Seite 42, 48 (o)). D. Roberts, »I'll climb Mount Everest alone – The Story of Maurice Wilson«, Robert Hale Ltd., London 1975 (Seite 70, 73, 80). F. S. Smythe, »Camp Six – An Account of the 1933 Mount Everest Expedition«, Hodder and Stoughton, London 1941 (Seite 47)

Alle übrigen Abbildungen wurden vom Autor aus seinem Archiv zur Verfügung gestellt

Anmerkung: Bei den Bildern von Seite 9 bis 16 handelt es sich um handcolorierte Schwarzweißdias aus den Jahren 1922/1924

Verwendete Literatur

L. Baume, »Sjvalaya – The 8000-metre Peaks of the Himalaya«, Gastons-West Col. Publ., London 1978
I. Cameron, »To the Farthest Ends of the Earth«, E. P. Dutton, New York 1980 / Mac Donald Futura, London
H. Carr, »The Irvine Diaries«, Gastons-West Col. Publ., 1979
E. Denman, »Alone to Everest«, Fontana Books, London 1954
R. Faux, »Everest – Goddess of the Wind«, W. & R. Chambers Ltd., 1978
K. Gruda, »Mount Everest, auf Leben und Tod«, W. Fischer Verlag, Göttingen 1980
E. Hillary/D. Doig, »High in the Thin Cold Air«, Hodder and Stoughton, London 1963
H. S. Landor, »Auf verbotenen Wegen«, F. A. Brockhaus, Leipzig 1899
W. H. Murray, »The Story of Everest«, J. M. Dent & Sons Ltd., London 1953
H. Ruttledge, »Everest 1933«, Hodder and Stoughton, London 1934
F. S. Smythe, »Camp Six – An Account of the 1933 Mount Everest Expedition«, Hodder and Stoughton, London 1941

Die kursiv gedruckten Zitate im ersten Hauptkapitel wurden mit freundlicher Genehmigung des Benno Schwabe Verlags, Basel, größtenteils folgenden Büchern entnommen: C. K. Howard-Bury, »Mount Everest – die Erkundung 1921«; C. G. Bruce, »Mount Everest – der Angriff 1922«; E. F. Norton, »Bis zur Spitze des Mount Everest – die Besteigung 1924«
Das Kapitel »Maurice Wilson« (Seite 69–81) ist ein Resümee des Buches von D. Roberts, »I'll climb Mount Everest Alone – The Story of Maurice Wilson«, Robert Hale Ltd., London 1975

Erfolgsbücher von Reinhold Messner im BLV Verlag

Die großen Wände

Reinhold Messners Bericht über die gefährlichsten großen Wände in den Alpen, im Himalaja, in den Anden. Er beschreibt, wie er sie bezwungen hat und schildert, welche Probleme noch offenstehen.

143 Seiten, 33 Farbfotos, 51 s/w Fotos, 11 Zeichnungen

Die Herausforderung

Zwei und ein Achttausender

Ohne Sauerstoffgeräte, Fixseile, Hochlager, Hochträger – ohne Kontakt zur Außenwelt – erobern Reinhold Messner und Peter Habeler den 8068 m hohen Hidden Peak im Karakorum.

4. Auflage, 208 Seiten, 31 Farbfotos, 31 s/w Fotos, 6 Zeichnungen, 3 Karten

K2 – Berg der Berge

Reinhold Messner und Alessandro Gogna berichten in diesem Buch über Expeditionsverlauf, Gipfelanstieg und über die psychologischen Hintergründe der erfolgreichen Besteigung 1979.

2. Auflage, 176 Seiten, 151 Farbfotos, 31 s/w Fotos, 10 Skizzen

Alleingang

Nanga Parbat

Ein Achttausender im Alleingang – das war Reinhold Messners bisher kühnste Idee. Der gelungene Aufstieg – eine Sensation, ein neues Ereignis im Alpinismus. Das Buch dazu ist wie er: mutig, offen, schonungslos zu sich selbst.

273 Seiten, 57 Farbfotos, 89 s/w Fotos, 11 Zeichnungen, 1 farbige Skizze

Everest

Expedition zum Endpunkt

Dies ist der authentische Bericht über die Besteigung des Mount Everest – zum ersten Mal ohne künstliche Atemluft, zugleich ein Bericht über die innersten Empfindungen und Erfahrungen während der Expedition.

2. Auflage, 252 Seiten, 40 Farbfotos, 31 s/w Fotos, 2 Zeichnungen, 9 einfarbige Kartenskizzen, 11 Portraitaufnahmen

Siebter Grad

Clean Climbing – Freies Klettern

Dieses Buch ist der Schlüssel zur Weiterentwicklung des »Spiels« an der Wand. In der technischen Einführung nimmt Reinhold Messner Stellung zum sportlichen, extremen Bergsteigen der Gegenwart.
30 Erlebnisberichte von den schwierigsten Alpentouren zeigen die Höchstform, die er klettertechnisch erreicht hat.

3. Auflage, 208 Seiten, 17 Farbfotos, 27 s/w Fotos.

BLV Verlagsgesellschaft München